新媒体舆论学

杨逐原　著

WUHAN UNIVERSITY PRESS
武汉大学出版社

图书在版编目(CIP)数据

新媒体舆论学/杨逐原著.—武汉:武汉大学出版社,2022.8
ISBN 978-7-307-23129-0

Ⅰ.新… Ⅱ.杨… Ⅲ.传播媒介—舆论—研究 Ⅳ.G206.2

中国版本图书馆 CIP 数据核字(2022)第 102767 号

责任编辑:范绪泉　　责任校对:汪欣怡　　版式设计:马　佳

出版发行:**武汉大学出版社**　(430072　武昌　珞珈山)
(电子邮箱:cbs22@ whu.edu.cn 网址:www.wdp.com.cn)
印刷:武汉中科兴业印务有限公司
开本:787×1092　1/16　印张:13.25　字数:298 千字　插页:1
版次:2022 年 8 月第 1 版　2022 年 8 月第 1 次印刷
ISBN 978-7-307-23129-0　定价:39.00 元

前　言

目前，在网络等新媒体领域，仅有数部以网络舆论、网络舆情为介绍对象的教材，这些教材立足于网络这一载体，对网络空间中的主要思潮、全媒体时代的舆论工作、网络传播的法治与伦理、网络舆情的诱因与推力、网络舆情的生成演变、网络舆情的工作机制、舆情演变机制、舆情监测、谣言控制、网络舆情与政府治理、网络舆情的传播机理与渠道、网络舆情报告的撰写等进行研究。这些教材在有效地开展网络舆情分析、把握舆论走向，从而更好地引导网络舆论等方面发挥着较为重大的作用。

虽然相关的教材已在社会上产生了特定的作用，但从整个新媒体领域来看，还是存在着一定的遗憾的，因为尚未有人专门针对新媒体舆论编写过教材，而新媒体已成为一种主流媒体，且成为了信息传播的主流渠道，因而新媒体也成了舆论传播和引导的主力阵地。随着新媒体在舆论引导中的价值的不断凸显，全国开设新媒体舆论课程的高校将会逐渐增多，因而急需一部较为系统、全面地介绍新媒体舆论的教材，以向广大学生普及新媒体舆论的基础知识，并让他们掌握新媒体舆论的相关的理论，从而能够更好地研判、引导新媒体舆论，为经济社会发展营造良好的舆论环境。《新媒体舆论学》正是在这样的背景下应运而生的。全书共分为六编，每编包含若干章，主要框架如下：

第一编为“认识新媒体舆论”，第一章即为第一编。本编主要对新媒体和新媒体舆论进行了界定，在对相关的定义进行归纳和分析的基础上，对新媒体和新媒体舆论进行了较为科学的界定，并对其各自的要素、特征、功能及发展的主流趋势等进行了研究。

第二编为“新媒体时代的舆论生态”，包括第二章、第三章两个部分。第二章在对舆论格局进行界定的基础上，从新媒体对传统舆论格局的冲击、新媒体舆论格局的特征等方面对新媒体时代的舆论格局进行了分析。同时，第二章还在对古代社会、传统媒体时期的舆论传播生态进行追溯后，详细阐述了新媒体时代的舆论传播生态。第三章对“新媒体技术赋权和民间舆论场的诞生”这一主题进行了研究，并对民间舆论场崛起后民间、媒体和官方三个舆论场之间的博弈和合作关系展开了探讨。

第三编为“新媒体舆论的生成及演化”，包括第四章和第五章两个部分。第四章从新兴传播科技赋权、社会大众利益诉求的多元化、网络推手的操纵、舆论误导、舆论预警机制不健全以及政府信息公开不够及时等方面分析了新媒体舆论的生成动因，根据“发生焦点性事件—公众对之进行关注—公众围绕相关事件进行探讨和互动—形成大抵一致的意见—舆论生成”这一路径分析了新媒体舆论的生成逻辑，并对新媒体舆论生成的特征和模式进行了阐述。此外，本章还从潜伏、爆发、扩散、变迁及消亡五个阶段对新媒体舆论的传播过程展开了研究。第五章首先对新媒体舆论的演化路径及模型进行了阐述，指出新媒体舆论的演化遵循着“生成—爆发—鼎盛—反复—消退”这一路径，并以模型图的形式对新媒体舆论的演化模型进行了展示。此外，第五章还从生成期、发展期、高潮期及衰退期等四个时期分析了新媒体舆论的演化机制。

第四编为“新媒体舆论的传播效应”，包括第六章和第七章两个部分。第六章主要对新媒体舆论的效应及其发生机理进行研究，指出新媒体舆论包括蝴蝶效应\跟风效应、首因效应、病毒效应、水葫芦效应、涟漪效应、多棱镜效应、断绳效应、马太效应、长尾效应、情绪加速效应、名人效应以及次生舆论效应等一系列效应，其发生机理为：新媒体舆论的效应=议题的重要程度×议题的敏感性×信息的模糊性×信息接收的有效性×意见领袖的参与程度。第七章主要对新媒体舆论反转的动因及治理之策进行研究，认为源头信息的多变性、新闻真相的隐匿和权威信息的缺失、碎片化信息的拼凑与热点话题的翻炒、社会大众的媒介素养及群体心理的影响、“中坚分子”的引导及公众自我表达意识的兴起、媒介对自身社会地位的追求以及新媒体自身的特性是诱发新媒体舆论反转的主要因素，并从及时澄清真相、对媒体的失实报道进行严惩、提升公众的媒介素养和培育公众的理性精神及培养意见领袖等方面提出了治理策略。

第五编为“新媒体舆论与司法”，第八章即为第五编。本编主要从新媒体舆论监督与司法之间的冲突、调适等方面对新媒体舆论与司法之间的关系展开了研究，目的在于较为合理地展示新媒体对司法开展舆论监督的价值和边界所在，以此构建和谐的“新媒体与司法”关系。

第六编为“新媒体舆论的治理”，包括第九章、第十章和第十一章三章。第九章主要对新媒体舆论的监测与搜集进行研究，探讨了新媒体舆论监测的必要性和具体措施，分析了新媒体舆论的搜集渠道、范围、策略和过程。第十章主要对新媒体舆论的分析与研判进行了研究，思考了新媒体舆论分析的维度、基本程序、指标体系、工具及流程，力争为新媒体舆论的搜集与分析提供有效的方法，探讨了新媒体舆论研判的基本策略。第十一章主要对新媒体舆论的引导进行了研究，从开展新媒体舆论引导的必要性、当前新媒体舆论引导中存在的问题以及改进措施等三个方面，对新媒体舆论的引导进行较为详细的阐述，目的在于为新媒体时代的舆论引导提供较有价值的指导措施。

本教材是建立舆论学分支学科的一种新尝试，框架的搭建主要是依据新媒体舆论的科学界定、新媒体时代的舆论生态、新媒体舆论的生成与传播、新媒体舆论的演化、新媒体舆论的效应、新媒体舆论的监督边界、新媒体舆论的分析和引导等环节来展开的，各环节间存在着极为紧密的关系，在逻辑上是一个循序渐进的过程。希望通过本教材的“抛砖引玉”，能够让更多的学生、研究者、政府工作人员、媒体人关注“新媒体舆论”这一极具社会价值的主题，并由此为新媒体时代的舆论治理贡献绵薄之力。

目　　录

第四编　新媒体舆论的传播效应

第五编　新媒体舆论与司法

第六编　新媒体舆论的治理

第一编　认识新媒体舆论

本编是全书的基础理论部分，在对新媒体的基本知识进行阐述的基础上，对新媒体舆论的内涵、要素、特征及功能展开了较为全面和系统的研究。从广义上来说，新媒体舆论就是公众意见、态度与新媒体相结合的产物，只要是公众通过新媒体平台对其所关注的问题或现象形成基本一致的意见或态度，都可以视为新媒体舆论。随着新媒体技术的发展，新媒体舆论呈现出以下主流趋势：公众的意见表达将更为理性化、社会舆情受重视的程度将会进一步提升、各类政务新媒体平台将会如雨后春笋般纷纷出现。

第一章　新媒体及新媒体舆论概述

随着数字技术的发展，以数字技术为支撑的各类新兴媒体不断涌现并迅速普及，成为人类生产、生活中最有影响力的媒体形态。在这种情况下，新媒体这一全新的信息生产、传播与消费空间成为了各种舆论的集散地。总的来说，舆论是人们在特定的时间和地点，对某种社会现象和事务公开表达的观点，是不同意见和态度的总和。由于在技术载体、要素和功能等方面与传统媒体时期的舆论存在着较大的差异，因此新媒体舆论是一种全新的舆论形式，它是伴随着互联网、手机等新兴媒体技术而出现的一种独特的舆论形态，是公众借助各种新媒体空间对其所关注的问题公开表达的基本一致的意见或态度。

第一节　新媒体概述

相对于传统媒体来说，新媒体是一种全新的媒体形态，其在信息生产和传播、舆论引导方面具有独特的优势，在推动社会的发展方面具有特定的功能。

一、新媒体的内涵

新媒体是继报纸、广播、电视等传统媒体之后出现的一种新兴媒体形态，其诞生已有多年的历史。早在 1967 年，德国学者戈尔德马克就提出了新媒体这一概念。不过戈尔德马克所说的新媒体，主要是指区别于报纸等印刷媒体，以图像、电波等传输技术为支撑的各种媒介样态——广播、电视及电影等。这种所谓的新媒体，与我们今天所说的以数字技术为支撑的各种新媒体如网络论坛、微博、微信等相去甚远。今天所说的新媒体，是伴随互联网等新兴传播科技的发展而诞生的，其对人类发展的影响尤为深远。

鉴于新媒体巨大的社会价值，不少人都对其展开了研究。但就目前来说，关于什么是新媒体，人们仍然还没有形成统一的观点。由于新媒体都要借助网络这一数字技术来传播，因此联合国教科文组织将其定义为“网络媒体”①。*Online* 杂志给“新媒体”下过一个定义：由所有人面向所有人进行的传播②。列维·曼诺维奇和凡·克劳斯贝认为所谓的新媒体已不再可能是任何一种特殊意义的媒体形式，它实质上已经演变成一组数字，一种实现

---

① 匡文波．到底什么是新媒体．新闻与写作，2012(7)：24.

② 匡文波．到底什么是新媒体．新闻与写作，2012(7)：25.

“所有人”的信息流①。

新媒体的概念一经提出，便迅速引起世界各国的关注。在国内，不少学者都对新媒体展开了研究，他们对新媒体所做的界定也各不相同。如陶丹等认为新媒体是以数字技术为基础，以网络为载体进行信息传播的媒介②。熊澄宇等指出，新媒体或称数字媒体、网络媒体，是建立在计算机信息处理技术和互联网基础之上，发挥传播功能的媒介总和③。蒋宏和徐剑认为，就内涵而言，新媒体是在社会信息传播领域出现的、建立在数字技术基础上的，能使传播信息大大扩展、传播速度大大加快、传播方式大大丰富的，与传统媒体迥然相异的新型媒体；就外延而言，新媒体包括了光纤电缆通信网、有线电视网、图文电视、电子计算机通信网、大型电脑数据库通信系统、卫星直播电视系统、互联网、手机短信、多媒体信息的互动平台、多媒体技术广播网等④。虢亚冰等将IPTV、地面移动电视、手机电视看成新媒体的三大组成部分⑤。宫承波认为，新媒体包括门户网站、搜索引擎、虚拟社区、电子邮件、网络文学、网络游戏等⑥。

由此可知，有关新媒体的界定是多种多样的，但不少界定存在着逻辑不严密甚至比较随意的缺陷。不过在新媒体依托于新兴的传播技术、具有高度的互动性等方面，学者们的观点是相对一致的。由此可知，新媒体是有别于传统媒体的一种全新的媒介样式，其具有自身独特的技术、内容和形式，种类极为繁多。需要特别指出的是，新媒体并不是一个固定的、静止的概念，相反，它是一个不断发展的、动态的概念。正如岳颂东所说，新媒体是采用当代最新的科技手段，将信息传播给受众，从而对受众产生预期效应的介质⑦。要给新媒体下一个较为科学的定义，需要从内涵、外延两个方面进行充分的思考。匡文波从技术和传播特征入手，对新媒体进行了较为合理的界定，认为新媒体的严谨表述是“数字化互动式新媒体”，从技术方面来看，新媒体是数字化的；从传播特征方面来看，新媒体具有高度的互动性。数字化、互动性是新媒体的本质特征。新媒体的传播过程具有非线性的特点，信息发送和接收既可以是同步的，也可以异步进行⑧。

综合各个学者的观点，我们认为，新媒体是相对于各类传统媒体如书信、报刊、电报、电话、广播、电影、电视等来说的一种新型的媒介形态，它以数字技术、互联网技术等新兴的传播科技为依托，具有高度互动化的特征，能够全天候、全地域、全方位地为社会大众提供信息。

---

① 郑治．新媒体是什么？http：//www. 360doc. com/content/07/0506/23/18666_486078. shtml.

② 陶丹，张浩达．媒体与网络传播．北京：科学出版社，2001.

③ 熊澄宇，序毅文．新媒体——伊拉克战争中的达摩克利斯之剑．http：//ainews. xinhuanet. cominewmedia/2003-06/10/content 910340. htm.

④ 蒋宏，徐剑．新媒体导论．上海：上海交通大学出版社，2006：14.

⑤ 虢亚冰，黄升民，王兰柱．中国数字新媒体发展报告．北京：中国传媒大学出版社，2006：1.

⑥ 宫承波．新媒体概论．北京：中国广播电视出版社，2007：1.

⑦ 岳颂东．新媒体产业的8个特点．http：//finance. sma. com cn/hy/20080519/1 7024884944. shtml.

⑧ 匡文波．新媒体概论·第二版．北京：中国人民大学出版社，2012：4.

二、新媒体的构成要素

无论怎样界定新媒体，有一点是必须明确的，那就是新媒体的形态是不断延展的，随着数字技术、互联网通讯技术的发展，各种全新的媒介形态会不断涌现。就现阶段来说，新媒体的核心是数字化技术、互动化传播、多媒体样态、全方位服务、全新商业模式、全媒体发展，它们均是构成新媒体的重要元素。

(一)数字化技术

数字化是新媒体区别于传统媒体的根本要素之一。新媒体的诞生得益于数字技术的发展，它以各类数字化平台为运作的空间，利用数字化的传播方式将信息传播给社会大众。因此，如果说传统媒体是工业时代的产物，那么新媒体就是数字时代的产物。

(二)互动化传播

互动化也是新媒体区别于传统媒体的一个根本要素。众所周知，由于技术的限制，传统媒体很难在传受者之间形成有效的互动——由于传受者之间的信息交流具有较大的延缓性，信息生产、传播、接受、反馈等环节难以实现顺畅链接，致使信息传播效果大打折扣。由于突破了时间的限制，新媒体能够让传受双方进行即时性对话和交流，让传受双方在互动中提升信息传播的效果。

(三)多媒体样态

新媒体的信息传播体现为一种多媒体形式。一般而言，新媒体的信息往往会以文字、图片、声音及影像等多种形式来呈现，在传播文本上体现为复合性的形式，是一种跨文本、多媒体式的传播形态。

(四)全方位服务

新媒体能够实现全地域覆盖、全天候传播，无论身处何地、无论什么时候，社会大众均能够接收到新媒体提供的信息，且由新媒体提供的信息是多层次、多面向的，可谓包罗万象。

(五)全新商业模式

相对于传统媒体来说，新媒体在技术运用、产品生产、服务提供和平台运营等方面均能够实现较为彻底的创新。在这种情况下，新媒体不仅仅是一种机构，更是一种有效的运作平台，能够在商业模式上实现颠覆式的创新。

(六)全媒体发展

在新媒体时代，各类媒介的边界不断模糊，不但各种新兴媒体不断走向融合，各种传统媒体也不断被吸引到新媒体的平台上，多样化的媒介最终融合起来，全天候、多层次、不间断地向各类受众传播信息，一种全媒体传播的宏大景观已然呈现在世人的面前。

三、新媒体的特征

作为一种全新的媒体形态，新媒体具有诸多的特征，主要体现在以下几个方面：

(一)数字化

数字化是人类信息处理中的一场伟大革命。所谓数字化，是指使用“0”和“1”两位数字编码来表达和传输一切信息的一种综合性技术，在同一种综合业务中进行传输，再通过接收器使其复原，可以无限地复原，而质量不会受到任何损害①。

之所以有人将新媒体称为数字媒体，就是因为数字技术是新媒体的核心技术，所有新媒体都是建立在数字技术的基础之上的。在数字技术的赋权下，所有信息都可以用“0”和“1”的排列组合形式来表达。在数字编码的基础上，人们借助新兴的通讯设备，能够将信息以数字化的形式进行处理、传播和储存。将数字技术视为新媒体的核心技术，原因有五：一是数字技术是新媒体实现信息智能化处理和传播的基础，各种新媒体均依靠一种具有智能化特征的软件系统来运作，而无论是开发设计，还是运行，这套智能化的软件系统都必须通过数字化的手段来完成。二是数字技术是新媒体实现信息交互传播的前提。只有将各类媒介统一为数字格式，才能让信息的采集、处理、传播、接收和消费实现技术上的统一，并使各类相互连接的信息终端实现互动性传播，让机器之间、人与机器之间的信息传播方便可行。三是数字技术使包括新媒体在内的各种媒体之间的相互融合成为可能。媒介融合要求各类媒体之间打破边界的限制，用统一的数字编码技术对各种文本如文字、图片、声音和影像等用数字技术来表达，实现以数字手段来加工和传播信息的目标。四是数字技术为媒体的发展带来了迄今为止最大的变革——人们使用比特来传递信息，比特成了新媒体信息传播的载体。同时，在传递信息的过程中，新媒体使用的语言为数字语言。此外，新媒体是乘着数字技术的春风诞生的。

可以毫不夸张地说，数字技术已深深地渗透在新媒体之中，数字化已成为新媒体的最为显著的特征。纵观人类媒介的发展史，可以得出这样的结论：媒介的发展始终得益于技术的发展，甚至可以说，媒介的发展紧随技术的脚步，人类在特定时期使用的媒介，与其技术水平有着莫大的关系，正所谓“手推磨产生的是封建主的社会，蒸汽磨产生的是工业资本家的社会”②，这也正是麦克卢汉的“媒介即讯息”大受推崇的重要原因。

由此可知，对新媒体来说，数字化技术的影响是全方位的，它不仅表现在传输手段和传输终端的数字化方面，也表现在表达形式的数字化方面，还体现在打破媒介壁垒、实现媒介融合的数字赋权方面。借助数字技术，新媒体的信息生产、传播、消费等呈现出了全

① 颜娟．浅谈电子文件的全过程管理．办公室业务，2016(9)：176.

② 马克思，恩格斯．马克思恩格斯选集·第1卷．第2版．北京：人民出版社，1995：142.

新的图景，它使人类能够全身心地投入信息沟通和交流之中。

（二）互动性

新媒体技术能够让世人突破时空的局限，随时随地地开展信息传播活动，并在信息传播中及时互动，将人类的传播活动重新拉回到“面对面”的传播情景之中。

众所周知，人类的传播经历了身体在场、身体离场再到身体“在场”的历程。在最初的传播阶段，由于技术的限制，人类将身体作为一种媒介，在面对面的情景中开展口语交流活动。在这样的传播中，传受方的互动尤为及时。慢慢地，随着传播技术的发展，人类发明了各种各样的媒介，如露布、旗帜等，逐渐将身体和媒介分离开来，尤其是报纸、广播、电视等大众传播媒体的发明和使用，更是让人类的信息传播突破了必须面对面交流的局限，人类可以在不同的时空中开展信息传播和交流活动，但与口语传播相比，这样的传播有着一个极为明显的缺陷——信息的反馈被延迟且缺乏人情味。在这种情况下，人类追求身体在场传播的欲望被重新点燃，但相隔千山万水的人们不可能在极短的时间之内聚集在一起开展面对面的交流活动，因而支持大家开展“面对面”传播活动的技术成为必需品，互联网等新兴传播媒体的发展能够较为完美地解决人类身体在场的强烈需求，将人类的传播再度带回到面对面的交流之中。借助新媒体技术，人们能够在遥远的地方现身“现场”，随心所欲地开展信息交流活动。这种情况能够提升信息传播的效率，增加传播过程中的人情味，且能够让人全身心地体验信息传播的乐趣。

由此可知，新媒体技术突破了传统媒体相对单向传播的局限，将人类带入了双向互动的传播场景之中。需要注意的是，这里所谓的互动性，既指机器与机器之间的互动，也指人与机器之间的互动，更指人与人之间通过新媒体平台而进行的互动。在这种情况下，传者和受众的角色不是固定不变的，受众除了接受媒体的信息外，也向媒体传播着各种各样的信息，同时承担着信息生产、传播和消费的角色，更有甚者，很多信息是自媒体首先发布，传统媒体或者新兴媒体再跟进挖掘和报道，因而媒体似乎也成了公众的“受众”。正因为如此，在新媒体时代的传播中，很难找到绝对的权威和中心，去中心化的传播特征尤为明显，这样的传播格局明显是受到新媒体互动化传播的影响。既然是互动，就说明传者和受众之间存在着相互联系、相互作用和相互影响的关系。所以说，互动性是新媒体区别于传统媒体的又一个极为显著的特征，它使人类的传播由点对点的传播转变为点对面、面对面的传播，由依赖某一方发出信息到双方的互动交流，参与传播的各方的主动性都得到了增强。

（三）超时空性

任何一种新的媒体的出现，都在一定程度上拓展了人类信息传播的地理空间，突破了人类信息交流的时间限制。至少从文字传播开始，人类的信息传播就开始在与时空的对抗中大显神威，将信息传播到遥远的地方，并长时间地保留下来。印刷术的发明，更是让人类的信息迎来了批量性生产的时代，并将批量化生产的信息大规模地在不同的时空中传播出去。广播、电视等电子技术的发明，更进一步拓展了人类信息生产和传播的时空维度，使人类能够在遥远的空间和不同的时间中开展及时性互动活动。在数字技术支撑下诞生的新媒体，更是实现了瞬时化传播，能够在顷刻间将信息传递到人类活动空间的每一个角落，人类活动的所有空间均变成了一个“小村庄”，信息交流几乎不存在时间的限制。

由此可知，在新媒体时代，物理上所说的时空距离已然失去了其在传统媒体时期的意义，只要需要，人类的交流活动可以瞬间在相隔千山万水的人群中完成，人类信息传播的时空已然被消灭。不过我们也需要知道，这里所说的时空被消灭，是从信息传播的瞬间可到达性方面来说的，它体现了新媒体传播的超时空特性。在现实传播中，由于身份地位、地域认同等方面的影响，人类的传播活动不可能脱离时空而存在。

（四）超文本性

所谓超文本，是一种按照信息之间关系非线性地存储、组织、管理和浏览信息的计算机技术①。超文本技术能够使新媒体超越以字符组织信息的限制，使之能够以节点为单位来组织信息，将每个节点都作为“信息块”来看待。在相应的节点内，相关的信息可以文字的形式来呈现，也可以图片、声音、影像的形式来呈现，还可以这些文本的组合形式来呈现。在信息的组织上，超文本采取网状的结构来完成，在各个节点之间形成特定的关系链并使之链接起来，形成了一个个体现特定信息面相的网络。这在传统媒体中是不可能做到的。

简单来说，超文本能够使新媒体在其传播的文本中包括指向其他文本的链接，在对相关的文本进行浏览时，浏览者可不受按照顺序开展阅读的限制，他们完全可以根据自身特定的需求和兴趣，自由地点击相应的链接文本来进行阅读，掌控着信息阅读的主动权、选择权。

在今天，超文本使新媒体拥有了超媒体的特性——与 Web1.0 时期仅能提供文字、图片等信息的情况不同，新媒体可以综合利用文字、图片、声音、影像等多种文本形式来传播信息，还可以将他们按照超文本的形式有效地链接起来，阅读者可以通过点击获取相关的文本信息。毫无疑问，超媒体信息服务是新媒体发展的重要方向。在《未来之路》这一著作中，比尔·盖茨曾对新媒体提供的超媒体服务进行阐述：“假设你正在观看新闻，你看到一个你不认识的人与英国首相走在一起，你想知道她是谁。你用电视的遥控器指着这个人，这个动作就会带给你关于她的小传，还有最近出现过她的其他新闻报道名单，指着名单上的一件东西，你就能阅读或观看它，无数次地从一个话题跳到另一个话题，在全世界范围内搜集视频、音频和文本信息。”②

（五）信息传播的虚拟性

在新媒体时代，信息传播以“0”或“1”的排列组合形式来表达，通过调整比特（binary

---

① 匡文波．网络传播技术．北京：高等教育出版社，2003：151.

② 比尔·盖茨．未来之路．北京：北京大学出版社，1996：108.

digit）的排列，人们能够轻易地修改信息，甚至能够轻易地生产出极其逼真的虚拟信息，并将之快速地传播出去。

需要指出的是，新媒体时代信息传播的虚拟性，既指信息自身的虚拟性，也指新媒体中人与人之间的传播关系的虚拟性。建立各种各样的关系，是人与人之间开展信息传播活动的重要目的之一，在建立相应的人际关系后，人与人之间的信息沟通和交流就会变得极为顺畅。众所周知，在传统媒体时代，传受双方的角色一般是固定的，大众传播媒体是信息的提供者，受众则是信息的消费者，在信息传播中人们能够清楚地知晓信息的来源。在新媒体时代，传受双方的角色并不是固定不变的，双方都可以既是信息的传播者也是信息的接收者。也就是说，传播者和受众的角色往往具有较为明显的虚拟性特征，在交流中，双方往往都不知道对方的真实信息。正如那句老话所说的一样“在网络上，没有人知道正在与自己交流的对方是人还是狗”。由此可以说，在新媒体这一带有虚拟性特征的空间中建立起来的人际关系也具有虚拟性的特征，传统媒体时代的人际关系模型因此而发生巨大的改变。在这种情况下，信息的生产、传播与消费都带有虚拟性的特征。

（六）非线性传播

与传统媒体时期的线性传播方式不一样，新媒体时代的信息传播方式是非线性的。在线性传播中，信息传播遵循着从信源—信道—信宿—反馈的线性模式。在非线性传播中，信源的提供者并不只有传播者，还有广大受众，信道也不只有大众传播媒体，还有各种自媒体，信宿也不只有受众，还有各种媒体人。在非线性传播中，人们能够自主地选择所需要的信息并能够灵活地反馈自己的意见。这种非线性传播的重要体现是：将传播的信息以数据库的形式引入，使信息的传播流程出现了并置性、非线性的特征。此外，利用新兴的通讯及检索技术，能让信息在特定的信源和信息系统之中产生聚合效应，从而构筑起开放式的传播情景。在这种情况下，信息不是由特定的传播者流向特定的接受者，而是在各方的参与中由未知的传播者流向未知的接受者，所有参与者在你来我往的传播中构建着各种各样的关系。

从本质上来说，非线性传播其实是新媒体传播中的一种互动方式，其具有多向互动性，并在互动中实现了“所有人对所有人”的传播。毫无疑问，这种传播方式极大地消解了受众的被动地位。不过非线性的传播也意味着传播时间的全时性和内容的碎片性，容易使社会大众陷入浅阅读、浅交流之中。

（七）分众化传播

在今天来说，任何媒体都很难将所有人变成自己的受众，由于地域、职业、年龄及身份地位的客观差异，人们往往会把自己归属于特定的群体，接受自己感兴趣的信息。在这种情况下，媒体不能将自己的受众定义在“社会大众”这一广泛的层面上，应该积极寻求自己的受众群体，向他们推送个性化的信息。这就是所谓的分众化传播。需要指出的是，传统媒体很难真正捕捉到自己的受众群体，而新媒体则能借助大数据等技术精确找到自己的受众，从而开展分众化传播活动。

在分众化传播中，新媒体通过各种计算技术，将信息精准地推送到自己的受众面前，并能够与受众实现有效的沟通，从而提升信息的传播效果。

(八)开放性

由于新媒体普及程度极高，加之其准入门槛较低，因而人们能够不分时间、地点地进入新媒体空间中开展信息生产、传播和消费活动，并及时与他人展开对话活动，在对某一个平台产生厌倦时，可以随时离开，并随时进入自己感兴趣的平台。同时，人们还可以在各种新媒体中随心所欲地查找和消费自己感兴趣的信息。

(九)个性化服务

在信息传播中，新媒体能够充分了解社会大众的需求，并有针对性地提供相应的信息，这就是所谓的个性化服务。虽然新媒体能够有针对性地向受众推送信息，但这并不影响受众接收信息的主动性，因为这是媒体根据他们的需求而采取的行动。同时，受众也可以主动地检索和定制信息。由此可知，在新媒体时代，每一个受众都可以有效接收到自己感兴趣的信息，享受个性化的信息服务。

(十)信息含量大且使用成本低

新媒体信息可谓浩如烟海、包罗万象，随着各种先进的储存设备的推出，以及传播主体和接收主体的日益多元化，各类新媒体平台的信息含量更是大得无法形容。虽然新媒体平台拥有海量的信息，但由于其检索极为方便，加之各种相关设备的价格不断下降，让用户使用新媒体的成本变得极为低廉。

(十一)信息传播形式极为丰富

新媒体可以综合利用文字、图片、声音和影像等手段来传播信息，实现信息传播的多媒体化。在多媒体的传播中，社会大众可以通过丰富多彩的传播手段，更为深刻和全面地把握各种信息，并可以充分调动自己的感知器官，全身心地投入信息的传播和消费中。

(十二)各种信息传播和接收设备更新迭代较快

新媒体的信息传输、接收设备种类尤为繁多，如电脑、手机、iPad 等，不仅这些设备自身的更新迭代速度极快，新的设备也不断涌现。可以说，新媒体的更新迭代速度已经超过了设备自身的普及速度。

(十三)集成了多种信息

新媒体信息的集成性就是指新媒体能够多通道地获取、组织、合成和储存信息。其主要表现在三个方面：一是多种技术手段的集成，即把文字、图片、声音、动画、影像等技术手段有效地组合起来。二是多种媒体设备之集成，即利用网络技术，将各种数字设备如数码相机、摄影机、录音机和录像机有效地连接起来，实现对信息的有效处理和传播。三是多种媒体信息的集成，即信息的存储、传播和消费具有多维化的特征。

(十四)运营的平台化

平台就是新媒体硬件或者软件的操作环境，有了各种硬件及软件，人们能够使新媒体这一信息传播体系有效地运转起来。正如黄升民所说，平台的内涵和功能内核就是通过一定的“通用介质”(标准、技术、载体、空间等)，使双边(或多边)主体实现互融互通①。在今天，平台化运营已是新媒体发展的一个重要方向，众多的新媒体纷纷举起平台化运营的大旗，声称做媒体就是做平台，极大地提升了新媒体的平台化运作水平和拓展了新媒体的盈利空间。

总之，作为一种新兴的媒体形式，新媒体具有众多的不同于传统媒体的特征。在上述特征中，中国人民大学的匡文波教授把数字化和互动性作为新媒体的根本特征，认为技术上的数字化和传播上的互动性是新媒体区别于传统媒体的关键所在。这个观点深受学界和业界的认同。

四、新媒体的类型

新媒体是一个动态的概念，它是在一系列新兴的传播技术发展和普及的基础上诞生的，包括硬软件技术的支撑，软件技术主要是各种运作系统，硬件技术主要是相关的接收终端。因此，总的来说，新媒体可以分为两种类型：一是以互联网技术为支撑的各种网络媒体，如网络论坛、博客、播客、维客、微信、QQ、网络短视频、门户网站、人机互动(SNS)、搜索引擎以及各类 APP；二是以手机、iPad 等为接收终端的媒体如手机短信、手机电视等。需要指出的是，一些学者也把楼宇电视、车载电视、数字电视、移动电视、IPTV、户外新媒体、MP4、掌上游戏机等媒体看成是新媒体，但这些媒体要成为新媒体尚需时日，相关的原因将会在下文进行较为详细的阐述。

(一)互联网新媒体

众所周知，互联网是继报纸、广播、电视等媒体之后出现的又一种媒体，被称为第四媒体，它是在数字技术的基础上诞生的。具体来说，以互联网为依托的媒体主要有以下几种类型：

1. 网络论坛

网络论坛是一个由互联网技术支撑起来的网上信息传播和交流空间，最早用来公布股价等资讯类的信息。1978 年，在美国的芝加哥出现了最早的一套基于 8080 芯片的 BBS 系统，人们将之称为“电子公告板”，其英文全称是 Bulletin Board System，为网络论坛的雏

---

① 黄升民，谷虹．数字时代的平台建构与竞争．现代传播，2009(5)：20.

形。网络论坛诞生之初，操作者只能通过电话拨号登录其全字符界面，而且那时的网络论坛是纯文本形态，不过由于它拥有即时互动和开放性等特征，便于迅速交流思想和讨论问题，大家都可以随时随地地进入网络论坛发布与交换信息，这就激起了人们参与的主动性和积极性，因而受到了世人的青睐。

在个人计算机普及以后，网络论坛被转移到个人计算机上，并由此在世界各地风行起来。网络论坛作为一种开放式的信息传播平台，其信息来源较为多元化，很难让人辨清真假，且质量良莠不齐，因而对信息质量的管理便被提上日程，由此催生了版主这一角色，其主要职责是对自己所管理板块的信息把关。经过较长时间的发展，国内外都诞生了若干较有影响力的网络论坛。

近年来，随着微博、微信等新媒体的强势崛起，网络论坛的影响力有所下降，但它仍然是信息传播、舆论引导中不可忽视的一种新媒体。

2. 博客

博客是英文 blogger 的译音，是 web log 的混成词，最开始的时候被称为网络日志，还有人将其译为部落格或者部落阁。博客一般有两种指向：一种指向是人，即利用某种特定的软件，在互联网上张贴、发表、出版相关文本的人；另一种指向是网站，即由特定的人管理、不定期推出新的文本的网站。人们在博客上张贴、发表、出版文本时，通常以网页的形式来展示，其文本通常以上传的时间为依据进行倒序排列，人们可以随时进入某一博客阅读相应的信息，如需要获取特定的信息，还可以通过 RSS 订阅功能进行订阅。在今天，人们可以在各大网站开通自己的博客，并可以随时随地地发表自己的所见所闻和人生感悟，这种功能使博客成为代表人们新的生活和工作方式的空间。博客上的文本可以用多媒体的形式来展现，传播内容极为丰富多彩。需要指出的是，人们习惯将通常不多于 140 字符的博客称为微博，即微型博客(microblog)。

在发生重大事件时，一些大型网站的博客如新浪博客等，会及时发声，对事件进行评头论足，对舆论的形成和引导有着巨大的影响。

3. 播客

播客即"iPod+broadcasting"。在早期的时候，人们将"iPodder"这一软件和一些便于携带的播放器结合起来，播客就这样诞生了。播客录制的是一些网络广播或者类似的网络声讯节目，用户把自己感兴趣的网络广播、网络声讯节目下载到 iPod 或者 MP3 播放器，抑或其他的便携式数码声讯播放器中，然后根据自己的需求随身收听。这种收听形式较为自由和灵活，用户不必坐在不便于携带的设备(如电脑等)面前，也不必按时收听。当然，只能下载收听还不足以吸引用户，播客最打动用户的地方在于用户可以根据自己的兴趣爱好录制声音节目，并将之上传到互联网空间中，与其他用户分享，由此将播客变成了播放音视频的客户端。

在发生重大事件时，播客也能让用户收听、上传相应的音视频。因此，播客对舆论的形成和引导也有着较大的影响。

4. 维客

维客(wiki)是一种在网上开放的超文本系统。在这个系统中，人们可以开展协同创作活动，生产出各种各样的信息。维客也被译为维基，其诞生于1995年，创作人为沃德·坎宁安。据说，wiki来源于夏威夷语的wee kee，wiki wiki就是wee kee wee kee，意思是快点快点。但客观地说，wiki属于一种新媒体技术，属于一种超文本系统，其支持面向社群的协作式创作。这个系统本身还包含着一系列的支持协作式创作的辅助工具。正因为如此，有人将维客视为一种协同创作的工具，将参与创作的人称为维客。

当有重要知识需要完善，或有重大事件发生时，参与创作的人们就会积极补充或更正相关信息。因此，在发生重大热点事件时，维客这一开放式的创作系统会让人们不断补充和更正相关的信息，有利于揭示事件的真相，当然这需要一定的时间。正因为如此，维客在舆论引导中也具有较大的价值。

博客、播客和维客被称为Web2.0时代的三剑客，它们在传播信息、引导舆论方面发挥着巨大的作用。

5. 微信

微信(WeChat)是一种即时通讯平台，由腾讯公司于2011年1月21日推出，其支持文字、图片、语音及视频等文本样式，用户能够利用它来获取、传播和接收丰富多彩的信息。同时，微信还开通了摇一摇、搜索号码、附近的人等功能，支持人与媒体、人与人之间的互动；推出了朋友圈，制作了多款服务插件如公众平台、各类小程序和语音记事本等。此外，微信还推出了扫码支付、绑定银行卡等功能，2020年12月，微信还在“个人资料”里面推出了微信豆。这些功能让微信强势挫败了诸多社交媒体，一跃成为社会大众生活中必不可少的媒体。

目前，微信支持在手机及iPad等移动端、电脑端和网页端等界面上使用，这是多屏时代微信的生存和发展战略。随着用户的不断增加，微信的功能也不断拓展，除强关系外，各种弱关系也逐渐渗入微信，各种关系在微信平台上形成若干相互平行、自成体系的圈子。

作为一种功能齐全、信息发布方便且互动性极强的新媒体，微信对舆论的形成和引导的影响也特别大。

6. QQ

QQ是人与人之间开展信息交流的一个极为重要的网络平台，最初是供人们聊天用的，也是一种典型的即时通讯工具。随着时间的推移，QQ推出了若干重要功能，如可以传输文件、图片、音频和视频，使之成为信息时代的重要办公软件。同时，为顺应博客发展的潮流，QQ还推出了腾讯博客。此外，QQ还推出了漂流瓶、扫一扫等功能，并与微信之间形成了文件共享的关系，使之在微信大行其道的今天仍然在新媒体领域保有一席之地。当然，有人认为这与腾讯公司对其旗下的两款软件的发展策略有关，即让两种新媒体都能顺利发展，因而要分别保持它们的特色之处。

2017年1月5日，腾讯和美的集团签署战略合作协议，在物联网技术、知识产权授权等领域展开合作，并致力于开发家电产品的连接、对话和远程控制技术。

无论是个人与个人的点对点交流，还是QQ群中的点对面、面对面的信息传播，QQ都显示了其在信息传播方面的独特魅力，而QQ空间则兼具强弱关系。正因为如此，QQ才能在新媒体林立的今天对舆论的形成和培育产生较为重大的影响。

7. 短视频

短视频是短片视频的简称，是互联网内容传播的又一种重要的方式，其时长一般在30分钟以内。短视频主要有软件播放和网站播放两种形态，它允许用户自行浏览、发布和分享信息，在网红产业和内容创业蓬勃发展的今天，短平快的大流量传播内容已深受投资者的青睐，微博、秒拍、快手、今日头条纷纷入驻短视频行业，并打造了一批批优秀的内容生产和传播团队。

今天的时代是一个泛娱乐化的时代，在这个时代，短视频必然成为新媒体发展的一个重要方向。由于人们对文字、图片和声音这些相对单一的信息接收模式逐渐厌倦，需要一种能够全方位调动感官体验，并能够随时随地地与其他用户开展互动活动的信息传播与消费平台，这使短视频大行其道，成为各种媒体的标配。

在这种情况下，媒体抢占短视频阵地，能够较为全面、及时地与用户展开互动活动，使社会大众在短视频的特殊叙事方式中追寻事件的来龙去脉。因而，在引导社会舆论方面，短视频这种新媒体能够发挥特定的作用。

8. 门户网站

从广义上来说，门户网站是提供某类综合性互联网信息资源并提供有关信息服务的应用系统。从狭义上来说，门户网站是一个Web应用框架，它把各种各样的数据资源、应用系统聚集到某个信息平台上，并让用户能够在统一的界面进行操作。在门户网站上，企业与企业之间、企业与用户之间、企业与其内部员工之间能够建立相应的信息通道，因而企业能够充分释放储存于其内外部的各种信息。

从内容方面来说，门户网站主要包括综合类门户网站和垂直类门户网站两种类型，从构建主体方面来说，门户网站主要包括企业门户网站、商业信息门户网站以及政府门户网站三种类型。目前，谷歌、雅虎等是全球较为知名的门户网站，而在国内，新浪、网易、搜狐、腾讯、凤凰网、新华网、人民网以及百度等是人尽皆知的门户网站。

9. 人机互动(SNS)

六度分隔(six degrees of separation)理论认为，一个人最多通过6个人就能够认识任何一个陌生人。按照这一理论，只要不断扩大每个个体的社交圈，最后都可以构建起一个大型的社交网络。因此，网络空间中的社交服务不应该局限于“熟人的熟人”这一逻辑，人们可以根据自己的身份地位和感兴趣的主题，将志同道合的人聚合起来。

正是在六度分隔理论的启发下，一种社会性网络服务平台应运而生，它就是SNS(social networking services)，即社交网络。通过对P2P技术的运用，SNS构建起了一个基于个体的网络社交系统，能够为人们开展信息交流、发表观点和评论提供强大的支撑。目前，基于SNS建立起来的媒体平台有很多，如国外的YouTube、Facebook、Myspace，国内的人人网、开心网等。

10. 搜索引擎

搜索引擎是根据一定的计算程序和用户的需求情况，运用特定的路径从网络空间中检索到特定的信息，并将之提供给用户的一种信息检索系统。在寻求相应的信息时，搜索引擎往往依据爬虫、网页处理、自然语言处理、大数据处理以及检索排序等技术，高效、便捷地为用户检索出其所需要的信息。

搜索引擎主要包括全文搜索引擎、元搜索引擎、垂直搜索引擎、目录搜索引擎等四种类型，它们的运行步骤均包括以下三个阶段：一是网页抓取；二是预处理，建立索引；三是查询服务。

11. 各类 APP

APP 一般指 iPad 等媒体中的第三方应用程序。在刚刚诞生时，其往往以一种第三方应用的合作形式参与到互联网的商业活动之中，但随着苹果等智能手机的发展和普及，APP 开始成为一种新媒体运作的商业模式，被众多的互联网大亨所看重，成为了产品信息发布和展示的主流渠道。因此，借助 APP 这一平台，不少企业能够在短时间之内聚集不同类型的用户，更可以获得巨大的流量。

目前，比较知名的 APP 程序有苹果的 iTunes 中的 App Store、Android 中的 Google Play Store、Blackberry 中的 Blackberry App World 以及诺基亚的 Ovi Store 等。

(二)手机新媒体

手机被称为第五媒体，由于其便于携带、普及率极高、传播手段极为丰富，因而成了人们不离不弃的新媒体。就目前来说，手机新媒体主要包括手机短信息、手机报、手机广播、手机电视、手机短视频等。早在数字技术发展的初期，手机就借助短信功能，开辟了手机报的阵地，而彩信的出现则让手机获得了广播的功能。随着数字技术的进一步发展，具有电视功能的手机电视赫然出现在世人面前，而宽带网络技术的出现又让手机拥有了互联网功能。随着媒介融合的推进，手机将报纸、广播、电视和网络融通起来，使自己成为了一种“全媒体”。

手机媒体以手机作为视听终端，借助互联网技术打造信息传播平台，具有大众传播媒体的特征，同时也是一种私人化、个性化极强的媒体形态，除具备其他新媒体的特征外，手机媒体还具有便于携带、易于操作、覆盖率极高等特征。

在信息超载现象尤为突出的今天，单靠门户网站的信息分类来满足用户的需求已不现实，必须依靠搜索引擎为用户提供精准的信息服务。搜索引擎也具备新媒体的相关特征，不过其互动性主要体现为人机互动。

由上述分类可知，新媒体的类型是十分丰富的，这些新媒体都具有区别于传统媒体的本质特征——都是建立在数字化的基础之上的，都具有高度的互动性。需要特别指出的是，在上文所列举的新媒体之中，并不包括很多学者所列举的数字报纸、数字广播、楼宇电视、车载电视、网络电视、数字电视、移动电视、智能电视、数字电影、户外数字媒体等，原因在于这些媒体只是在传统媒体的基础上改进的媒体，它们确实都是在数字化技术的基础上诞生的，然而就新媒体的另外一个本质特征——互动性来说，这些媒体的互动性都比较弱，甚至比传统媒体强不了多少。总的来说，其互动性主要体现在人机互动方面，而在人们最需要的人与人的互动上，这些媒体几乎都没有体现出来。所以从根本上来说，这些媒体只满足了技术上的数字化这一特征，没有满足传播方面的互动性这一特征，因而不能被称为新媒体。当然，随着数字技术的进步，上述的一些媒体诸如数字电视、智能电视等，其互动性会不断增强，最终满足新媒体互动化的特征，到那个时候，它们也跻身于新媒体的行列了。

由此可知，新媒体是继传统媒体之后诞生的一种新兴的信息传播工具，诸如数字报纸、数字广播、数字电视、数字电影、户外数字媒体等并不是一种全新的媒体形式，它们只是在传统媒体的基础上借助数字化技术进行改造后诞生的媒体，只能将它们称为新型媒体，不能称为新兴媒体，这也说明将新媒体称为数字媒体是有缺陷的。所以说，并非新出现的媒体都属于新媒体，很多媒体只能称为新出现的传统媒体，要真正成为新媒体，还有很长的路要走。

五、新媒体的功能

作为一个新兴的传播媒体，新媒体除了具备传统媒体的功能以外，还具有一些独特的功能。具体体现在以下几个方面：

（一）多效应平台

众所周知，除具备媒体属性以外，新媒体还具备下列属性：一是基础设施属性。新媒体可以为社会各行各业的发展提供基础支撑，“互联网+”战略正是基于互联网这种新媒体的基础设施属性而提出来的。二是平台属性。人们除了将新媒体视为信息传播平台以外，还将新媒体视为各种休闲娱乐平台、社交平台。三是关系属性。新媒体是在互联网等数字技术的支撑下诞生的，其在信息生产、传播和消费中存在众多的节点。一般来说，关系属性以节点为载体，节点与节点间的相互连通，会形成各种各样的关系网络。四是市场属性。不少新媒体都具有商品交易的功能，人们可以在其 APP 上开展商品买卖活动。

（二）报道新闻

报道新闻是新媒体的媒体属性的重要体现。新媒体之所以被视为一种新兴的大众传播媒体，原因就在于新媒体可以像传统媒体一样为人们提供各种各样的新闻资讯。事实上，很多新媒体就是靠独具特色的新闻报道而获得生存和发展的。我们通过各大新闻网站来获取新闻信息、阅读各种新闻评论，做到“足不出户就知天下事”。

（三）传播信息

相较于传统媒体来说，新媒体的一大优势就是拥有海量的信息，通过浏览网站、使用搜索引擎等方式，用户每天均可以从新媒体浩如烟海的信息中去获取自己所需要的信息。新媒体上的知识是包罗万象的，包括人类生产、生活的方方面面。由此可知，新媒体承担着传播信息的功能。

（四）播报广告

所有媒体都具有刊载广告的功能，新媒体也不例外，而且在广告的刊载方面，新媒体已经取代传统媒体的主流地位。由于具有成本低、传播速度快、覆盖面广、互动性强、表达手段多样化等优势，新媒体在刊载广告方面一枝独秀，几乎将所有广告商的目光都吸引过去，传统媒体的广告遭遇断崖式下跌。因而在今天，随便打开一个新媒体，都会发现广告的身影。

（五）生成、传播和引导舆论

新媒体以其强大的影响力，短时间就改变了人们的信息消费习惯，让受众纷纷离开传统媒体投入它们的怀抱。受众尤其是被称为网络原住民的20世纪80年代以后出生的受众群体，其信息生产、传播与消费都在新媒体空间中进行，因而在今天，信息传播的主要场所也转移到了新媒体之中，顺应这一潮流，舆论引导的主阵地也转移到了新媒体之上。一般来说，新媒体能够在三个方面对舆论产生巨大的影响：一是生成舆论。舆论的生成需要媒体、新闻事件以及公众等要素，而公众对相关事件公开发表自己的看法，以形成基本一致的意见是舆论产生的基本条件。在今天来说，公众往往是通过新媒体来表达自己的意见的，各类事件的相关信息借助新媒体得以传播，从而被越来越多的公众知晓，而公众知晓相关信息后又往往会发表相关的意见，当有分歧的意见逐渐统一时，舆论也就形成了。二是传播舆论。舆论一旦形成，就会借助各类媒体尤其是新媒体得以迅速传播，将更多的公众吸引进来，使舆论的声势不断壮大，成为摧枯拉朽的舆论洪流。三是引导舆论。在舆论生成并不断传播后，其影响力会迅速扩大，在舆论消亡之前，任何人都不要低估其破坏性，而要降低舆论对社会的冲击力，就需要对之进行引导——在舆论诞生之初，相关部门就应该对舆论开展引导工作，通过不断地稀释原有的话题、转移话题等方式，让公众的注意力发生转变，从而消除负面的舆论；对于正向的舆论，相关部门也应该予以引导，防止被恶势力利用而使受众的关注点发生变化，以此改变舆论的运行轨迹。由此可知，新媒体平台已成为各种舆论的集散地。

（六）提供娱乐

新媒体能够提供大量休闲娱乐的信息，并能够让广大受众在互动中获得更多的乐趣，这就是新媒体的娱乐功能。正因为新媒体能够满足广大受众全身心休闲体验的需求，他们才越来越沉溺于各个新媒体平台。对新媒体的过度沉迷，使不少人有了“新媒体瘾”，他们深陷各种虚拟世界、网络暴力之中，严重影响了自身的身心健康。因而在新媒体时代，相关部门需要引导社会大众尤其是青少年群体树立正确的娱乐观。

(七)生产和传播文化

新媒体是典型的文化生产平台，同时也是展演、展播各种文化的平台，甚至可以说，新媒体本身就是一种文化。这说明，新媒体与文化有着天然的联系，它们在承载文化方面有着巨大的优势。一是生产出丰富多彩的文化。新媒体不仅是信息传播平台，也是信息生产平台，其每天生产出众多的文化产品，并以多媒体的手段将这些文化展现出来。二是促成文化的传播和交流。民族的也是世界的，互联网全球传播的优势使各民族的优秀文化得以在全球传播和交流，这种跨文化的传播和交流对于全球优秀文化的融合和发展有着巨大的意义。

(八)促进教育

新媒体已成为开展信息传播的主流空间，作为一种典型的信息传播活动，教育也必须借助各种媒介和符号来推进。教育是社会系统的一个子系统，对社会各行各业的发展有着巨大作用的新媒体技术，必然也会为教育带来诸多的益处。可以说，新媒体既可以作为教学的空间，让社会大众在线开展各种教育和学习活动，也可以作为一种教学辅助工具运用到线下的教学活动之中，这有助于构建线上线下相结合、特定阶段和终生教育相结合的教育体系。

六、新媒体的发展趋势

随着各种新媒体技术的发展，人们的生产和生活将越来越嵌入网络空间，大家寄生于这一超级庞大的传播网络之中，形成了一幅幅千奇百怪的社交图景。此外，人们将会把现实社会中的各种产业有效地整合到网络空间之中，借助互联网技术推动各行各业的迅猛发展。这也会使新媒体在未来的发展之中呈现出以下趋势：

(一)社会的媒介化程度会进一步加深

媒介融合的不断加深，将会构筑起一个新的信息生产和传播的景观。在这个信息生产和传播景观之中，融媒体以其独特的优势，将触角伸向社会的每一个角落，让世人的生产和生活都打上媒介的烙印并深受媒介活动的影响。在这种情况下，人类将生存于自己构造的媒介空间之中，整个社会就是一个媒介化的社会。

(二)各媒体之间的融合程度会逐步加深

在媒介融合方面，除了传统媒体不断与新媒体融合之外，新媒体之间的融合程度也不断加深，各种媒介之间将会存在着你中有我、我中有你的情况，逐步融合成一个信息传播、休闲娱乐、购物体验、人人共栖、价值共创的全能型的媒介平台。

（三）人与人、人与机器的互动将会更为频繁

新媒体将成为人类生存的新大陆。在这块新大陆上，由于技术的发展，人与人之间的互动将会变得越来越容易、越来越多样化，因此相互间的互动也会越来越频繁。随着智能化程度的提高，机器将能够较为流畅地与人类展开各个层次的对话，人与机器之间的互动也将会更加频繁。

（四）用户新物种的特征会更加明显

在互联网时代，人与机器相互结合，诞生了一种新的物种——人机结合体——人与机器的结合不限于人披上各种可穿戴设备，而是某些新媒体设备、终端直接成为人体的一部分，人真正有了“技术肢体”，这种肢体不是人们说的假肢，而是实实在在的“人体的组成部分”，它们能够被人灵活、方便地利用于各种生产、生活之中，成为人类改造世界的重要的器官。换句话说，新物种意味着新媒体入侵用户后，成功嵌入用户的肉体和精神，用户又反过来浸入了新媒体，与新媒体相互渗透，出现了最奇特的进化模式。

第二节　新媒体舆论概述

由于具有信息量大、传播速度快、覆盖面广、使用成本低等天然的优势，新媒体在形成和引导舆论方面具有得天独厚的优势。在新媒体已然风靡全球的今天，新媒体空间也成了各种舆论的集散地。

一、新媒体舆论的内涵

舆论也被称为新闻舆论，其对经济社会的发展具有极大的影响。虽然舆论这一概念已经有上百年的历史，但人们仍然还未完全就什么是舆论达成共识。在1990年出版的《中国大百科全书》中，舆论一词分别出现在新闻出版卷和心理学卷之中。其中新闻学卷中舆论这一词条是由甘惜芬同志界定的，甘老认为舆论就是“公众的意见或言论”，在对舆论这一词进行界定以后，甘老附上了2500余字的与舆论相关的解释，认为“舆”的本意是指轿或者车厢，也可以理解成众、众人或众人的……舆论一词最早出现在《三国志・魏・王朗传》之中①。在2009年出版的《中国大百科全书》中，将舆论与多数人的意见关联起来，认为它是一定范围内的多数人的意见；有时也指大众传播媒体所发表的意见②。其实，在最

① 中国大百科全书总编辑委员会．中国大百科全书・新闻出版卷．北京：中国大百科全书出版社，1990：457.

② 中国大百科全书总编辑委员会．中国大百科全书・第27卷．北京：中国大百科全书出版社，2009：210.

早的时候，舆论是与社情民意联系在一起的，它是大多数社会公众的整体意识之象征，是一种社会肌肤，是一种强大的社会力量。

知名新闻传播学者李良荣对舆论下了一个较受人们认可的定义，认为舆论是在特定的时间空间里，公众对于特定的社会公共事务公开表达的基本一致的意见或者态度①。不过《中国大百科全书》认为舆论必须包括七要素，不符合七要素的公众意见，都不能被称为舆论。这七要素是：舆论的主体；舆论的客体；舆论自身；舆论需要有一定量的边界(主导意见达到三分之二)；舆论总要有一定的强烈程度；舆论一经形成，总要持续一段时间，少到数小时，多至数年；任何被称为舆论的意见，总要对舆论客体产生各种形式、或大或小的影响②。陈力丹对舆论进行了较为全面的界定：舆论是公众关于现实社会以及社会中的各种现象、问题所表达的信念、态度、意见和情绪表现的总和，具有相对的一致性(有一定数量规模)、强烈程度和持续性，对社会发展及有关事态的进程产生影响，其中混杂着理智和非理智的成分③。陈力丹对舆论的界定，包含了《中国大百科全书》所列举的七要素。

由上述界定可知，无论是哪一种观点，均将舆论视为一种意见。这就说明，舆论的本体就是“意见”，关注“意见”的流动问题，应该成为舆论传播的立足点。除了“意见”这一本体以外，舆论还有着主体(公众)、客体(社会公共事务)、载体(传播工具)等要素。舆论的主要作用是对政府工作人员的行为进行监督和制约，决定舆论的因素主要有以下几个方面：一是公众获取的信息是否真实和全面；二是公众自由、自主地发表意见的可能性；三是公众的知识水平、媒介素养和道德修为。

在新媒体时代，绝大多数公众倾向于在新媒体上发声，因而新媒体已然成为舆论的主要载体，而各类新媒体如门户网站、新闻网站、博客、微信、网络社区等则成了舆论来源的主流平台。

在今天，以新媒体作为载体的新媒体舆论已成为一种新的舆论形式，它与传统媒体时期的舆论既有区别也有联系，区别之处在于新媒体舆论的表现手段更为丰富多彩，形成机制更为开放，舆论的主体更为多元化；联系之处在于它们均是公众“意见”的表达，引发舆论的关键点都是“社会公共事务”。

那么，新媒体舆论究竟是什么呢？中国人民大学新闻学院的匡文波教授认为，从广义上来说，新媒体舆论是在互联网、手机媒体等新媒体上传播的公众对焦点问题所发表的有影响力的意见或言论，亦是现实民意借助于新媒体的表达④。匡文波教授从广义上对新媒体舆论进行了界定，那么狭义上的新媒体舆论就应该是社会公众以各类新媒体为传播平

---

① 李良荣．新闻学概论．上海：复旦大学出版社，2013：55.

② 中国大百科全书总编辑委员会．中国大百科全书·第27卷．北京：中国大百科全书出版社，2009：210.

③ 陈力丹．舆论学——舆论导向研究．北京：中国广播电视出版社，1999：11.

④ 匡文波．论新媒体舆论的生命周期理论模型．杭州师范大学学报·社会科学版，2014(2)：112.

台，对社会公共事务所发表的基本一致的意见。有人认为，新媒体舆论也可以视为网络舆论，因为所有的新媒体都必须以网络技术为支撑。当然了，这样的说法有待商榷，毕竟新媒体不能与网络画等号。

由此可知，新媒体舆论是伴随互联网、手机等新兴媒体技术而出现的一种独特的舆论形态，是公众借助各种新媒体空间对其所关注的问题公开表达的基本一致的意见或态度。也就是说，新媒体舆论就是公众意见与新媒体相结合的产物，只要是公众通过新媒体平台对其所关注的问题或现象形成基本一致的意见，都可以视为新媒体舆论。

要较好地理解新媒体舆论，必须分清它与社情民意、舆情和谣言的异同之处：

首先是新媒体舆论与社情民意的异同。新媒体舆论是社情民意在新媒体时代的一种特殊的表现形式，它反映了更为真实、更具体化的社情民意。借助新媒体舆论这一表达方式，社情民意更容易被相关部门所重视。需要指出的是，新媒体舆论与社情民意之间存在着诸多的互动关系，在公众对社会公共事务的关注范围不断拓展的今天，新媒体舆论与社情民意的互动已成为一种常态，它们都包括公开和不公开两个部分，公众通过新媒体表达自身的意见或态度，本身就是社情民意的体现，而众多社情民意的汇集，就促发了舆论。据此可以说，社情民意为新媒体舆论提供了现实的基础，新媒体舆论则是现实社会中公众的社情民意的表现和升华，且新媒体舆论与社情民意是可以相互转化的，当公众合理的诉求得不到满足时，他们就会倾向于使用媒体来发泄自己的不满、发表自己的意见。在发泄不满和发表意见时，公众往往会选择传播速度快、表达自由的新媒体，使社情民意转化为新媒体舆论。当某种新媒体舆论受到广泛的关注和传播，引起社会各界人士的高度重视，并让他们参与到新媒体舆论的传播和扩散之中，让相关的新媒体舆论强化或改变社会大众的想法时，就形成了具有强大影响力的社情民意。

其次是新媒体舆论与舆情的异同。舆论和舆情的主体都是公众，但舆情指的是舆论的情势，而并不是所有的舆情都可以上升为舆论；舆情强调的是总体态势，研究不同的意见的情况，而舆论强调的是大抵一致的意见或态度。在今天，新媒体舆情的研判之所以受到高度的重视，主要原因是不同的舆情在经过长期的交锋后，会走向统一，形成舆论，对社会产生巨大的影响。因而需要研判舆情，以推测可能产生的舆论，并未雨绸缪地做好处置工作。

最后是新媒体舆论与谣言的异同。谣言是指虚假的、捏造的言论或话语，由于其在传播中处于未经证实的状态，因而社会大众很难辨别其真假。面对传播速度极快、传播范围极广的谣言，人们习惯于选择相信，而不愿花大量的精力去求证其真实性，因而谣言具有极大的破坏性——败坏社会风气、降低政府的公信力等。当谣言在较大的范围内传播开来的时候，就会营造出一种负面的舆论氛围，形成一种负向的舆论。因此我们经常听说舆论反转一词，就是很多谣言在某个时空中占据上方，具有强大的话语权，让社会大众被误导，而随着时间的推移，真相逐渐浮出水面，谣言不攻自破，正向的舆论才被人们所重视。

二、新媒体舆论的基本要素

一般来说，舆论包括主体、客体、本体、载体等几个要素。新媒体舆论的要素也包括这几个方面，主体就是参与舆论生成、传播和扩散的各类人群，客体是社会公共事务，本体是各类意见或各种态度，载体就是各种公开的传播活动，也可以说是各种传播工具。由于上文对新媒体舆论的本体作了较为详细的阐述，此处将对新媒体舆论的主体、客体和载体等要素进行阐述。

(一)新媒体舆论的主体

舆论的主体就是公众，作为新媒体舆论主体的公众，其本意就是大家、大众。在新媒体舆论的生成、传播、鼎盛和消退的过程中，公众其实就是指这样一个群体：(1)他们面临同一个热点议题；(2)他们对面临的热点议题有这样那样的争议；(3)他们围绕热点议题各抒己见；(4)他们做出讨论后形成大抵一致的意见或态度。需要指出的是，公众围绕某个议题的讨论，是形成舆论的核心所在。公众之所以会对某个热点议题进行探讨，是因为他们拥有共同的利益，他们自发地集中起来，形成一定的规模并对议题进行自由的探讨。

由此可以说，新媒体舆论的主体就是以各类新媒体为平台展开交流和互动，对各类社会公共事务发表看法，最终形成基本一致的意见的群体。客观地说，由社会大众所组成的各类群体，并不都是理性的群体，它们有时是非理性的、粗暴的，易受意见气候的感染，它们之间的差异较大但却能够展开频繁的沟通。在形成一致意见以后，不少人还有可能形成一个组织，在线下开展某种活动。新媒体舆论的主体是多维度的，既包括普通用户、各种意见领袖、各类推手和水军，也包括作为舆论管理者的各相关部门以及参与其中的传统媒体人。

1. 普通用户

用户就是使用新媒体的人。在新媒体日益嵌入人们生活的今天，用户每天都会在各类新媒体平台上花费数十分钟、数小时甚至十几个小时，他们经常在新媒体平台上就某些事件发表自己的看法。

用户心甘情愿甚至以一种狂欢的姿态在新媒体平台上展开交流活动，与他们所怀有的心理动机密切相关。他们有着特定的利益需求，或者出于道义和社会责任，期望在众人的共同努力下使事件朝着自己希望的方向发展。一般来说，作为新媒体舆论主体的用户，其心理动机包括三个方面：一是获取信息——了解各类时政新闻和社会现象，并获知其他人对某种热点事件的态度或意见，怀有这种动机的用户与其他用户的互动较少。二是获得存在感，期望与其他用户建立起这样那样的关系，怀有这种动机的用户与其他用户的互动较为频繁。三是获得社会认同，希望博得其他用户的认同，彰显自己的社会地位，怀有这种动机的用户，会积极与其他的用户展开互动。需要注意的是，上述三种动机并不是截然分开的，用户可能怀有其中的某个动机，也可能同时有其中的几个动机，还有可能同时怀有全部的动机，他们会根据自己的需求随时调整与他人的交往方式。用户的各类心理动机可能是健康的，也可能是不健康的。

在遇到热点事件时，用户往往会根据各种现实情况对相关的事件进行分析和判断，对相应的信息进行加工，并在相应的动机的驱动下采取必要的行动——发表意见、与他人展开观点交锋甚至组织或参加线下活动。

2. 意见领袖

在新媒体舆论的主体中，有一些人的社会地位比较高，能够第一时间获取有关事件的信息，因而能够在众多主体之间发表有影响力的观点，对新媒体舆论的走向有着较大的引导作用。在新媒体舆论的扩散过程中，意见领袖并不是固定的，因为新媒体这种媒介环境不像传统媒体那样，存在着明显的两极传播现象，而是存在着若干个重要的节点，任何重要的节点都可以造就出意见领袖，而且随着时间的推移，相关的节点会发生变化，新的传播中心会凸显出来。这是一种典型的 N 级传播现象，各类意见领袖的介入，会加快舆论的扩散过程，从而扩大舆论的影响力。

新媒体的使用方便、传播及时和互动性强等优势，使其空间中的意见领袖尤为活跃，他们或言辞犀利，或见解独到，或善于诱导，使其他人自觉不自觉地跟他们站在同一阵线上来，有的甚至拥有数以万计的粉丝群体，在舆论引导中的作用尤为明显。这也说明，新媒体平台虽然赋予任何一个人“平等”发声的机会，但其主导权往往掌握在意见领袖的手中，这些意见领袖能够控制新媒体舆论场，数量更为庞大的普通公众往往沦为跟风者。不过这也不能说新媒体舆论场完全由某些意见领袖所掌控，因为普通公众的视线会随着事态的发展而转移，当他们离开某个意见领袖设定的议题，转而对其他议题感兴趣或者支持其他议题时，原来的意见领袖就会因为失去大量粉丝而失去引领地位，甚至有可能被普通公众口诛笔伐而一败涂地。同时，一些普通公众在对事件有着独到的见解时，也会受到其他公众的追捧进而成为新的意见领袖。所以从根本上来说，新媒体平台的舆论生成、传播和扩散还是要依靠成千上万的普通公众的参与。

3. 推手和水军

在新媒体舆论的生成、传播与扩散中，有一群人的作用是不可低估的，那就是各类推手。这些人善于策划各类事件，善于炒作，以猎奇的叙事风格吸引眼球，将众多不明真相的公众裹挟进来，起到干扰舆论、误导公众的作用。各类推手均不是善人，他们的目的就是混淆视听，塑造“典型”，从而获得特定的利益。因此，排除各类推手的干扰，已成为新媒体舆论引导中的重要任务。各类推手之所以能获得特定的利益，除了他们能够精心策划和包装外，还在于社会大众不熟悉新媒体的传播规律，并在不了解网络推手的包装手段的情况下跟着吆喝，以致形成有利于他们获取特定利益的舆论场。

除了各类推手在新媒体空间中兴风作浪、误导舆论以外，还有一群专门为不怀好意的个人和组织掺水、在新媒体空间中摇旗呐喊的水军。新媒体作为一种大众传播媒体，按理来说应该传播真实的信息，并注意抚平社会大众的情绪，但新媒体并不只是媒体，它还是一个能让投机取巧者获取利益的平台。随着世人对新媒体依赖程度的加深，一些不法分子探索出了一条独特的盈利模式——水军产业链，他们雇佣数量庞大的水军，为相关的信息进行灌水，对指定的对象予以赞赏或进行攻击。新媒体水军往往由公司所雇佣，当组织者一声令下，成千上万的水军就立即伪装成普通民众，参与到回帖造势之中，营造出特定的话题，引起更多人的关注，达到打击对手、混淆视听的目的。水军是令人生厌的，他们本可以全身心地参与正当的舆论引导，然而他们却被错误地用在了恶意炒作和攻击方面，这群人零散地分布在各个角落之中，一有事情就聚集起来掺水，事情过后就各自散开，因而相关部门很难控制他们。新媒体水军还有一大"优势"，就是掺水的素质要求不高，只需掌握一些基本的电脑知识就能够参与其中，因而水军队伍往往是鱼龙混杂的。无论是雇佣公司还是水军，均是互联网灰色产业的产物，因此要彻底铲除这一产业，还有较长的路要走。

4. 新媒体舆论管理的相关部门

在新媒体舆论的扩散过程中，相关部门作为舆论的引导者和管理者，具有对相关舆论进行把控的职责，因而它们也是一种无可争议的舆论主体。这种舆论主体的目的很明确，就是正确引导舆论，维护社会稳定。作为新媒体舆论管理者的相关部门均会积极干预舆论，使舆论保持正向发展或回归正面，它们与各种推手和水军作斗争，将各类事件的真实情况告知公众，使公众明辨是非，参与创造、维护良好的社会生态。

5. 传统媒体人

在媒介融合不断推进的今天，很多传统媒体都纷纷向新媒体靠拢，与新媒体融合成全媒体。因此，很多传统媒体人都参与到新媒体舆论之中，成为新媒体舆论的又一种主体。当然了，不少在传统媒体中耕耘，在遇到重大的舆情事件时，也通过自身的新媒体平台来发声的人，也是新媒体舆论的主体，因为他们实实在在地参与到了新媒体舆论的传播之中。

总的来说，新媒体舆论的主体包括以上五种类型。这些主体之间有着政治、经济等多重利益的联系，当利益一致时，他们就站在一起大声疾呼，而当利益不一致时，他们又相互交锋、相互攻击。同时，各类主体之间还有可能存在着价值观的差异，当发生公共事件的时候，各主体的价值观就犹如一把筛子，积极甄别相关的信息，将与自身价值观不一样的信息筛除，并以符合自己需求的信息为基础，对外发布言论。当社会公共事件的价值取向与相关主体的价值观一致时，他们就会对舆论持支持态度。当社会公共事件的价值取向与相关主体的价值观不一致时，他们就会对舆论持否定态度。需要指出的是，处于社会转型中的各种新媒体舆论主体，他们的利益诉求是多元化的，因而相互间的舆论交锋是常有的事情，我们需要做的就是如何最大限度地协调各方的利益，让舆论朝着有利于社会发展的方向迈进。此外，各主体之间会有情感表达的不一致性。作为调节人的认知结构的平衡性的重要因素，情感是人与人之间冲突或和谐的一个重要杠杆。应该说，利益冲突是比较泛化的冲突，情感冲突是比较具体的冲突，情感冲突能够触发实实在在的行动。因此，在对新媒体舆论进行引导时，应该注重化解各主体的怨言，让他们的负面情绪得以释放。

（二）新媒体舆论的客体

近年来，新媒体舆论客体的范围正不断扩大，其所关注的领域也不断拓展，从各类民生到官员的贪污腐化、社会道德等社会问题，再到国家的施政方针，都是公众所关注的对象。此外，公众从关注自己的日常生活到关注社会公共事务，使公共事务与个人生活这两个分属公共领域和私人领域的空间彼此渗透。这说明，社会公共事务这一新媒体舆论的客体，在整合着不少私人领域的东西，并将它们上升到整个社会关注的高度。新媒体舆论的客体能够引发其各种主体的关注和讨论，它是各类矛盾在人们生活中的反映，这些矛盾是爆发新媒体舆论的导火索，它们具备客观性、公共性和争议性等特征。

由此可知，社会大众对新媒体舆论客体的交锋，已超出了哈贝马斯所说的公共领域，在新媒体广泛普及的今天，很多私人领域的事情被公共化了，由于某些事情与社会价值观念存在特定的联系，人们就会把它上升到公共事件的范畴，如郭美美事件、重庆的保时捷女司机事件等。这也说明，公共领域不再是与特定的地域和场域相互联系的东西，传统媒体时期公共领域的单一性被新媒体时代的多个公共领域的混杂性所取代，个体性的事件常常被卷入公共领域，很多舆论都将视野从公共领域延伸到私人领域，人们毫不留情地对某些人的私生活和社会背景进行挖掘和鞭挞，使私人领域在公共事件的携带下暴露在世人的眼前。

需要特别指出的是，新媒体舆论的主客体之间是存在着紧密的联系的，他们之间存在着各种各样的实践关系和认知关系，也存在着这样那样的价值和审美关系，在新媒体舆论的生成、传播及演化过程之中，作为舆论主体的公众和作为舆论客体的社会公共事务之间存在着一种对象关系——主体对客体的认知和实践关系，公众能不能有效地认识社会公共事务，与其实践能力是分不开的。

（三）新媒体舆论的载体

新媒体舆论的载体亦即新媒体舆论的传播工具或传播活动。就目前来说，新媒体舆论的载体主要包括各类新闻资讯平台、社交平台和移动应用平台等。首先是各类新闻资讯平台。这是一种极为重要的新媒体舆论载体，它颠覆了传统媒体的传播形态，改变了社会大众获取信息的方式，能够让社会大众在短时间之内迅速地了解相关事件的梗概，并对其保持关注度。在公众的不断关注和互动下，新媒体舆论就得以生成和传播了。在公众聚集于新闻资讯平台上时，新媒体的运营者及相关部门就能够第一时间了解公众的属性、跟踪公众的行为并推测公众下一步的行动，以便更好地把握舆论的导向。其次是各类社交平台。在社交平台上，社会大众可以利用各种搜索软件在极短的时间内搜索到自己所需要的信息，因而能够让某些重大事件得到众人的关注，为舆论的形成打下坚实的基础。当然，社会大众聚于社交平台之上，他们并不只是搜索信息，他们往往还会随时发布相关的观点和信息，并与其他的人讨论，由此推动舆论的形成。最后是移动应用平台。移动终端的普及，加快了新媒体舆情传播的速度，丰富了社会大众之间的交往方式。在复杂的交往空间中，新媒体舆论向着更加碎片化的方向发展，不少时候甚至具有私密化的特征，因为社会大众会在交往中进行分化，形成一个个志同道合的圈子，推动舆情的圈子化传播。

三、新媒体舆论的特征

新媒体舆论是新媒体时代社会整体舆论的晴雨表、温度计，是新媒体时代社情民意的风向标。层出不穷、类型多样的社会热点事件为新媒体舆论的酝酿、爆发、扩散及演变提供了连续不断的催化剂，社会公众的广泛介入更是让新媒体舆论高潮不断。在这种情况下，新媒体舆论呈现出了一系列的特征：

(一) 客观存在性

作为社情民意的一种典型的表达方式，新媒体舆论是一种客观存在物，因为其生存和发展的各种条件都是客观存在的。

首先，新媒体舆论生成的媒介环境是客观的，原因是新媒体是在人类科学技术发展到一定的阶段才产生的。人类传播经历了口头传播、文字传播、印刷传播和电子传播四个阶段，每一个阶段都得益于当时的技术条件并受当时技术环境的限制。在数字技术的赋权下，新媒体得以酝酿而生，人们拥有了一种与传统媒体的时空格局完全迥异的新兴媒介类型，其带来的时间变形、空间的再生产和混融，使得人类信息传播的方式发生了革命性的变化，为人类提供了一个全新的媒介环境，为舆论的形成、传播和发展提供了新的场域，而这个场域是客观存在的。

其次，对舆论的生成有重大影响的公众的心理因素也是客观的。一般来说，心理因素带有诸多主观的成分，然而对新媒体舆论的生成来说，心理因素却有着更多的客观性，原因是在新媒体舆论的形成中，个体的心理不只受到相关事件的影响，也受到心理的影响——群体心理对个体心理具有暗示、吸纳等功能。受到群体心理的影响，个体往往会跟着群体一起发表意见、发泄不平，将舆论推向极化境地。也就是说，个体在受到群体心理的影响后，会有一种从众心理，进而加入群体既有的舆论酝酿，推动舆论的形成和发展。

最后，作为客观存在物的政治、经济和文化等因素，构成了社会大众认知的社会环境，这些因素以自身的规律运行，支配着公众对周围客观存在的事物的认知。因此，公众往往基于既有的政治、经济、文化倾向来对其所关注的事件或问题发表意见，这就使新媒体的舆论打上了客观性的烙印。

由此可知，新媒体舆论受到各种客观存在物的影响。一波波新媒体舆论的形成，都离不开各种客观存在物的刺激。当人们在各种客观因素的影响下，就某个事件或问题达成一致认知时，就会形成基本一致的意见或者态度，在“蝴蝶效应”的作用下，掀起新媒体舆论的飓风。

(二)传播主体的泛化和分散性

新媒体舆论的主体是极为复杂的，其来源极为多元，分散于社会的每一个角落。主体的泛在化和分散性，使得相关主体的动机极为复杂。在新媒体舆论的形成、传播和发展之中，与事件密切相关的主体和无直接相关的主体，都会在特定动机的驱使下参与进来，他们或出于利益，或出于正义感，或出于同情，或者只是纯粹的起哄，让问题变得更加复杂，让舆论的风势更盛。

泛在化、分散性的主体大肆参与舆论，使精英阶层逐渐失去了“舆论”掌控的中心地位，草根阶层凭借人多的优势，积极设置和变换议题，拥有了不少的舆论引导话语权，他们甚至掌握了新媒体舆论运行的主动权，以舆论倒逼的姿态影响着相关部门对热点事件的处置。这就提醒我们，在新媒体时代，政府部门必须处理好他们与新媒体舆论的关系。

泛在化、分散性的主体的参与，能够为公众提供更多细分化的信息，从而诱使他们参与新媒体舆论，自由地发布和选择信息，对大众传播媒体的信息传播和舆论引导带来巨大的影响。

(三)传播方式的多样性

在舆论的传播中，传统媒体遵循着一对多的传播模式，即由媒体发布、传播信息，公众对信息进行消费。在新媒体时代，信息传播除了媒体对受众进行传播这种方式外，还存在着受众向受众进行传播、受众向媒体进行传播的情况，因而新媒体时代的传播呈现出多对多的传播方式。多对多的传播方式打破了对受众所作的“人数多、分布广但互不通晓，有意或无意地成为线性传播模式下的终端接受者”的界定，受众多元且相互之间进行着互动，他们分布广泛但相互知晓对方是谁，且是能动的信息接收和发布者。

新媒体舆论传播方式的多样性，使媒体与媒体、受众与媒体、受众与受众之间的传播更为容易，媒体对受众的信息传播和舆论引导的主动权被削弱，受众的关注点、意见的表达对媒体有着反向的引导作用。因此，新媒体时代舆论的传播图景是非常复杂的。

(四)传播内容的丰富性

在社会大众的参与下，新媒体舆情所涉及的内容更为丰富和复杂，相关的信息既来自社会层面也来自个人的层面，涉及人们生产、生活的各个领域。正因为新媒体舆论的传播内容极为丰富，才会使社会大众在舆论传播中形成多维互动的局面，在短时间内迅速形成声势浩大的舆论。在这种情况下，每爆发一个舆论，就会有众多相似的舆情席卷而至，引发了众多的次生舆论灾害。

(五)传播速度的即时性

新媒体大大压缩了意见的汇聚和传播的时间，只要舆论一形成，就能瞬间传至世界的每一个角落。也就是说，在新媒体时代，舆论传播的时间障碍已经被打通，无论是大众传播媒体还是社会公众，都能够对舆论进行实时加工、随时发布，舆论的传播体现出即时性的特征。

（六）传播空间的无限拓展性

舆论是在特定的时空中形成的。就空间而言，舆论首先是在某一个狭小的空间中诞生的，随着公众关注度的提高和参与，不少舆论的传播空间会不断扩大，使舆论从局部的群众舆论发展到地区舆论，并逐渐扩展为全国舆论甚至世界舆论，而随着传播空间的扩大，舆论的影响力也会逐渐扩大。在新媒体时代，舆论传播空间的拓展表现得更为迅速和明显，这是因为真实的物理空间对新媒体舆论传播的障碍几乎不存在了，只要不是人为的阻隔，新媒体舆论就能够瞬间传遍全球，成为全世界的意见气候。

（七）传播手段的多元化

新媒体舆论的传播手段是极为多元化的，它可以单一地借助文字、图片、声音、影像、动画等各种手段进行传播，也可以轻易地将这些文本进行组合，以一种全媒体的方式进行传播。此外，新媒体还可以借助超文本等技术优势，将舆论嵌入有影响力的网页之中，使舆情所涉及的范围不断扩大。

（八）传播过程的难控性

由于社会大众能够较为自由和充分地加入新媒体舆论的传播之中，因而新媒体舆论会得以不断生成和传播，其发展壮大的过程呈现出多变性的特征——在传播中不断演变，出现多个不同的版本，在接触到新媒体舆论时，公众会根据自身的经验和利益诉求等，对相关的信息进行改编，使其版本不断增加。在社会大众的集体参与下，新媒体舆论的声势越来越大，其波及面越来越广，流变不断加速，因而其破坏性往往会超出人们的想像。如当某个人被曝出存在某些有违社会道德、法律规定的事件时，总免不了有人对其社会背景进行挖掘和猜想，认为一切真相都在其复杂的社会背景之中，认为此中必然有见不得人的交易，嚷嚷着要相关部门介入调查，要将“犯罪分子”和“包庇者”绳之以法。鉴于很多舆论自身的新奇性，加之社会大众添油加醋的评论，新媒体舆论处于不断的变化之中，其次生的舆论灾害一波接着一波，给相关部门的舆情处置和舆论引导带来极大的麻烦。此外，新媒体舆论一经产生，就会突破时空的限制，在全国乃至世界各地疯狂传播，由于缺乏有效的预警机制，相关部门对新媒体舆论的管控总会慢半个节拍，出现了引导的滞后性，加之社会大众对相关部门的信任度不高等原因，新媒体舆论的传播过程更难控制。

（九）“非媒体把关人”的出现

在传统媒体时期，信息的把关人是大众传播媒体；而在新媒体时代，社会大众广泛地参与信息传播、舆论引导，因而一大批“非媒体把关人”强势崛起，这些人可以是自媒体人，还可以是普通社会大众，他们有着自身的文化背景、年龄结构、职业类型和社会地位。在对舆论进行把关时，他们往往依据自身特有的背景来甄别信息、发布观点，参与到信息的“把关”之中，而一些影响力较大的人会成为舆论引导的“意见领袖”。由此可知，新媒体舆论独特的生成和传播环境，在很大程度上改变了传统媒体时期的大众传播媒体引领舆论的情况，催生了众多的“非媒体把关人”，使意见领袖出现了多元、多层和多变的特征。由于网络等新媒体具有匿名性，因此新媒体时代的不少意见领袖是匿名的，这给相关部门的舆论引导带来诸多的不确定性因素。

（十）“众声喧哗”现象十分突出

由于人人都有麦克风，因而在遇到热点事件时，公众会站在自身的立场和角度来发表意见，所以一个舆论往往是经过众多的交锋才形成的。在舆论诞生以后，人们也会进行交锋。持续的交锋会使舆论呈现胶着状态，或者使舆论出现新的拐点。因而，在新媒体舆论产生和传播的过程中，往往存在着“众声喧哗”的情况，无论我们喜不喜欢，“众声喧哗”都是存在的，它说明了这样一个事实，即在新媒体舆论的形成和发展中，意见、信息的芜杂是客观存在的。不过我们没有必要一味地谴责“众声喧哗”这一现象，要知道，众人的交锋也是社会民主进步的体现。

（十一）社会动员能力尤为强大

与传统媒体相比，新媒体的社会动员能力更为强大，原因是新媒体的传播速度极快、影响面极广。在新媒体的影响下，作为社会公众意见的舆论，在经过不停的累积、发酵之后，会让人们自觉不自觉地采取相应的行动，甚至会引发强大的社会运动。因此，如果不对其加以引导的话，新媒体舆论就会在“病毒式”传播的过程中产生巨大的破坏性。

（十二）议题生成的自发性

自发是相对于强制或者引导来说的，它是指事物的一种自在状态，没有受到任何的约束和规范。在新媒体诞生之前，传统媒体能够有效地设置议题，并能轻易地对信息的传播进行把关。在新媒体诞生以后，社会大众能够随时随地地加入议题的设置，自发地生成议题、把握议题，并在众人的参与中将个体设置的议题演化为社会议题或者公共议题。

四、新媒体舆论的功能

与传统媒体时期的舆论一样，新媒体舆论也是一种公开性的社会评价，其社会功能就是通过公开表达，形成大抵一致的意见，由此直接或间接地对社会生活进行干预。在这个过程中，新媒体舆论会对相关人员、组织、部门的行为实施监督，并力求对之进行约束，使之服从于公共意志、服务于公共利益。从这个意义上来说，新媒体舆论是社会控制的一种极为有效的形式。由此可知，新媒体舆论的社会功能主要包括以下几个方面：

（一）交流思想

在新媒体这一新兴的舆论场域中，通常存在着若干种不同的声音，各种思想充斥于其中并不断碰撞着。在碰撞中，各种思想经过充分的交流，会逐渐形成一种主流性的思想。当然，这种主流性的思想并非都是正面的。在新媒体舆论场域中，很多负面的思想对社会造成了重大的影响。如翟天临“学术不端事件”，在翟天临坦言不知道“知网”为何物以后，社会舆论开始质疑其博士论文的真实性，并由此引发了众多的负面言论。在这个过程中，尽管翟天临和一些人都出来说话，试图扭转舆论态势，但由于该事件激活了社会大众的情绪，且事件的价值是负向的，翟天临等人的说法难以抢占舆论高地。社会大众的拷问使相关单位及时展开调查，最终翟天临被取消博士学位，并被所在的博士后单位作退站处理。这件事虽然以一种较为正向的处理结果而结束，然而明星学术造假的负向思想却在社会上留下了伤痕。

（二）对政府部门的行为进行监督

新媒体舆论可以对政府部门的行为进行监督，让政府部门的施政行为在阳光下运行。新媒体舆论对政府部门的施政行为的监督，包括监督其决策过程，相关政策、措施的执行过程和结果，以及决策人员、执行人员的行为等。为了施政的科学性，很多政府部门在推行某项重大措施之前，都会通过新媒体发布信息，征求社会大大众的意见。新媒体舆论的强大监督力会使政府部门摒弃那些不符合社会发展要求的规章制度、法律法规，如孙志刚案件发生后，在诸多法学专家的呼吁下，《城市流浪乞讨人员收容遣送办法》被废止。

（三）误导民众的负面功能

新媒体舆论的功能并不都是正向的，它也有着诸多负向的功能，如在发生某些重大公共事件时，社会大众都保持着较高的关注度。由于社会大众急需获知事件的真相，当大众传播媒体的信息发布相对滞后时，社会大众就会被不法分子所蛊惑，他们利用社会大众的关注度以及期望及时解决问题的心理，炮制不实或片面言论，以误导社会大众的判断，激发他们的不满情绪，将社会大众推到相关管理部门的对立面，为社会的和谐发展埋下重大隐患。

五、新媒体舆论的主流趋势和值得关注的问题

随着新媒体普及率的不断飙升，以及社会大众参与社会事务的热情的不断高涨，新媒体舆论呈现出了几个主流趋势，并引发了若干值得高度关注的问题。

（一）新媒体舆论的主流趋势

1. 公众的意见表达将更为理性化

由于新媒体的准入门槛较低，只要拥有电脑、手机等设备和接入网络，人们就能够在

新媒体空间中遨游，因而新媒体的受众存在着素质参差不齐的情况。在发表意见时，很多人基于利益的诉求、情绪的发泄而发表非理性的言论，使新媒体空间充满着各种暴力性语言。随着民众受教育程度的不断提高，民众的素养正不断提升，加之相关部门的理性引导，新媒体空间中公众的意见表达逐渐走向理性化的道路。众多公众以比较理性化的眼光和思维来看待各类舆情事件，与政府部门展开开诚布公的交流，期望从机制、法律等层面来解决问题，而不是呼吁用粗鲁的手法来惩处不法分子。

2. 社会舆情受重视的程度将会进一步提升

一些起初并不显眼的舆情，在经过一段时间的酝酿和传播以后，就变成了很难处置的重大舆情，对国家建设和社会发展造成了巨大的影响。因此，在中国，各级党委和政府都十分重视各类舆情，并在舆情研判中不断提升自身的执政能力和施政水平。可以肯定地说，各级党委和政府对舆情的重视程度还会进一步提升，在有效处置相关的舆情、切实解决老百姓所关注的问题后，老百姓对各级党委和政府的信任度也会不断提高。

3. 各类政务新媒体平台将会如雨后春笋般纷纷出现

各级政府部门都高度重视政务新媒体平台的建设问题，打造了自身的政府网站、开通了政务微博，及时公开各类信息并积极与社会大众进行沟通，提升了政府和民众的沟通效果，在有效地化解了负面舆论的同时，也加强了正面舆论的引导，许多社会矛盾因而得到解决，为和谐社会的构建注入了强劲的动力。

(二)新媒体舆论中值得关注的问题

1. 事关民生的重大问题长期得不到解决，会降低政府的公信力

民生问题无小事。近年来，社会大众对民生问题的重视程度，远远超出了社会的预期。物价、房价、医疗费用、教育、就业、社会保障等，均成为社会大众目光聚焦的领域。各种费用的高涨和社会保障的相对滞后性，已使不少人存有怨言，再加上一些腐败分子不顾老百姓的诉求，只顾捞取自身的利益，使老百姓对某些政府工作人员失去了信任，政府的公信力受到质疑。

2. 一些机构和组织的道德缺失会加剧民众对社会的不信任程度

今天，社会大众对食品、药品安全的重视程度是前所未有的，但一些机构和组织，居然昧着良心赚钱，置社会道义、社会公德于不顾。如“毒胶囊”“地沟油”“瘦肉精”“三聚氰胺”等事件，无不暴露了那些唯利是图的商家的丑恶嘴脸，小悦悦等事件则反映了众人道德的冷漠，而诸如保时捷女车主等事件则凸显了一些高高在上、作威作福的小丑形象。这些丑陋现象大大降低了民众对社会的信任度，激发了民众的悲观情绪，让人感觉世态炎凉，人们对道德问题的焦虑不断增加。这种情况必须要想办法消除。

3. 弱势群体的诉求受冷落，易引发社会对抗

一些弱势群体的利益诉求没有得到相关部门的回应，致使弱势群体有组织地聚集起来，使社会矛盾的对抗出现升级的趋势。在这种情况下，一些看似细微的、局部的摩擦，也会引发民众的聚集，以群体的形式对抗社会，如我们经常看到一些农民工讨薪被殴打、

受虐待而引发农民工群体的集体对抗的信息。也许大家都还记得，2011 年的时候，潮安县古巷镇的一位农民工，在讨薪的时候被挑断脚筋，引发了上万农民工集体维权的事件，农民工们喊着“踏平古巷镇”的口号，并打砸相关的财物。可以说，弱势群体的诉求得不到满足而引发集体维权和对抗的事件正在增加，社会对抗有加剧的迹象。

4. 相关部门的不作为时常成为舆论爆发的导火索

在各种舆论事件经常出现的今天，一些政府部门的工作人员还抱着老旧的处理方式，不讲究战略战术，没有有效的应对技巧，致使信息传播的通道被堵塞，这成了舆论爆发的又一个导火索。如有的地方在发生自然灾害以后，总会有记者赶去现场进行报道，一些官员在看到记者拍照后，居然会上前制止，更有甚者会抢夺记者的照相机、摄影机。这种粗暴的行为被曝光后，公众都会不约而同地认为现场救援不到位，存在着不少见不得人的地方。如果不法分子乘机散播不实言论，则会点燃舆论的导火索，铺天盖地的攻击和谩骂也会随之而来。

5. 某些国家的渗透破坏，对民众的社会认知和判断产生了干扰

中国已经崛起为世界第二大经济体，正在以稳健的步伐向前迈进。在一些国家看来，中国的发展严重威胁到了其自身的发展，这其实是子虚乌有的事情，中国的发展不但不会对任何国家的发展造成威胁，还十分有利于世界的和平与发展。但一些国家的政客罔顾事实，到处招摇撞骗，试图最大限度地抹黑中国，他们不遗余力地发布不利于中国发展和不利于世界和平的言论，对众多的民众进行意识形态的渗透，可谓处心积虑、丑陋无比。虽然这些政客的目的昭然若揭，但仍有一部分人容易上当受骗。究其原因，一来是部分人不会明辨是非，二来国内也有一小撮人甘愿作这些国家的棋子，在国内干着伤天害理的事情，有意挑起政府和老百姓之间的对抗。在这种情况下，我国的各类媒体尤其是新媒体，要坚定不移地跟党走，积极澄清真相，营造良好的舆论环境。

本章小结

本章主要对新媒体及新媒体舆论的基本内涵、要素、特征、功能等进行了较为详细的研究，较为全面地呈现了新媒体及新媒体舆论的相关知识。此外，本章还对新媒体舆论的主流趋势和新媒体舆论中值得关注的问题等内容展开了探讨。

思考题：

1. 什么是新媒体？什么是新媒体舆论？
2. 新媒体舆论有哪些特征？
3. 新媒体舆论有哪些功能？
4. 新媒体舆论的主流趋势体现在哪些方面？

第二编　新媒体时代的舆论生态

本编主要对新媒体舆论的生态状况进行研究，详细分析了新媒体时代的舆论格局、传播生态、新媒体时代的各舆论场及它们之间的各种关系。在公众的知情权、参与权、表达权、监督权不断扩展的情况下，公众在舆论生成、传播和扩散中的话语权也不断得以提升，民间舆论场的影响力正不断扩大，成为与媒体舆论场、官方舆论场博弈和合作的舆论场域。民间、媒体和官方三个舆论场之间的竞争，构织了特定的舆论关系网络。新媒体舆论场中的关系网络能够决定新媒体舆论场的基本形态和生态格局，而新媒体的舆论生态也在强化着各种网络关系。需要注意的是，在舆论引导中，官方舆论处于主导地位，三个舆论场的舆论引导都以社会主义核心价值观为皈依，在平等、互信沟通的基础上共同构筑立体化的舆论传播网络，有效地引导社会舆论。

第二章　新媒体时代的舆论格局及传播生态

在新媒体时代，媒体的边界正不断被打破，媒体的版图也处在不断的重构之中，整个媒介的生态环境发生了巨大的变化。在这种情况下，媒体的舆论格局也有了重大的变化。与此同时，新媒体时期的舆论传播生态也与古代社会、传统媒体时期的舆论传播生态存在着较大的差别。新媒体使时代的舆论格局呈现出官方、媒体和民间三个舆论场相互合作和博弈的局面，但官方舆论依然处于核心和主导地位。与古代社会、传统媒体时期舆论的传播生态不同，新媒体舆论的传播存在着一种循环模式，公众、媒体和官方三个主体均能听到彼此的声音，当不同的声音趋于一致时候，就会形成一个覆盖面最广的意见气候。

第一节　新媒体时代的舆论格局

新媒体造就了官方、民间及媒体等多个舆论场。由于公众的大范围、大规模参与，民间舆论场的影响力不断扩大，而三个舆论场之间的协作趋势也越来越明显。

一、舆论格局概述

习近平总书记在党的新闻舆论工作座谈会上发表重要讲话时指出："随着形势发展，党的新闻舆论工作必须创新理念、内容、体裁、形式、方法、手段、业态、体制、机制，增强针对性和实效性。要适应分众化、差异化传播趋势，加快构建舆论引导新格局。"①习总书记的讲话为我们做好新时期党的新闻舆论工作提供了根本遵循。

媒介技术是人类认识和改造世界的重要杠杆，在新兴传播技术应用日益广泛和深入的今天，大众传播生态系统正发生着较为剧烈的变动，人类传播的格局也正发生着较为深刻的变化。传统媒体的主流空间不断被压缩，新媒体后来居上，构筑了全新的舆论空间。由此可知，新媒体时代的舆论格局已经发生了巨变。相关部门和媒体应该紧跟这种变化，调整舆论引导的策略，以牢牢掌控舆论引导的主动权。

要适应、把握舆论新格局，就要对舆论格局有一个全面的认知。所谓舆论格局，其实就是舆论的一种结构形态，它是在特定的时间、空间中，各种舆论主体之间相互关联、相互影响、相互作用而形成的。这里所说的舆论主体，应该包括三个层面：一是政府层面，

---

①　参见：总书记新闻舆论金句——加快构建舆论引导新格局．http：//yuqing. people. com. cn/n1/2019/0916/c209043-31356010. html.

二是媒体层面，三是公众层面。传统媒体时期的舆论格局是在政府、传统媒体、公众三种主体之间的相互联系和作用的过程中形成的，而新媒体时代的舆论格局则是在政府、新媒体和公众这三个主体的相互联系和作用的过程中形成的。各种力量借助自身的表达形式，发出自己的声音，在人们的社会生活中交流碰撞，共同构建起大众传播生态系统中的舆论格局，并对整个社会系统的运行产生巨大的影响。

二、新媒体时代的舆论格局

（一）新媒体对传统舆论格局的冲击

在整个舆论格局中，政府、媒体和公众等三种力量的表现形式各不相同。以传统媒体时期的舆论格局为例，在传统媒体时期，政府舆论力量占据着绝对的优势，媒体的舆论力量次之，而以公众一方所形成的民间舆论力量相对较弱。在这种情况下，政府掌握着舆论的主要话语权，是传统媒体话语的主导者，政府可以通过报刊、广播、电视等媒体来引导舆论。不过这也并不意味着政府搞一言堂，不重视媒体和公众的呼声，事实上，各级政府都积极接受媒体的监督，积极倾听社会大众的声音，并根据社会大众的正当诉求来采取行动，为社会大众谋利益。由于政府极为重视发挥媒体的力量，因而在传统媒体时期，媒体的舆论力量也得以有效的发挥，各传统媒体都根据社会发展的需要，积极设置各类议题，积极生成和引导舆论，一系列有影响力的栏目和节目的推出，使媒体发挥着党和国家耳目喉舌的作用，也发挥着为百姓说话的作用。如 1994 年 4 月 1 日开播的《焦点访谈》节目，因坚持“用事实说话”，对重大新闻进行追踪、对大众话题进行评说，积极开展舆论监督，被誉为“焦青天”。朱镕基同志在 1998 年 10 月与《焦点访谈》的工作人员座谈时，对《焦点访谈》作出了极为经典的点评：“舆论监督，群众喉舌，政府镜鉴，改革尖兵。”传统媒体凭借信源的权威性、内容的真实性和可读性，塑造了媒体的“公信力”，在舆论引导中发挥着积极的作用。不过实事求是地说，在传统媒体时期，信息的传播具有较为明显的单向性，受众反馈不够活跃。在这一时期，舆论场中的另一种主体——公众也通过自身的方式，对各种社会现象、各种事件进行发声，构筑了民间的舆论场，然而由于受到传统媒体互动性不强等因素的影响，民间舆论场的力量相对较为弱小。

上文说过，新媒体主要包括互联网媒体和手机媒体两大类型，而互联网媒体中影响力比较大的当属微博和微信这两种媒体。总的来说，新媒体在以下几个方面对传统媒体的舆论格局产生了冲击。

1. 新媒体改变了传统舆论的生成和传播环境

学者们将从现实世界向虚拟世界的移民与 500 多年前航海家哥伦布的那次远航相提并论，认为两者都有一个共同的目的：为了新的生活。① 人们生活在以网络为代表的各种新媒体空间中，逐渐患上了新媒体依存症，从新媒体中找出价值判断的标准，利用新媒体表

① 《互联网时代》主创团队．互联网时代．北京：北京联合出版公司，2015：1.

达各种观点，使新媒体成为社会舆论的重要来源地和传播空间。相较于传统媒体时期信息传播的互动性弱、单个事件的影响力较为有限等情况，新媒体能够让远隔千山万水的人瞬间建起立各种各样的联系，并自由自在地传播信息，形成一个巨大的舆论环境。这个环境中的舆论，其内容之丰富、表达之自由、传播之迅速、效果之显著、表现手段之多元，均是传统媒体无法比拟的。它彻底改变了传统媒体时期相对较为单一的舆论环境，在世人面前编织出一个全新的、巨大的舆论环境。

2. 新媒体改变了传统舆论时期的政治生态

社会舆论是人们对社会公共事务所持的基本一致的意见，其产生和发展得益于社会互动的场域性，该场域对各相关主体的意见表达、传播和转变，以及各种舆论的传播效果和社会动员有着巨大的影响。正因为如此，新媒体对传统媒体时期的政治生态有着极大的影响，因而在政治传播中，政府工作人员必须深谙新媒体时代全球传播秩序的变迁状况，必须善于塑造、引导和利用相关的意见领袖，必须善于团结社会大众，使他们在新媒体舆论场域中发挥应有的作用。除了对人们日常的政治生活有极大的影响以外，新媒体还成了意识形态传播的前沿阵地。在这个前沿阵地上，不同的意识形态之间会展开激烈的交锋，力争掌握意识形态的话语权，从而影响人们的价值观念。当然，在新媒体场域中，不同的意识形态之间也不只是交锋，也存在交流和交融的情况。在这种情况下，我国的相关部门应该做好与敌对意识进行长期斗争的准备，并想方设法地消除敌对意识的生存空间。同时，相关部门还要正确引导公众坚持社会主义核心价值观，自觉与其他的价值观念作斗争，并注重与有助于构建人类命运共同体的价值观进行交流。

新媒体在较大程度上改变了传统媒体时期的政治生态，除了体现在重构传统媒体时期的政治场域外，还体现在为新的政治治理提供全新的表达形式，这一点主要体现在“网络问政”方面。2012 年，武汉电视台推出的电视问政节目，开创了政治治理中由媒体现场治庸问责的先河。受此启发，各地也兴起了“网络问政”之风，“网络问政”有助于发挥网络等新媒体在政治治理中的作用。

3. 新媒体拓展了传统舆论场中的社会大众的情绪释放空间

在传统媒体的舆论场中，无论是与政府部门、媒体还是与自身之间，公众都缺乏有效的互动空间，他们很难找到交流的对象，其表达也很难寻求到有效的渠道，因而他们容易产生各种负面情绪。在新媒体时代，社会大众可以很容易地找到交流的对象，且在对相关部门处理某些群众关切度较高的事件上有不同的意见时，也可以在各类新媒体平台上予以及时反馈，及时释放自己情绪；而在感知到公众对事件所持的情感和态度以后，相关部门也会及时处置，让公众恢复好心情。

（二）当前的新媒体舆论格局

改革开放以后，党和国家更加重视民众的权利表达，十七大更是将“保障人民的知情权、参与权、表达权、监督权”置于较为重要的位置，这在较大的程度上提升了民间舆论的地位。随着新媒体的强势崛起，公众更是找到了能够较为自主地发表意见的平台，使传统媒体的舆论格局开始发生变化。政府、媒体和民间三种舆论的协调推进，共同构筑起现代化、人性化和科学化的舆论格局。

新媒体时代的舆论格局的变化是与新媒体时期特殊的舆论生态环境的变迁密切相关的。众所周知，新媒体具有开放性、低成本、传播速度快等天然优势，因而其传播的环境更为宽松，传播方式也更为灵活和多样。随着社会大众的参与度越来越高，民间的声音被逐渐放大，传统媒体时期民间舆论力量相对弱小的格局被逐渐打破，公众在舆论生成、传播和扩散中的话语权不断扩大，民间舆论的社会影响力也逐渐扩大，政府、媒体和民间三个舆论场相互博弈的局面已初现端倪。在这种情况下，公众不仅能够站在自身的立场发声，还可以对政府部门的行为进行监督，对媒体的报道进行评价，而公众积极、正向的舆论监督有利于促进社会的良性发展。不过一些非理性、攻击性的意见也会对舆论引导和社会发展造成负面影响。但无论如何，新媒体已经崛起，在这个开放程度极高的舆论空间中，意见表达的多元化、舆论引导情势的复杂化已成为不争的事实。在这种情况下，相关部门更要充分认识到舆论引导工作的重要性，更要采取有效的措施，促进三个舆论场的融合发展。

需要特别指出的是，尽管民间舆论场的力量变得越来越强大，已经到了政府和媒体不得不重视的地步，但是在舆论引导中，政府舆论应该处于主导地位，正如丁晖所说："新媒体方兴未艾、后来居上，成为不可忽视的重要新闻舆论阵地。适应这种新形势，我们必须在注重原则性、系统性、创造性、预见性中大力推动媒体融合发展，形成传统媒体和新媒体优势互补的局面，努力占领新闻传播的制高点，牢牢掌握新闻舆论工作的主动权"，要"始终坚持党对新闻舆论工作的领导"①。

因此，新媒体时期的舆论生态的构建，应该坚持"政府主导、媒体强化、公众充分发力"这一原则，有理、有据、有效地引导舆论。

（三）新媒体舆论格局的特征

1. 主体的多元化

在新媒体这一开放程度极高的空间中，人们的信息生产、传播和消费的方式已发生了根本性的变化，呈现出多主体共同生产、传播与消费的局面。可以说，新媒体已经成为受众最多的媒体，成为信息生产和传播最为重要的场所。在发生重大事件时，社会大众都习惯于到新媒体平台上去获取相关的信息、了解事件的动态、发表自己的观点。相关政府部门和传统媒体也会积极进入新媒体平台中，开展信息传播和舆论引导工作。在各种舆论主体的关注下，很多事情得以及时解决，新媒体在舆论监督和引导中的地位不断提升，社会认可度不断增强。伴随各类新闻资讯网站的发展和各类社交平台的崛起，各种舆论主体都长时间进驻新媒体空间，使新媒体舆论的主体呈现出多元化的特征，新媒体也因其信息传播及时、使用方便而逐渐确立了自己在舆论生成、传播和扩散中的主流地位。

---

① 丁晖．构建媒体融合发展新格局．人民日报，2016-04-28.

2. 意见表达的碎片化

舆论是一种公共意见和集合性意见。但在新媒体平台之上，传播主体的多元化、传播成本的低廉化，使政府部门、各类组织、各类媒体和个人都能够随时随地地参与信息传播和意见表达，因而意见的表达呈现出碎片化的特征。需要指出的是，新媒体空间中的意见表达虽然是碎片化的，但是它们却涉及社会发展的方方面面，如弱势群体的抗争、三农问题、医疗卫生、教育、官员腐化、明星偷税、学术腐败等，深受社会大众的关注。此外，新媒体中的各种碎片化的意见，能够借助新媒体传播速度快、互动性强等优势，在网络空间中迅速传播出去，一旦有人开始附和与传播，就会慢慢地扩散开来，并逐渐被整合成大抵一致的意见，舆论也就诞生了。

3. 传播空间的全球化

从理论上来说，新媒体舆论在传播空间上是不受限制的，只要国与国之间不加以限制，新媒体舆论就会在全球迅速传播开去。在经济全球化趋势越来越明显的今天，就算某个国家对新媒体舆论进行管制，也很难保证其不传出国门。因此，新媒体舆论传播空间的全球化现象已经特别明显。需要注意的是，新媒体舆论虽然能够在全球范围内传播，但由于媒介帝国主义的存在，发展中国家的媒体所支持和传播的舆论很难在发达国家引起重视，而发达国家所支持和传播的舆论则很容易在发展中国家引发动荡。由此可知，在新媒体时代，世界舆论格局仍然存在着发达国家强大、发展中国家弱小的情况。对中国来说，“西强我弱”的国际舆论格局依然没有得到彻底的扭转，这就需要我国积极利用新媒体技术发展的契机，组建若干新型的传媒集团(集群)，努力改变我国在国际舆论格局中的弱势地位。

4. 舆论结构的复杂化

在新媒体这个巨大的传播场域中，各种媒体之间相互勾连，共同编织了一个庞大的传播网络。这个传播汇集了来自四面八方的声音，通过丰富多彩的媒体渠道传播开来，舆论的生成与传播机制有了根本性的变化，多种主体、多个平台、多元声音的表达，使舆论的结构呈现出极为复杂的态势。

5. 博弈的明朗化

多种舆论主体的加入，让新媒体空间中的舆论呈现出多层次的情况，舆论场域中的各方逐渐展开了博弈，官方舆论一家独大的情况已没有传统媒体时期那么多见，新媒体舆论场、民间舆论场的力量也不容忽视，三个舆论场之间的博弈逐渐明朗化。

6. 管理方式的灵活化

新媒体舆情传播过程的难控性，迫使相关部门在管理新媒体舆论时采取了更加灵活的手段，侧重于以疏而不是堵的方式来管理舆论，让老百姓对自己所关注的问题充分发表意见。在听到老百姓的意见以后，相关部门也会给予足够的重视。此外，在做出某种重大的决策之前，相关部门都习惯于通过各种新媒体平台征求公众的意见，以汲取更多的智慧。对舆论的灵活化管理，使得我国不一味地强求一律而排斥多样，当然也不会因为尊重差异而放弃我国社会主义的主流舆论，而是巧妙地实现主流与差异的有机统一，以在舆论引导中形成巨大的社会合力。

(四)新媒体舆论格局中政府、媒体和公众应扮演的角色

1. 新媒体舆论格局中政府应扮演的角色

需要指出的是，在新媒体时代的整体舆论场中，政府的主导不应该向传统媒体时期那样带有强制性和“宣传性”，而是需要政府部门在积极探索新媒体时期舆论生态规律的情况下，高度重视媒体和民间舆论，积极探索新的舆论引导方式，实现舆论引导的透明化、公开化和亲民化，切切实实地为老百姓排忧解难，推动社会向着和谐、美好的方向发展。要实现这一目标，政府需要扮演好以下几个角色：

(1)科学、公开、透明的信息发布制度和舆论引导机制的制定者

新媒体时代的舆论环境极为复杂。在舆论引导中，政府部门不能采取高高在上的姿态，对舆论采取封、堵的手段，而是要在第一时间了解事件的真相、把握事件的发展态势、分析事件所造成的社会影响和可能带来的社会风险，学会和媒体打交道，学会有效回应社会大众的关切，及时、公开地发布信息，消除媒体和社会大众的疑虑，放大正向的舆论声音。事实上，在意识到新媒体时代舆论格局的复杂性、难控性之后，我国政府部门对待舆论的方式也发生了较大的变化，构建起了科学、公开、透明的信息发布制度和舆论引导机制。

在信息发布制度方面，我国建立了新闻发言人制度，信息发布有了一套可供依循的机制，在有效的信息发布中，不少政府都能够把握舆论引导的主动权。然而客观地说，我国的新闻发布制度还存在不少需要改进的地方，最明显的就是不少地方发布的声势较为浩大，形式上做得很足，但对于发布的内容则没有进行精心打磨，出现了形式到位而内容不能满足媒体和公众需求的情况，被人称为“入眼、入耳”但不“入脑”。因此，在接下来的时间里，各级政府部门尤其是基层政府部门，应该进一步完善新闻发布制度，有针对性地对相关的对象发布信息，将政府的声音有效地传播出去，做到入眼、入耳、入脑和入心。

在舆论引导机制上，包括中央在内的各级政府，都积极与社会大众开展线上交流活动。如 2008 年 6 月 20 日，胡锦涛同志就通过人民网这一新媒体平台，与广大网民开展交流活动；在 2011 年的两会期间，温家宝同志也通过中国政府网、新华网等新媒体平台与广大网民进行交流。在这种情况下，很多地方政府的相关人员也积极开通了与公众互动的网络平台，甚至积极开展“网络问政”活动，将政府部门的很多决策活动都搬到网上，在充分听取公众的意见后再做出决定。这充分体现了新媒体时代政府舆论引导机制的变迁。互联网等新媒体平台成为政府进行舆论引导的重要阵地，正如胡锦涛同志所说：“我们要充分认识以互联网为代表的新兴媒体的社会影响力，高度重视互联网的建设、运用、管理，努力使互联网成为传播社会主义先进文化的前沿阵地、提供公共文化服务的有效平台、促进人们精神生活健康发展的广阔空间。”①2014 年 8 月 18 日，中央全面深化改革领

① 选自胡锦涛同志 2008 年 6 月 20 日在人民日报社考察工作时所作的讲话。

导小组召开了第四次会议，习近平总书记在会上强调："着力打造一批形态多样、手段先进、具有竞争力的新型主流媒体，建成几家拥有强大实力和传播力、公信力、影响力的新型媒体集团，形成立体多样、融合发展的现代传播体系。"①这说明，在新媒体时代，我国政府已构建了较为完善的舆论引导机制。

(2)融媒体舆论引导平台的搭建者

新媒体时代的舆论格局要求各级政府部门调整新闻宣传思路，积极探索新的媒介环境下的新闻传播规律，全面掌握新媒体的信息传播特征和发展动态，调整舆论引导方式，积极打造媒介融合平台，以全媒体的形式全方位、多渠道、立体化地传播信息、引导舆论。政府部门的有关工作人员要克服新媒体技术运用中的"本领恐慌"问题，积极学习新媒体的相关知识，积极把握各种舆情走向，深入开展新媒体舆论斗争工作，严密防范、坚决打击各种敌对势力和不法分子利用新媒体平台进行的意识形态渗透活动，并对各种错误的思想进行批驳，确保有效控制新媒体舆论的走向，构筑清朗的新媒体空间。

实事求是地说，在人人都有麦克风的时代，要有效引导新媒体舆论，确实是一件极为困难的事情，但新媒体已经成了各种舆论汇聚的空间，成为各种敌对势力、不法分子和反智群体进行思想渗透、制造恐慌的新阵地。在这种情况下，"失去新媒体就等于失去了未来"②，而把握了新媒体，才能使社会大众更加清醒地认识到社会发展的种种问题，从而自觉地与各种邪恶势力作斗争。

(3)媒体的管理方式的改善者和民间舆论的调适者

各级政府要彻底摈弃对媒体的封、堵理念和行为，采取更加灵活的手段，积极疏通、引导媒体的信息传播活动，在把握好舆论导向的情况下，可以给予媒体较大的自由发展空间。此外，对于来自民间的舆论力量，政府应该给予更大的宽容度，积极利用各类新媒体平台开展与社会大众的交流活动，多关注民生、多倾听群众的声音，对群众关注度比较高的事件，要营造民主、开放的舆论氛围，在回应群众的正当关切的情况下因势利导地引导舆论。

2. 新媒体舆论格局中媒体应扮演的角色

在新媒体的冲击下，传统媒体在舆论引导中的空间不断被压缩，新媒体的版图不断扩大，对传统媒体构筑的舆论场形成巨大的冲击。伴随着新媒体技术应用的进一步拓展，媒体的生态环境将会更为复杂，加之社会利益分化的趋势愈加明显，使媒体的结构和运作方式均发生了极为深刻的变化，传统媒体的舆论引导地位面临着巨大的挑战。

在这种情况下，传统媒体应该积极改变自己的发展模式，大力抢抓数字机遇，走媒介融合的道路，打造一个个媒介集群。一旦实现传统媒体和新媒体的深度融合，大众传播媒体就迎来融媒体、全媒体时代，各媒体之间泾渭分明的情况一去不复返，媒体传播的时间

① 习近平：打造一批具有竞争力的新型主流媒体. http：//cpc. people. com. cn/n/2014/0818/c64094-25489714. html. 2021-05-18.

② http：//gb. cri. cn/14714/2007/05/24/1245@ 1603039. htm.

障碍趋于零，空间则被无限扩大。在这种情况下，大众传播媒体的传播能力和传播效果都会有根本性的提升。

因此，各类媒体应该密切配合，走媒介融合的道路，以融合性的姿态来把握和引导舆论，在提升社会各主体的政治参与度和社会服务能力的同时助推经济的发展。

3. 新媒体舆论格局中公众应扮演的角色

在新媒体时代，除了存在着众多的主流媒体平台外，还存在着诸多的社区媒体，各种媒体紧密配合，推动着舆论场的不断演变。在公众的广泛参与下，民间舆论的力量越来越强大。作为新媒体时代的一个主要的舆论场之一，民间舆论参与到了与政府舆论、媒体舆论的博弈之中，并在舆论生成、传播和扩散中获得了较大的话语权。

民间舆论并非都是正向的、有利于社会发展的。事实上，有不少舆论是由某些不怀好意的人所生成、传播和操纵的，它们往往带有较大的破坏性。在新媒体时代，通过各类新媒体平台所生成、传播和扩散的舆论是此起彼伏的，如若任由各种舆论自生自灭，社会的发展就会受到巨大的影响，甚至整个社会系统也会面临崩溃。在这种情况下，公众应该以社会发展为己任，主动设置有价值的社会议题，积极协调各类观点，使自己生成的舆论与政府所推动的舆论保持高度的一致性，使自身成为社会发展的强大动力。

可以肯定的是，相关部门和人员对舆论格局的把握直接关系到舆论引导的成败。因而面对新媒体时代特有的舆论格局，相关部门应该学会适应舆论生态的变化情势，在充分把握新媒体舆论传播规律的基础上有效地引导新媒体舆论。

第二节　新媒体时代的舆论传播生态

不同时期的舆论是依托不同的媒体来进行传播的。从古代的口语等媒介，到报刊、广播、电视等传统媒体，再到今天的各种新媒体，不同的媒介技术使舆论传播呈现出不同的模式。下面将以传播媒介的技术形态为主线，对中国舆论传播的生态进行分析。

一、古代社会中舆论的传播生态

(一)古代社会的舆论并非今天所说的舆论

在古代社会，人们通过烽火、旗帜、口语、文字等媒介来传播信息，而使用得最多的当属口语媒介。虽然人与人之间都经常进行信息沟通，但由于古代并没有专门的新闻事业，人们使用的媒介也很难在较大的范围内传播，因而普通大众很难参与到新闻信息的生产、传播之中，他们只是信息的接收者，接收到来自官方的信息。更有甚者，对于官方设置的专门从事信息传播活动的官员(如纳言官等)，或者专门用来传播信息的媒介(如邸报等)，其主要任务都是将最高统治者的主张、思想等传递给下层的官员和民众。虽然纳言官具有“听下言纳于上，受上言宣于下”的职责，但在古代，很多统治者并没有那么开明，真正想倾听老百姓的意见，因而古代的信息传播都是掌握在统治者手中的，新闻活动大多是自上而下贯彻统治者的意志的。

按照舆论是公众围绕社会公共事务所形成的大抵一致的意见或态度的说法，古代社会的舆论和今天所说的舆论是不一样的。因为在古代社会，舆论的生成、传播和扩散几乎都是由统治阶级来完成的，即使有的时候作为被统治者的社会大众有不同的意见，推动了某些公共舆论的形成，也会受到统治者的倾力打压，所以古代社会的舆论往往是统治者的舆论，很难说是公众的舆论。

（二）古代社会中舆论的推动者

按照拟态环境的观点，社会大众在接受信息方面存在着这样的情况：由于每个人都有特定的工作和生活圈子，他们至多能在第一时间获悉发生在自己身边的事情，对于发生在遥远的地方的事情，只能依靠“他人”或专门的“新闻媒体”来提供。在获知发生在遥远的地方的事情后，社会大众会根据自己的生活经验、知识水平和身份地位等进行想象，推测事发地点的图景。由于每个人的具体情况有差异，所以个人头脑中的“图景”和现实世界中的真实“图景”有着这样那样的差异。需要指出的是，这里所说的“他人”与意见领袖有着较大的相近性，他们都是较早获知信息的人。不过由于地理位置和通讯工具的限制，在古代社会，他人一般是和其他大众生活在大抵相同的圈子中的人，他们很难像真正的意见领袖那样，凭借身份地位和大众传播工具首先获知重要信息。至于“新闻媒体”，在古代就是指当时所拥有的传播工具，如邸报、朝报等。社会大众在接收到信息以后，往往将之作为饭后的谈资，没有想到向朝廷反馈，而就算想到反馈，也缺乏相应的渠道。正因为如此，古代的舆论一般都是由政治精英所推动形成的，也是由政治精英们所控制的。虽然宋朝等小报在形成民间舆论方面具有一定的作用，但其内容不少是道听途说的，且小报经常遭到朝廷的打压，很难发挥形塑意见气候的功能。

从大众传播学的视角来看，推动形成舆论的社会精英可以被视为信息的传播者，从政治精英那里获悉的信息，有的是真实的，有的则是走样的，甚至同样来源的信息，在经过不同的政治精英的传播后，已经变得面目全非，致使小道消息满天飞。但无论舆情发生什么样的变化，古代社会的舆论始终都被政治精英掌控着。因为在那个时候，既没有让信息得以大规模地传播的媒介技术，也没有专门从事新闻工作的人。所以，那时候的传播者就必须具备一定的文化素养，且对官场较为熟悉，同时还要能够做到突破时空的限制，将信息传播出去，因而信息传播者还必须拥有一定数量的物质财富。满足这样条件的人，就是上文所说的士大夫阶层。他们具有相应的文化知识和物质财富，既可以入仕亦可以归隐山林，生活颇为悠闲，有很多的时间和人脉供其获知和传播信息。士大夫阶层的思想一旦形成，既可以开办私塾，也可以著书立说，还可以周游，将自己的观点传播出去，形成一波波的社会舆论。在士大夫的信息传播中，统治阶级成为他们上层的受众，而社会大众则成为他们的下层受众。

由于士大夫阶层不可能脱离上层社会而存在，因而他们在传播信息的过程中，往往都会将经典的文本作为标准，在遵循着圣人之言的基础上进行思想拓展。他们骨子里是遵圣言的，倘若有自己的见解，那也是根据所处时代的要求，增加一些比较符合当时社会所需的观点而已。就算是一些士大夫不苟同于当时的统治思想，他们也只是在一定的程度上提出自己的想法，不敢彻底激怒统治阶级。那些敢于直言的人，没有几个有好下场的。从这个层面来说，那些所谓的政治精英，绝大多数时候还是站在统治阶级一边的，他们推动形成的舆论也往往是为统治阶级服务的。

（三）古代社会中舆论的传播生态

在传播学中，拉斯韦尔的“5W 模式”是较为经典的传播模式之一，其主要包括 Who（传播者）、Says What（传播内容）、In Which Channel（媒体）、To Whom（受众）、With What Effect（传播效果）等 5 个方面。该模式最先将传播过程归纳为 5 个方面，具有较大的社会价值。不过该模式没有体现出反馈环节，认为信息传播是直线性的。同时，该模式还忽略了一个更为巨大的问题，那就是人们的信息传播与其所处的社会环境是密不可分的，社会环境中的政治、经济和文化对舆论的生成和传播有着巨大的影响，而传播的各种要素和社会环境中的政治、经济、文化等因素相互作用，共同构筑了一个巨大的传播生态系统。所以说，传播环境也是信息传播中的一个不可忽视的因素。由此可知，在大众传播中，信息主要由传播者发出，通过特定的媒介传递到受众面前，而不少受众在接收到信息以后，都会有把自己的想法反馈给传播者的冲动，而且很多人也确实通过媒介表达了自己的观点，最后在与传播者的互动中提升了信息的传播效果，而所有的传播都受到社会环境的制约。

然而在古代社会，作为受众的普通社会大众根本没有反馈自己观点的渠道，就算有，其作用也是微乎其微的，因为普通社会大众根本没有机会与统治者进行对话，他们基本都处于只接收信息的被动地位，因而在舆论的形成过程中，只有作为政治精英的士大夫阶层在遵循圣人的经典学说和统治者的事项以后，通过各种特定的渠道来推动的。因此，古代社会的舆论传播生态是封闭的，由士大夫阶层作为主要的传播者来传播信息，一方面是将统治者和圣人的思想传达给底层民众，一方面也可以将自己获知的底层民众的意见上达到统治者那里（一些士大夫经常到民间采风或者归隐山林，因而能够了解民间的疾苦和百姓的呼声，可以将底层民众关注的东西传达给统治阶级），统治阶级和底层民众之间以士大夫阶层为纽带，能够了解彼此的一些意见。不过统治阶级占据着主导地位，因而信息的传播是不对等的，它一般是由统治阶级传递给底层民众，具有显著的单向性色彩。士大夫阶层的本意是维护统治阶级的统治，他们将符合统治者需求的各种思想统合起来，形成统治者想要的社会舆论，并通过开办私塾、著书立说、周游宣传、仪式传播、场地宣讲等来传播和扩散舆论，使底层民众始终处在古代社会的伦理教化之中，并逐渐认同相关的思想，在全社会范围内形成一致的意见气候。由于儒家思想契合了古代社会中历代统治者的需求，因而古代社会的意见气候绝大多数都是以“仁”“义”“礼”“智”“信”“忠”“孝”等构筑起来的。

历代统治者利用儒家的“仁”“义”“礼”“智”“信”“忠”“孝”等主张来统治社会，士大夫阶层也不遗余力地奔走，将儒家学说发扬光大，使底层民众都处于儒家思想的意见气候之中，他们惯于这样的思想，并自觉地推行，社会也因此而得以较好的治理。其传播过程都是由士大夫阶层及时整合相应的统治思想和意见，然后传递给底层民众。当然，士大夫阶层也会整合底层民众的意见，然后反馈给统治阶级，他们也会在收到底层民众的意见后，根据圣人的学说，用一套“仁”“义”“礼”“智”“信”“忠”“孝”的观点反馈给底层民众。一次传播过程结束以后，又以同样的方式开启下一个传播过程，因而具有明显的闭环色彩（参见图 2-1）。

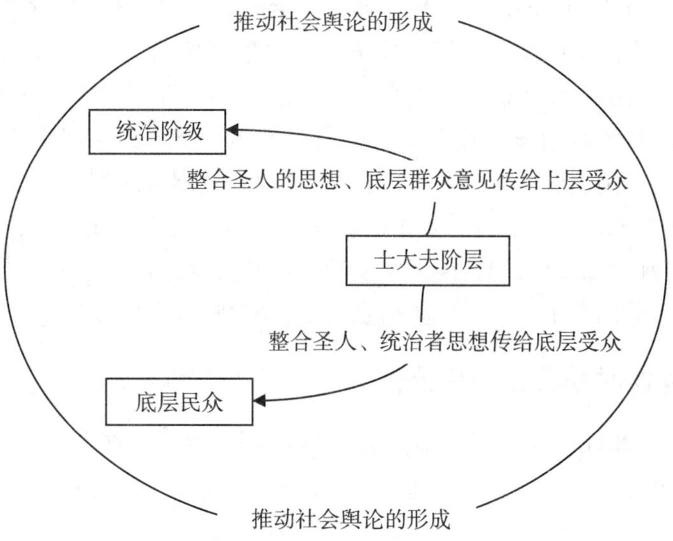

图 2-1　古代社会中舆论的传播生态图

从古代社会的舆论传播的生态可以看出，由于缺乏相应的媒介渠道，底层民众也不可能直接与统治阶级进行面对面的沟通，因而在统治阶级和底层民众之间，不会有直接的信息传播，也不会在直接沟通中推动舆论的形成，所以舆论的形成就主要靠作为政治精英的士大夫阶层来完成。古代社会中的舆论的功能主要有三：一是统治手段；二是教化方式；三是舆论监督。

首先是统治手段。士大夫阶层推动符合统治阶级意志的舆论的形成，并将之推广开去，为统治阶级实施社会治理提供了一个极为有效的手段。由于形成了“仁”“义”“礼”“智”“信”“忠”“孝”等意见气候，统治阶级在实施社会管理时，就采用这样一套说辞，使之在底层民众中深深扎下根，因而无论朝代如何更迭，这套思想都始终处于不褪色的境地，甚至得以不断强化。因此，在古代社会，统治阶级始终能以较为一致的舆论来实施社会管理，这种在全社会形成气候的舆论，无疑成为了统治阶级实施社会治理的一种极为重要的手段。

其次是教化方式。士大夫阶层能够进入庙堂、退隐山林，他们可以根据统治阶层的需求形成一套自上而下的意见体系，也可以在感知底层群众的合理诉求后对统治者进行游说，让他们接受底层民众的某些合理的诉求。通过将上层受众(统治阶级)和下层受众(底层民众)的思想和呼声进行对接，形成一套带有教化之风的舆论话语体系。这套舆论话语体系就是上面所说的“仁”“义”“礼”“智”“信”“忠”“孝”，它们是社会运行的基本道德和行为规范，上至皇亲国戚，下至底层民众，都会自然而然地推行这一套思想，都会自觉地用它们来教育自己的子女。这充分说明，已形成意见气候的舆论，能够发挥教化民众的作用。

最后是舆论监督。在古代社会，底层民众不可能像今天这样，通过新媒体等渠道来对统治阶级的言行进行监督，但他们仍然能够对统治阶层的言行进行或多或少的监督。这种监督主要通过士大夫阶层的向上反馈来完成的，这就是所谓的“风以动之”。士大夫阶层有时会去游说统治阶级，让他们知道重视社情民意的重要性，起着及时疏导民意的作用，防止统治阶级因闭目塞听而导致社会崩溃的情况发生。士大夫阶层积极向统治者建言献策，告诉他们不能压制底层民众的意见，要“下原察百姓耳目之实”，认为“防民之口甚于防川”。不过这个时期的舆论监督，真正由底层民众形成的话语比较少，大多数是士大夫阶层自己结合各种情况提出来的，因而主要的舆论监督者还是士大夫阶层，他们用民意来监督统治者，告诫他们严于律己，以防引发民变，威胁到社会稳定。

二、传统媒体时期舆论的传播生态

传统媒体时期的舆论，在新中国成立前后的差别比较大。首先是传播媒体的区别(新中国成立前没有电视，只有报刊和广播，新中国成立后才有了电视)。其次是舆论的参与主体的区别：新中国成立前，舆论的主体有中国传统的知识分子(含保皇派、资产阶级改良派以及受马克思主义熏陶的知识分子等几个部分)、西方列强、军阀，在前期还有清政府，以及各种报刊及广播媒体——这时的媒体是被各方控制的，与控制它的相关主体的立场完全一致。新中国成立后，中国的舆论主体则是中华人民共和国各级政府、各种传统媒体以及社会大众。由于参与主体不同，舆论的传播模式也不同。需要特别指出的是，中华人民共和国成立前，除了受马克思主义熏陶的知识分子极为重视民意，积极推动形成公共舆论之外，其他主体推动生成的舆论，都是为了维护自身统治和利益而制造的舆论，与今天所说的舆论存在着较大的区别。

(一)鸦片战争至新中国成立前社会舆论的传播生态

在鸦片战争之后，中国开始进入了近代社会。在近代社会，中国惨遭列强欺凌，老百姓在不断的割地和送出白银的过程中屈辱地活着。在这一时期，西方列强妄想从思想上奴化中国人，他们派出了一批又一批的传教士、办了一份又一份的报刊，甚至开通了广播，不断宣传西方的思想。

众所周知，鸦片战争开启了中华民族屈辱的岁月，而在一大批仁人志士的大声疾呼和四处奔走下，中华民族也开启了奋斗的征程。为了更好地号召民众团结起来，共同寻找救亡图存的道路，很多仁人志士也创办了传统媒体。1872 年，我国在广州出版了《采新实录》，又称为《羊城采新实录》，为中国人办的最早的报纸，但由于这份报纸早已失传，且其具体情况又无可考证，因而众多的新闻史著作都把 1873 年 8 月在汉口创办的《昭文新报》视为中国人自己创办的第一份报纸，创办人为艾小梅。《昭文新报》的内容大多是轶闻趣事，偶尔也会刊登一些诗词小品，与当时的《京报》《宫门钞》等刊登官方文书的报纸的旨趣相差较大，最开始的时候为日报，后来改为五日刊。由此可知，《昭文新报》并没有在形成和推动社会舆论方面发挥多大的作用。

需要指出的是，中国近代化的报刊，不是在古代报纸(如邸报、朝报等)的母体内诞生的，而是西方资本主义列强在侵略中国的过程中产生的，它是中国人仿照西方在华创办的报刊而创办的。在西方列强在华办报活动的影响下，中国产生了自己的新闻事业，国人也逐渐参与到了中国的新闻事业之中。直到 1949 年新中国的建立，外报才退出了中国的历史舞台，中国完全独立自主的新闻事业才得以出现。在独立自主的新闻事业出现之前，没落的清王朝、混战的军阀等也会创办自己的报刊，但在西方列强的强势舆论宣传和粗暴的干涉下，中国人自己办的报刊在相当长的一段时间里，都很难与西方舆论相抗衡。在这种情况下，中国的新闻事业都被西方列强所把持，诸多报刊的宣传报道、舆论引导都极有利于西方国家。

真正与西方以及腐朽没落的清王朝展开舆论斗争的，应该是各类有志之士所办的政论报刊，如《警钟日报》《申报》《苏报》等，它们呼吁社会大众参与到救国救民的活动中去。不过纵观中国近代的报刊，有不少是宣传改良主义、宣传变法革新的，办报的人多为传统的知识分子，他们中不少人认为中国的君主制不能推翻，但可以改良，办了很多保皇的报刊。后来历史证明，保皇和改良是没有办法彻底改变中国落后挨打的局面的，因而一些知识分子又将目光投向西方，引入了天赋人权、进化论等思想，组建起资产阶级政党，进行了推翻封建帝制的斗争。在推翻封建帝制后，这些知识分子发现，天赋人权、进化论等思想并不能彻底改变中国贫穷落后的面貌，因而开始也对一些资产阶级文化产生了失望，他们追求自由、平等、民权、科学，但很多时候只是停留在口号上。

这种情况使一些知识分子开始思考更大的变革之路，寻求解救中国的更好的良方。而在这个时候，马克思主义开始传入中国，传统的知识分子们开始零散地接触到了马克思主义思想。在经过多年的探索以后，他们冲破了资产阶级的民主主义、人道主义、自由主义和各种非马克思主义，走出了一条立足中国国情、实事求是地改造中国的道路。随着马克思主义在中国的传播范围的不断扩大，中国社会的舆论环境也发生了根本性的变化。马克思主义在中国的传播，不仅改造了知识分子的头脑，也使中国走上了马克思主义中国化的道路。因此，在新中国成立之前，中国社会的舆论传播包括国内传统的思想和国外的资本主义思潮、马克思主义思潮等多个部分。因此，鸦片战争到新中国成立前，中国的舆论传播生态是：传统的知识分子分为保皇派、资产阶级改良派以及被马克思主义思想熏陶的知识分子等三个类别，保皇派提倡君主立宪，改良派想要推翻帝制，被马克思主义思想熏陶的知识分子(可称为马克思主义知识分子)则寻求从根本上扭转中国的颓势。保皇派宣传封建统治，资产阶级改良派宣传天赋人权、博爱、平等、自由等思想，清政府或军阀宣传对自身有利的言论，而西方则想方设法地从思想上奴化中国民众。由此可知，在鸦片战争到新中国成立前这段历史时期，中国的舆论生态是极为复杂的，各种舆论不断交锋，使中国老百姓陷入混乱之中，而中国社会的发展也因此受到重创。具体来说，这段时间的舆论传播生态具有开放性的特征，包括国内和列强两个部分，具备多方博弈的特征。具体的传播生态可以通过图 2-2 来展示。

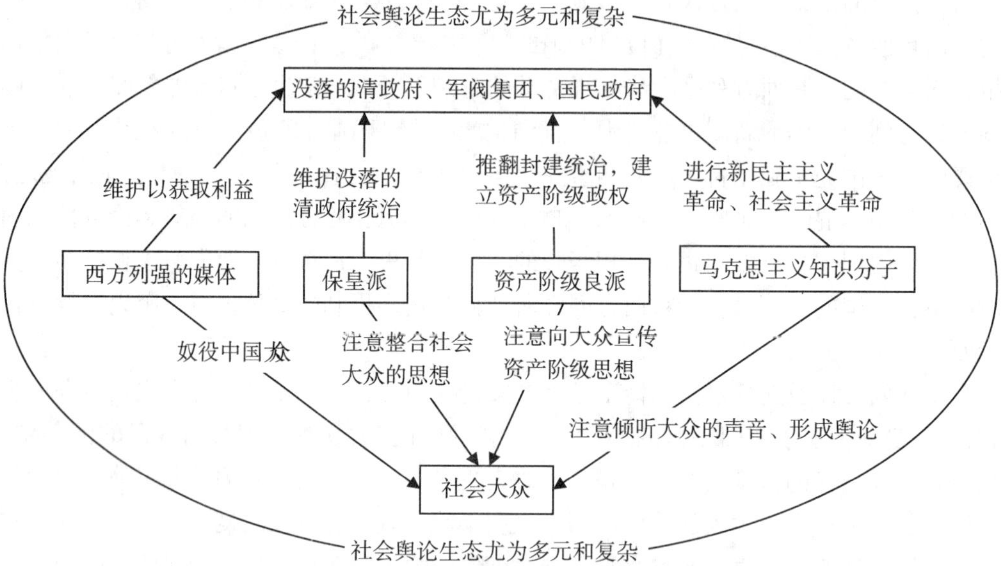

图 2-2　鸦片战争至新中国成立前中国的舆论传播生态图

由图 2-2 可知，在新中国成立之前，中国社会的舆论传播生态是极为多元化的，原因在于中国当时舆论主体极为多样化。这种复杂的舆论传播生态，使中国长期处于各种思想的交锋之中，改革、革命、战争成为了当时中国社会的主基调，社会发展方向多次被改变，幸而有马克思主义知识分子的出现，并思考将马克思主义与中国具体国情相结合，实现中国社会的根本性变革，才使中国逐渐走上社会主义道路。

（二）新中国成立后社会舆论的传播生态

新中国成立以后，国家对中华人民共和国成立以前遗留下来的新闻事业进行清理、整顿，并积极实施三大改造，确立了社会主义基本制度，人民成了社会的主人。新闻事业成了社会主义事业的一部分，通过对新中国成立以前各媒体中的知识分子进行思想改造和新培养一大批新闻工作者，党的新闻事业有了数量较为庞大的知识分子。在这一时期，党的新闻宣传思想不断走向成熟，陆定一于 1943 年 9 月 11 日在《解放日报》上发表了一篇文章，题目叫《我们对于新闻学的基本观点》，成为中国共产党开始运用辩证唯物主义观点阐述无产阶级新闻学的相关问题的标志性作品。在这篇文章中，陆定一对新闻下了一个至今都还在广泛使用的定义：新闻是对新近发生的事实的报道。同时，陆定一还在这篇文章中探讨了新闻的本源、新闻要素(五要素)、全党办报的思想、新闻工作者的党性修养、新闻文风等问题，奠定了中国共产党新闻宣传的基本理论框架。

经过多年的发展，我国的新闻宣传思想已经从单向性的“政治宣传”意识向全方位的“舆论引导”意识方向发展。新闻工作者和学者们都积极思考打通由媒体营造的“主流舆论场”和公众营造的“民间舆论场”的战略，强调对“民间舆论场”的有效引导，使两个舆论场相互补充、协调发展，共同为中国的舆论引导作贡献。因此，这个时期的舆论，就是我们常说的公众围绕社会公共事务所形成的大抵一致的意见或态度。由此可知，在鸦片战争到新中国成立前的这段历史时期，知识分子和西方列强等各自为政，从自身的立场出发推动舆论的形成和扩散，就中国内部来说，知识分子是主流的舆论生成和引导力量。新中国号召打通两个舆论场，而其中的一个舆论场就是媒体着力营造的“主流舆论场”。由此可知，新中国成立以后，舆论生成、传播和引导的一个主体——知识分子的主体舆论地位已然被大众传播媒体所取代，而身处民间舆论场中的公众，已经成为社会主义建设和发展中相关议题的设置者和舆论引导的参与者。

这也充分说明，在传统媒体较为发达、公众参与性较强的时代，做好舆论引导工作，是一件极为重要的任务。对于这一点，党和国家的领导人早已看得特别清楚、思考得特别深刻。习近平总书记明确指出：“新闻舆论是上层建筑、意识形态的重要组成部分。新闻宣传一旦出了问题，舆论工具一旦不掌握在真正的马克思主义者手中，不按照党和人民的意志、利益进行舆论导向，就会带来严重的危害和巨大的损失。”①据此可知，新中国成立以后，中国共产党积极用马克思主义新闻观为指导，不断创新舆论引导的方式，使舆论在新中国的社会建设和发展中发挥着巨大的作用。在这种情况下，中国社会的舆论传播生态是极为良好的，形成了政府领导、媒体舆论场和民间舆论场协调发展的态势，具体可以用图 2-3 表示。

由图 2-3 可知，在新中国成立以后，传统媒体发展极为迅速，而各级人民政府也与各类媒体之间建立起了极为良好的关系，各级政府部门都极为注重倾听来自媒体舆论场的意见，而媒体也会将民间的声音传递给政府，媒体成为了政府和社会大众沟通的桥梁。同时，各类媒体所形成的舆论场与民间舆论场之间会有存在不同意见的时候，但两者最终都会因为促进社会发展的共同目标而实现共生。此外，各级人民政府与社会大众之间也存在着各种沟通关系，不过由于处于传统媒体时期，各级人民政府与民众之间的沟通主要通过群众来信、来访等方式进行。

三、新媒体时代舆论的传播生态

在新媒体时代，政府部门的工作人员、各类媒体以及社会大众都能够随时随地地参与

---

① 习近平．干在实处　走在前列——推进浙江新发展的思考与实践．北京：中共中央党校出版社，2006：307.

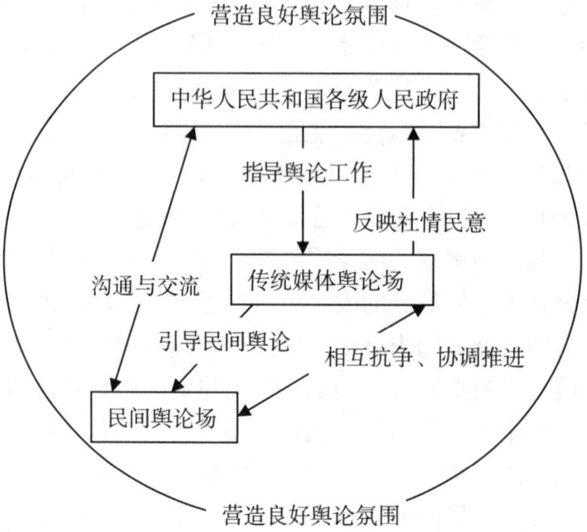

图 2-3　新中国成立后(传统媒体时期)的舆论传播生态图

到舆论的生成和传播之中，使整个舆论传播生态发生了巨大的变化。但无论舆论传播生态发生了什么样的变化，我们对舆论引导的工作重心都不能有变化，因为正确的舆论引导是社会稳定和发展的重要保障之一。正如习近平总书记所说："今天，宣传思想工作的环境、对象、范围、方式发生了很大变化，但宣传思想工作的根本任务没有变，也不能变。宣传思想工作就是要巩固马克思主义在意识形态领域的指导地位，巩固全党全国人民团结奋斗的共同思想基础。"①

在互联网诞生之初，有人将其视为第四媒体，即继报纸、广播和电视之后的又一种媒体。然而很快人们就认识到，将互联网视为第四媒体是有偏颇的，因为互联网不但具有报纸、广播、电视等前三种媒体的所有特征，还具有即时性、互动性、开放性、分众化、低成本、信息含量大、检索方便、超文本、个性化等前三种媒体不具备的优势，它完全是一个可以综合运用文字、图片、声音、影像及动画等文本来传播信息的媒体，具有鲜明的数字化特征。因此人们又将其称为新媒体，并对其在信息传播、舆论引导方面的优势进行深入的探讨，以期充分利用它来为人类的信息传播活动服务。

据统计，截至 2020 年 12 月，我国网民规模已达 9.89 亿，较 2020 年 3 月增长了 8540 万，互联网普及率达 70.4%，较 2020 年 3 月提升 5.9 个百分点。手机网民规模达 9.86 亿，较 2020 年 3 月增长 8885 万，网民使用手机上网的比例达 99.7%，较 2020 年 3 月提升 0.4 个百分点。② 更令人惊讶的是，在新媒体的强势影响下，各类传统媒体积极拥抱新

① 习近平．习近平关于全面建成小康社会论述摘编．北京：中央文献出版社，2016：104.

② 数据来源：第 47 次《中国互联网络发展状况统计报告》.

媒体，纷纷开辟了网络传播平台，并积极寻求与新媒体的合作，走上了媒介融合的道路。这充分说明，以互联网为代表的各类新兴媒体，其用户规模已经达到了惊人的数量，在他们的参与下，信息生产和传播、舆论引导的空间尤为庞大和复杂，新媒体已经成为各类舆论的最大汇集地，离开了新媒体，舆论的引导就很难收到实际效果。正如默多克所说："权力正在发生转移，从我们这些拥有和管理媒体的人转移到正在变得日益挑剔的读者和观众那里"。①

在新兴传播技术不断普及的今天，社会大众对技术极为敏感，他们习惯于新媒体构建的信息生产、传播和消费场景，且喜欢自由自在地生产、传播和消费信息，而不喜欢被强制，对于那些权威部门或者媒体发布的信息，他们经常会以质疑的眼光去看待，并习惯于对社会热点问题和热门事件发表自己的意见。正因为如此，新媒体已经成为公共舆论的重要发源地，成为公共舆论引导的主要场所。

在新媒体的舆论场域中，公众的疯狂涌入和狂欢式的信息生产、传播与消费，使人们很难区分谁是传播者、谁是受众，因为社会大众能够同时扮演信息生产者、传播者和消费者的角色，而且他们经常自觉不自觉地在这几个角色之间切换，正可谓人人都是麦克风、人人都是自媒体。也正因为如此，在各个带有虚拟性的新媒体平台上，随时都有数量庞大的人退出，而随时也有数量庞大的人进入，人们在这个空间中对社会公共事务进行探讨，总会不乏交流对象，无论是思想交锋还是共鸣，总有人在场和自己交流。由此可以说，在场是新媒体的重要特征，人类的传播始终青睐于在场传播，只不过是随着媒介技术的发展，人类拥有了报纸、广播及电视等媒体，使信息传播不需要在场就能进行，媒体延伸了人类的肢体。但传统媒体对人的延伸，是以信息传播的人情味下降为代价的，没有了面对面交流的情境，人们很难找到交流的情感所在，这也是不少专家要求报纸新闻要有可读性的原因，因为人情味下降，所以必须用优美、耐读的文字来表达。而新兴媒介技术的发展，终于克服了信息传播超越时空但没有人情味的缺陷，人们能够在千山万水阻隔之中一睹交流者的容貌，并能够在交流中看到对方表情的细微变化。而就算不连通视频，交流的双方也能感知对方的在场，因为只要借助数字技术进入新媒体空间中，就达到了在场的要求，网络并不都是虚拟的，人们进入网络空间，就会开展实实在在的活动，因而在线即在场。在这种情况下，在场成为现实。在新媒体平台上，用户能够实时感觉到其他用户的在场，而其他用户的在场便成了新媒体时代舆论生成的重要机制——众多在场的用户相互排斥、相互吸引，形成了不同的圈层，不同圈层间的人往往会发生激烈的交锋，使新媒体舆论场变得异常复杂。需要特别指出的是，新媒体平台上的用户的流动性较强，且他们的观念也可能会发生变化，因而他们并非一直处于某个圈层之中，一旦他们始终处于某一圈层之内，就会将某些意见推向顶峰，群体极化现象也因此而出现。

用户可以随时进出新媒体平台，说明他们与群体中的其他个体间并不是铁板一块的，他们是一个个独立的个体，可以根据自己的需要随意参与到相关的舆论场中，不过这并不

① 柯楚．舆论传播策略．西安：世界图书出版西安有限公司，2016：36.

意味着这些新媒体用户是散沙般的，一旦有相关的意见领袖发出了较有吸引力的观点，相关的用户就会迅速聚集起来，共同发声，因而新媒体平台有瞬间让用户聚沙成塔的强大功能，舆论场也因为不同的圈子而出现图谱化现象。需要注意的是，在新媒体平台上，会有不少粉丝群、网络水军等以群体的形式迅速移动到其他的平台上，以声援、压制某些舆论，这种如鱼群般瞬间移动的群体，往往能在关键时刻影响舆论的走向，对舆论的引导和处置带来诸多困境。用户以群体的形式移动和集结，易于逃避相关部门的处罚，因为以群体的形式出没，个体就能隐没于群体之中，被发现和被惩处的几率就会小。

在新媒体舆论场中，倘若用户都以群体化的形式出现，任何一个用户都以群体的“领头羊”为标杆而移动，都认定自己的群体最有影响力、最了解真相、最有发言权、最能够引导舆论，他们就会陷入困顿，因为每个人在跟随所谓的意见领袖的时候，都有可能自己制造出其他人感兴趣的话题，也会引起其他人的跟随，这个时候群体也会出现分化，如果被其他群体所冲击，则分散的个体会基于自己的认知发动反击，使舆论场处于嘈杂状态。

由此可知，在用户的参与下，整个新媒体舆论场变得异常复杂，政府部门和媒体要对之进行引导，确实不是一件容易的事情，但又不得不予以引导。在引导的过程中，不能采取强制性、胁迫性的手段，也不能采取封和堵等措施，而是要予以疏导，要在充分听取公众意见、了解他们诉求的基础上来引导，使他们相信政府、相信媒体。因而，在新媒体时代，舆论引导的一大法宝就是要放平心态，心平气和地与相关的主体进行沟通，增进彼此了解，有效解决各方所关心的问题。当然，对于那些故意煽动、制造是非、混淆视听的人来说，要坚决予以打击，对于敌对势力，要坚决予以清除。新媒体时期的舆论主体主要有政府部门、各类新媒体以及公众，而公众中则包括大量的网络水军和大量网络推手，对于网络水军和网络推手来说，都是要坚决打击的，对于其他公众来说，他们都对事件抱有极大的热情，都期望问题能够有效解决，他们中的不少人是明智的，而不少人是由于立场的不同和诉求的差异而加入舆论抗争之中的，因而对于这些公众来说，都是可以友好沟通的对象。对于媒体来说，他们在新媒体舆论引导中也会出现与官方舆论不一致的情况，原因可能是媒体有了自己看待问题的角度，但更多的是一些媒体丧失了社会责任，为了追求经济利益而放弃了社会利益，以种种刺激性的手段来获取用户的欢心，对于有着不同看问题的角度的媒体，要进行沟通和引导，对于见利忘义的媒体，则应该予以严肃处理。由此可知，新媒体时代的舆论传播生态较为复杂，各主体间所代表的舆论场之间都存在着博弈和协同共进的情况，存在着相互影响、相互作用的关系。对于新媒体时代的舆论生态，可以用图 2-4 表示。

由图 2-4 可知，在新媒体舆论传播生态中，官方、媒体及民间三个舆论场是相互联系的，舆论传播存在着一种循环模式，无论是官方、媒体还是民间，三方都能听到彼此的声音，并能够进行沟通。不过各方都存在着彼此博弈的情况，当各方的意见统一时，一个覆盖面最广的意见气候也就形成了。

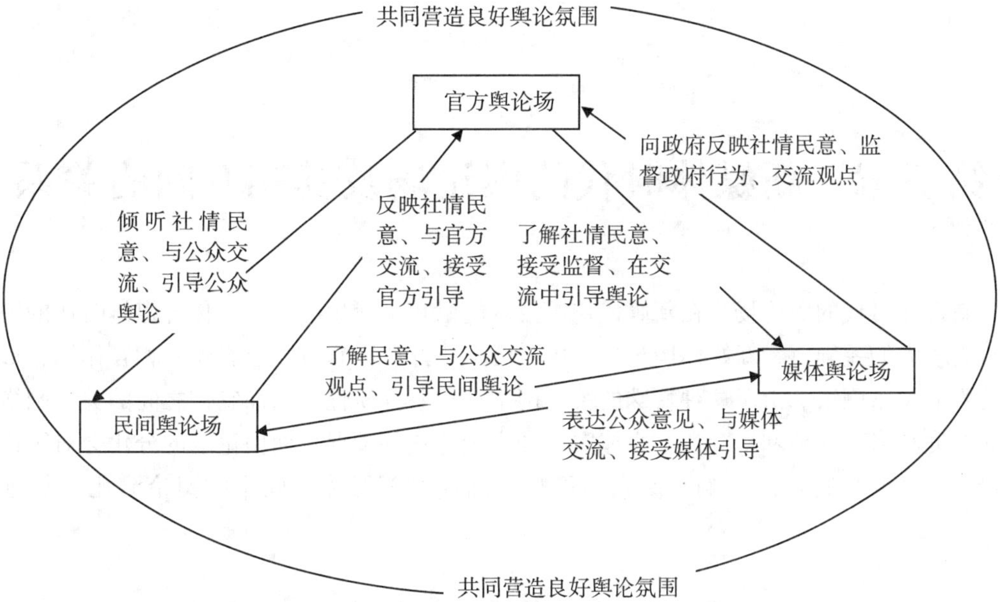

图 2-4　新媒体时代的舆论传播生态图

本章小结

本章对新媒体时代的舆论格局的特征、各相关主体在新媒体舆论格局中所扮演的角色，以及古代社会、传统媒体时期、新媒体时期的舆论传播生态进行了研究，较为完整地呈现了新媒体时期的舆论环境。

思考题：

1. 什么是舆论格局？新媒体时代的舆论呈现出什么样的格局？
2. 古代社会、传统媒体时期和新媒体时代的舆论分别具有什么样的传播生态？

第三章　新媒体时代的舆论场及其相互间的关系

新媒体时代的舆论场是在新媒体传播技术的赋权下诞生的，它与传统媒体时代的舆论场有着较大的差异。在新媒体舆论场之中，公众、媒体和官方相互影响、相互作用，形成了特殊的关系网络。由于这种特殊的关系网络存在着异质性，因而它们之间的关系网络属于无标度网络，这种网络会让新媒体舆论场出现分化的情况，而舆论场的分化会对舆论的格局和走势产生特定的影响，使人们很难准确地对新媒体空间中的舆论演化趋势进行判断。

第一节　新媒体时代的舆论场

信息传播科技的发展，让人们拥有了一个个巨大的信息交流、情感体验、休闲娱乐和意见表达的空间。对于意见表达来说，人们可以足不出户地获知世上发生的重大事件，并可以与他人进行交流，较为自主地发表自己的看法。

一、新兴传播技术的赋权与三个舆论场的产生

(一)新兴传播技术赋权下的人类信息生产和传播网络图景

人类的信息传播史就是一部媒介技术发展史，不同媒介技术催生了不同的传播图景。迄今为止，人类信息生产、传播最迷人又最复杂的图景，无外乎新媒体技术催生的网络图景。在这个图景中，人人都是信息的生产者、传播者和受传者，传授双方的界限日益模糊。也就是说，在新媒体技术编织的传播网络中，受众不再处于被动地位，他们不仅接受信息，也生产和传播着信息。媒体不再是独一无二的传播主体，很多有价值的信息是由原本作为信息接受者的社会大众首先爆料后，媒体才跟进报道的，这说明媒体也成了爆料者的受众。关于新媒体传播网络中媒体与用户之间的角色扮演，可以具体阐述如下：

1. 用户已正式加入信息生产、传播的队伍之中

用户不但接受来自各新媒体平台的信息，也在各新媒体平台上生成、传播着信息。正是看到用户的信息生产和传播的特性，一大批网站如搜狐网、56 网和爱奇艺等才开辟了专门的用户内容生产空间，而数量众多的网络论坛也为广大用户提供了信息生产、传播和交流的空间，每天从用户的信息生产中获取大量的财富。由此可知，新媒体时代的用户已成为信息生产和传播的一个重要力量。

2. 媒体也扮演着受众的角色

媒体扮演受众的角色较为令人费解，然而这在新媒体时代已成为实实在在的事情。我们都知道，媒体一直是信息的生产者和传播者，而“受众”却代表着信息的接受者。但在新媒体时代，人人都拥有了麦克风，不少人都习惯于将自己的所见所闻发布到新媒体平台之上，尤其是很多自媒体人，利用自己特殊的身份等，经常在新媒体平台上发布自己生产的信息。用户对热点话题和重要事件的“报道”，让不少处在难以找到有价值的新闻的痛苦之中的媒体工作者眼前一亮，旋即认真阅读用户的“报道”，以进一步挖掘事件的价值。这说明，很多有新闻价值的事件的最初爆料者不是媒体而是用户，例如表叔杨达才、嘉善县副县长黄晓明的“跨国家庭”等事件，均是先被用户爆料出来，媒体看到相关的信息之后才跟进挖掘，展开更有深度、更具持久性的报道。更令人惊异的是，一些媒体的记者热衷于在众多的新媒体平台之间穿梭，搞“网络蹲点”，寻找用户爆料的有价值的信息，或进行整理加工，或进行挖掘，在形成新的新闻后报道出去。由此可以说，用户也为媒体、为社会大众提供着源源不断的信息，对于那些具有新闻价值的信息，媒体会跟进挖掘、争相报道，而媒体在寻求、获取和筛选用户传播的信息时，就成了用户的受众。因为受众是受传者，是“信息的接收者和反应者”①，因此，无论是媒体还是社会大众，只要处在信息的接受和反馈的位置，就是受众。

由此可知，媒体与用户频繁互换传受身份已成为新媒体时代的传播新常态，众多的媒体和数量庞大的用户经常交换传播者、受传者的角色和身份，而媒体与用户的传播者、受传者的身份交织，编织了极为复杂的传播网络。在这个复杂的传播网络之中，各类媒体和用户你来我往地生产、传播和接收着信息。可以说，在新媒体这个新的信息传播场域中，广大用户与各类媒体的相互交锋、相互合作，构筑了一个光怪陆离的传播景观。

(二)新媒体时代的三个舆论场

舆论场是社会公众形成大抵一致的意见的时空环境，其受到舆论主体、舆论客体等多重因素的刺激。在新媒体空间中，存在着三个信息生产和传播的主体，即各级政府、媒体和公众，这三个主体都会从自身的视角去生产和传播信息，由此形成三个舆论场，即官方舆论场、媒体舆论场和民间舆论场。三个舆论之间存在着相互博弈、协同发展的关系。

1. 官方舆论场影响力依旧强大

无论是在传统媒体还是新媒体时期，官方都是极为重要的信息发布者和舆论的引导者。在传统媒体时期，官方的信息发布和舆论引导主要由传统媒体来完成，传统媒体扮演着官方与公众开展信息沟通活动的桥梁。在新媒体时代，官方借助政务微博、政府网站等新媒体平台，能够直接与公众展开信息交流活动，让公众对政府的施政行为进行监督，充分反馈意见，尽快解决公众反映的问题。通过各类政务新媒体，官方能够及时了解社情民意，并予以及时的引导。此外，在充分利用政务新媒体平台的同时，官方还会积极利用各

① 郭庆光．传播学教程．北京：中国人民大学出版社，2010：49.

类大众传播媒体来发布信息，开展舆论引导。在政务新媒体和其他各类大众传播媒体上，公众都能够获知政府的施政信息，都能够了解官方对相关事件的态度，官方也因此能够对公众展开强有力的舆论引导。因此，在新媒体蓬勃发展的今天，官方舆论场的影响力依旧强大。

2. 民间舆论场悄然诞生且影响力不断提升

民间舆论场的诞生得益于公众对新媒体的使用。就舆论引导来说，新媒体最大的作用就是让公众获得了自主发表意见的平台，催生了民间舆论场并推动其不断发展壮大。在公众对社会公共事务充分发表意见，并逐渐形成大抵一致的看法，且与官方舆论场、媒体舆论场的意见统一后，最大意义上的公共舆论也就诞生了。公众通过各种新媒体平台发声，对社会舆论的走向有着巨大的影响，公众的关注点也往往成为媒体的报道点，成为官方解决问题的重要依据。可以说，公众使用各类新媒体平台传播信息、表达意愿，一定程度上营造了属于自己的舆论空间，一种不同于官方舆论场及媒体舆论场的民间舆论场悄然诞生了。在这个舆论场中，新媒体用户是推动舆论形成和发展的主要力量。

3. 媒体舆论场——兼顾官方意见和民间的声音

在报纸、广播、电视等传统媒体时代，大众传播媒体始终在信息生产和传播中扮演着极为重要的角色，它们可以在全社会范围内采集和发布信息，在宣传党的路线、方针、政策，报道社会建设和发展中的重大事件等方面发挥着巨大的作用。通过对媒体的使用，人们可以获知各种信息，了解相关事态的变化，把握有关舆论的走向。可以说，媒体充当着党和政府的耳目喉舌，它们往往站在官方的立场来发声。在新媒体时代，由于民间舆论的声势日大，媒体有些时候就不得不兼顾民间的声音了。当官方与公众对某个事件的舆论有所区别时，媒体就有些为难，因为作为官民沟通的重要桥梁，媒体在关注官方意见的同时，还得倾听公众的声音，以最大限度地推动官民意见的融合。在新媒体时代，媒体要提高自己的站位，始终在行动上与党保持高度一致性，切实履行自身的社会责任。但媒体也不能压制民间的舆论，因为很多老百姓的呼声也是党和政府需要了解的。特别是碰到一些政府工作人员不作为、乱作为而引发公众的挞伐时，公众的意见就会与乱作为的官员的意见出现分歧，如苏州省级生态村被疑造假、杭州湾化工污染等事件，都出现了官方舆论和民间舆论不一致的情况，而媒体这时候就不能盲目地支持不作为、乱作为的官员，而应该静下心来倾听民间的声音，并对政府发挥舆论监督的作用。事实上，当遇到政府工作人员的违法违纪行为时，媒体发挥监督作用是党和国家所需要的。正因为如此，当官方的舆论和民间的舆论存在着较大分歧时，媒体要切实弄清事实的真相，站在客观公正的立场对事件进行报道，以凸显媒体的社会价值。

在政务信息越来越透明的今天，官方和民间的舆论场在绝大多数情况下是一致的，但交锋也是存在的。其实，不只是官方舆论场和民间舆论场会有交锋，在很多时候，民间舆论场与媒体舆论场也存在着交锋，而官方舆论场与媒介舆论场也存在不一致的时候。随着新传播科技的发展，公众在信息传播中的主动性会不断增强，民间舆论场与官方舆论场、媒体舆论场之间的交锋会更为频繁和激烈，民众不断通过各种新媒体平台发表意见，会在较大的程度上左右着官方、媒体对事态的判断，会影响官方的决策。新媒体时代存在着一个独特的现象，就是民间的舆论影响着媒体舆论，使媒体舆论出现了与官方舆论不一致的情况，让媒体舆论既不等同于官方舆论也不等同于民间舆论，而是有着自己独特场域的舆论。这个时候的媒体舆论就是相对独立的。一般来说，媒体舆论场是在媒体对事件的报道中产生的，它既反映了官方的立场，不断宣传党和政府的大政方针，报道党和政府的重大举措和所取得的重大成就，同时也反映着民间的诉求，表达着社情民意。正因为如此，媒体要积极地推动形成主流舆论，但在国家高度重视社情民意、公众维护自身利益和权益的意识越来越强的今天，游走于官方和民间这两个舆论场之中的大众传播媒体，也要重视民间舆论，要积极推动三个舆论场的协调发展。

综上所述，在新媒体技术的作用下，民间舆论场悄然崛起，并迅速成为与官方舆论场、媒体舆论场相互抗争和协同发展的一个舆论场。以三个舆论场的眼光来看待新媒体时代的舆论环境，能够在一定程度上修正既有的舆论场理论，而民间舆论场的加入，也会促使相关人员在处理社会热点事件时本着负责任的态度，丢掉不作为、乱作为的毛病，让政府、媒体和公众相互配合，及时解决各类社会问题，及时化解各类矛盾，进而增进社会和谐。

需要特别指出的是，上述的三个舆论场都有着各种的身份属性。首先，官方舆论场和媒体舆论场同属于硬身份。官方舆论代表政府发声，是政府在施政过程中对各种事件、问题及现场的看法和断定，具有极大的权威性和难以挑战性，是典型的硬身份。媒体与网民都扮演着传播者和受传者的双重角色，但双方的身份归属却存在较大差异。媒体往往宣传和维护主流价值观，积极引导社会舆论，在传播身份上比较偏向官方，属于硬身份。其次，民间舆论场则属于软身份。民间舆论场来源于网民的信息传播和观点表述，侧重于表达自身情感和意愿，甚至常有肆意发泄的情况，在传播身份上属于软身份。民间舆论场既然是积极利用网络媒体传播自己声音的社会大众在维护自身利益、表达自身情感和意愿时形成的舆论场，它就能在一定程度上左右着媒体和官方舆论场。但民间舆论场也受其他两个舆论场的影响，与其他两个舆论场特别是媒体舆论场存在着既斗争又融合的情况。

三、新媒体舆论场的特征

在人类的信息生产、传播进入新媒体时代以后，舆论的形成、传播也从传统媒体时期的舆论场过渡到新媒体时期的舆论场。相对于传统媒体的舆论场来说，新媒体的舆论场是一种双向互动性极强的舆论场。一般来说，新媒体时代的舆论场主要具备以下几个特征：

（一）舆论传播主体多元、诉求复杂

在新媒体舆论场中，传播的主体既有政府部门，也有媒体和社会大众。其中以社会大众的人数最多，包括普通的公众、网络推手等。社会大众是用户的主要输入群体，他们大规模地进入网络空间之中，使民间舆论场的公众这一主体的数量呈几何级数增长。由于包含着众多的主体，因而新媒体舆论场中的诉求是极为多样化的。

(二)舆论传播载体和方式多样化

当前，新媒体的信息生产、传播和消费已经来到了2.0时代，各个媒介之间的融合程度不断增加，全媒体传播已成为现实。因此，新媒体舆论场中的信息传播载体正不断增加。公众可以较为灵活地选择自己感兴趣的载体来开展信息生产、传播及消费等活动，公众与公众的互动、公众与新媒体平台的互动、公众与相关政府部门的互动较为频繁，传播方式较为多样化。

(三)舆论传播时空的泛在化

新媒体舆论场的舆论传播能够突破时空的限制，无论何时何地，人们都能在新媒体空间中开展信息生产、传播和消费活动。传播的即时性和空间的无限延展性，使得时空障碍已经被消灭，这体现了传播时空的泛在化特征。需要指出的是，这里所说的时空泛在化，主要是基于人们的传播可以不受时空的限制来说的。由于新媒体的主体多样、诉求多元，且世界并不是平的，国与国之间总会存在这样那样的观念差异，甚至在一个国家之内，也会因为立场、身份不同而形成不同的群体，因而新媒体的舆论场其实也存在着圈层化的情况。

(四)民间舆论场的影响力日渐扩大

在众声喧哗的新媒体舆论场中，公众具有人多势众的优势，每个重大社会事件、热点事件的发生，总能在短时间之内聚集规模较为庞大的人，他们不断与官方舆论场和媒体舆论场进行博弈和合作，在新媒体舆论场中获得了不少话语权，这让民间舆论场的影响力不断扩大。民间舆论场的影响力的扩大，虽然会在一定程度上削弱官方和媒体的话语权，但却在向官方和媒体反映社情民意方面发挥着较为积极的作用。

第二节　新媒体舆论场之间的关系

在官方、媒体及民间三个舆论场中，各个舆论场之间并不是孤立存在的，他们相互影响、相互作用，共同编织着新媒体舆论场的关系网络。总的来说，三个舆论场之间主要存在着博弈、合作两种关系。

一、博弈关系

在当今社会，官方舆论场、媒体舆论场、民众舆论场三个舆论场都具有不可低估的舆论力量，他们具有不同的张力：一是官方舆论场的张力。官方舆论场因为有可靠的信源而具有极高的权威性，在报道党和国家重大方针政策、宣传重大事件和重要问题、剖析重要现象等方面占据主导地位，发布的信息较为真实可信，极易受到民众的认可。但官方舆论场在面对重大突发性事件时，相对于民间舆论场来说反应速度较慢，其发展速度也没有民间舆论场那么快。二是媒体舆论场的张力。主流媒体传播的信息较为真实可信，在报道重大事件时较为谨慎和严肃，面对新闻事件反应比较迅速。但媒体舆论场由于要兼顾官方的声音和群众的心声，因而时常出现摇摆于官方和民间两个舆论场之间的状况。三是民间舆论场的张力。民间舆论场在公务员管理、贪污腐败、贫富差距、公共安全、司法公正、城乡差距等事关公平公正的话题上，更容易被民众认可。但由于公众通过网络论坛、微博等新媒体发布的信息存在把关上的缺陷，容易使一些虚假信息甚至对社会构成危害的信息得以传播，继而误导社会舆论，因此民间舆论场的权威性相对较低，真实性也受到怀疑，故而时常出现公众借助媒体舆论场表达自身愿望，使相关部门更为重视自身诉求的情况。

由于官方、媒体和网民这三个舆论场具有不同的张力，它们所关注的焦点也不一样，均从自身的角度设置议题，因而有不少议题并不一致，所以三个舆论场之间存在着对抗与博弈。主要体现在以下几个方面：

（一）信息不同乃至对立，真伪难以求证，各方相互指责甚至针锋相对

在全媒体时代，由于各个舆论场在传播新闻背景、事件、责任及前景等方面的信息时存在着差异甚至存在着根本的对立性，公众难以在混搭的传播网络中弄清事实真相，使各方信息汇集的舆论潮流呈冲突之状，加之各方为了自己的利益和诉求而不断寻求有利于自身表达的“客观信息”，使各方对立面增大，情感纠葛也愈发复杂，因而呈现出三个舆论场的舆论针锋相对的现象。

（二）意见对立，引发舆论围攻并产生次生舆论灾害

信息的对立往往会产生意见的对立，使各方不再轻易妥协，相互之间都竭力消除对立的声音，采用各种传播手段阻塞言论，打压对立意见，出现了相互倒逼信息的情况，引发一轮轮的舆论围攻，甚至引发次生舆论，使各种舆论潮流交织缠斗，引起社会情绪的大积累和大释放，如果最终形成的舆论洪流与社会的主流价值观相左，必然会对社会的主流价值观形成巨大的冲击，产生严重的社会后果。

（三）在众人不明真相中推卸应有责任

无论是哪一方，都可能为了自身利益，过度使用自己的表达权利，在弄清真相后能够免于处罚的一方会力图澄清事实，但另一方则害怕担责而力图混淆是非。这样一来，各方的舆论对抗博弈也就难以避免。

（四）在舆论较量中呈现话语权的争夺和剥夺之战

在各方舆论的对抗和博弈中，话语权的争夺和剥夺是最常见的现象。各方往往会不断发声，以赢得话语主动权，并以此打压其他主体的言论。而被打压的一方则会及时堵塞对方言论，屏蔽对方的言语，同时疏通自己的表达通道，以夺取对自己有利的话语权。这其实是话语权的争夺和剥夺之战。

(五)三个舆论场的博弈，最后往往会将社会大众拖入舆论交锋之中

由于三个舆论场各说各话，冷眼相对，你来我往地相互攻击，如果真相没有及时浮出水面，求真相心切或利益攸关的社会大众就会根据自身的判断或者利益诉求去站队，出现了公众不断加入各方的现象，并由此引发更大范围的舆论争斗。

三个舆论场的博弈，为社会带来了不少负面影响，如使社会各方劳神伤财，并往往将社会大众拖入舆论战之中，出现更大范围的言语攻击等不文明现象，甚至会发生现实的对抗和引发各种社会事端。不过，我们也要清楚地知晓，三个舆论场的博弈并不都是负面的，事实上，三个舆论场的博弈也具有积极的社会价值。在白热化的交锋中，我们常常看到官方、媒体和公众相互指责对方造假、丧失良知、应该承担相应的责任等，官方、媒体和公众各执一端，争相表达各自的意见和看法。但正是在这样的指责和博弈中，才使事件的真相不断得以揭露。这样一来，官方舆论、媒体舆论和民间舆论通过交锋，使得正义得以伸张、社情民意得以表达，甚至揭露了众多不为人所知的阴谋。这对净化社会风气、澄清各种是非、形成统一的价值观念具有巨大的社会意义。因此，面对复杂多变的新媒体舆论，有关各方需要迅速澄清真相，及时化解各类矛盾，实现舆论的正确引导。

二、合作关系

我国是社会主义国家，人民是社会的主人，各级政府的工作人员是为人民服务的，而媒体是党和政府的耳目喉舌、是人民对政府工作人员的施政行为实施监督的工具。因此，从根本上来说，官方、媒体和民间等三个舆论场都是以社会发展、人民过上幸福的生活为目的的。所以三个舆论场之间更多的是合作关系，相互之间协同发展，共荣共生。那么，三个舆论场的合作关系网络是如何体现的呢?

(一)三个舆论场均坚持“舆论一律与不一律”这一核心理念

毛泽东同志在1955年提出“舆论一律”和“舆论不一律”这一对概念。这对概念对我国舆论引导工作的影响颇为深远。毛泽东同志认为，在人民内部，允许舆论不一律；而对反革命分子，则要实行舆论一律，不许反革命分子发表反革命意见。在今天，党和国家领导人正致力于和谐社会建设，致力于实现中国梦，深受民众的拥护。然而，由于我国正处于改革的关键时期，社会各阶层的利益诉求并非完全一致，因而会出现冲突、博弈等情况。对于那些为了自身目的而不惜损害国家利益、民众利益的人，舆论应该是一律的，必须对他们实施惩罚。而对于渴求国家、社会发展进步，人民生活幸福甚至积极参与社会事业建设之中的大众来说，应该允许舆论出现不一律的情况。因此，理应允许官方、媒体和公众有不同的舆论表达，但三个舆论场必须在博弈和交锋中，向着有利于国家长治久安和百姓幸福的方向发展，实现舆论一律，以呵护共同的主流价值观，维护社会的安定团结与和谐发展。

(二)三个舆论场的舆论引导都以社会主义核心价值观为主旨

价值观虽然是多元的，但是，正如李良荣所说，“在多元的价值观中，总有一种处于支配地位的价值观，称之为主流价值观。主流价值观反映出一个国家的意识形态和社会道德的基本取向，反映出一个国家主流社会的基本意愿。一个国家主流价值观的彰显，表现出一个国家的社会稳定和有序，并将有力促进经济的发展。反之，一个国家主流价值观混乱，必然导致一个国家人心涣散、社会秩序混乱，也将严重阻碍经济发展。”①由此可知，一个国家必须具有不可挑战的、处于核心地位的主流价值观，而主流价值观必须由主流舆论来引导，由官方、媒体和公众形成共识以共同维护。在维护主流价值观念方面，三个舆论场是这样合作的：一是关注国计民生，以官方舆论场凝聚媒体与民间两个舆论场。国计民生问题无小事，所有舆论都应该以其为指向，媒体舆论场和民间舆论场存在着这样那样的交锋，但它们最终均能以社会发展、国家富强、人民幸福为皈依，因而媒体舆论场和民间舆论场，都在总体上、全局上服从和服务于官方舆论场。所以说，媒体舆论场和民间舆论场的融合都以官方舆论场为凝聚点，进一步打通彼此间的障碍和隔阂，共同引导、维护主流舆论和主流价值观。二是三个舆论场之间存在着沟通与协商。官方、媒体利用各自的微博，及时与公众互动，实现平等交流和协商，促进三个舆论场的亲密化，从而在及时互动、平等协商的过程中达成一致看法，使三个舆论场在社会舆论引导中走向融合。三是在议题融合中实现三个舆论场的合作。目前，官方能够透明地发布各类信息，主动倾听百姓呼声，为媒体和公众制造各类有利于社会和谐发展的议题。媒体也会自觉地关注国家的大政方针政策，关注民众所需，主动拥抱公众议题。同时，媒体还会在把握官方、民众的议题的基础上设置自己的议题，形成官方、媒体和公众融合性的议题。而在今天，公众的爱国热情都比较高，大家都关心国家、社会发展进步，理性探讨符合各方利益的议题。这样一来，三个舆论场便能在形成共同议题的基础上，实现舆论引导的合作。

(三)三个舆论场能够平等、互信地沟通，共同构筑立体化的舆论传播网络

在各方舆论的协商中，互通信息有无、实现平等互信的沟通是特别重要的。在新媒体技术的赋权下，无论是那一个舆论场，均能够与另外两个舆论场进行平等的沟通，在长期的沟通中建立互信关系。在这种情况下，一旦发生了什么重大舆情事件，三个舆论场就能够协同作战，在协调各方的利益中达成一律的舆论。为了推动社会的发展，三个舆论场最终都能够以大局为重、同心协力构筑立体的传播网络，及时引导社会舆论走向，服务社会发展。

三、三个舆论场在博弈和合作中所形塑的关系网络

在三个舆论场的合作中，各方存在着较为频繁的互动关系。在公众的广泛参与下，三

① 李良荣．新闻学概论．上海：复旦大学出版社，2013：192.

个舆论场都处于相互博弈与合作的关系网络之中。

从本质上来说，无论是博弈还是合作，三个舆论场之间都存在着这样那样的关系网络。因为舆论场总是和一定的关系网络相互联系的，一般来说，特定的舆论场构成特定的关系网络。舆论总是在一定的场景中形成和传播的，无论是个体还是群体，民间舆论的主体都是可以作为特殊的节点，与相关的政府部门、媒体等平台之间进行互动，在三个舆论场之间形塑了独特的关系网络，这些关系网络能够决定新媒体舆论场的基本形态、生态格局，而新媒体的舆论生态也在强化着各种网络关系。因此可以说，新媒体舆论场之间存在着高度复杂的网络，但这种关系网络并不都是同质性的，它们也存在着异质性，所谓的异质性就是各方在社会资本以及注意力资源等分配中有着结构性不均衡的问题，而正是这种异质性使三个舆论场之间产生博弈关系，并最终决定哪一个舆论场会成为主导性的舆论场。虽然作为民间舆论场的公众在社会资本的获取等方面会处于劣势，但他们却有着数量上的优势，可以利用“人力资源”来弥补社会资本的短缺，一旦有意见领袖的助推，他们会迅速聚集起来，以群体的形式展开舆论传播，对相关的舆论引导产生影响。在这种情况下，意见领袖往往很难抽身出来，他们会被“粉丝”推着走，会不断地代表粉丝说话。

正因为三个舆论场之间的关系网络存在着异质性，因而它们之关系网络属于无标度网络，这是与随机网络不同的一种网络形态。所谓随机网络，是指网络中的各个节点连接是随机的，整体给人的感觉是比较均匀的；而无标度网络强调复杂网络中存在着大量连接状况不均匀的节点，但具有大量连接的“核心节点”是极少数的。① 在存在着异质性关系的情况下，新媒体舆论场就会出现分化，而由于关系网络对舆论的格局和走势有影响，因而人们很难准确判断新媒体空间中的舆论演化趋势。如同一个热点事件在不同的舆论场之间进行传播，由于各舆论场之间对事件的解读不尽相同，它们很难在第一时间内对事件形成一致的舆论，随着越来越多的人加入进来，并对事件进行评论、不断发表自己的意见，整个传播网络就会变得有些“混乱”。在这种情况下，要想追踪关系网络中信息的传播轨迹，的确是一件比较困难的事情。

一旦难以追踪到关系网络中的信息传播轨迹，异质性网络的边界就会被强化，舆论场分化的现象就更为明显。当舆论场发生分化后，看似不受时空限制的新媒体空间，那些浩如烟海的信息就会分化到一个个的圈子里面，而圈子成员的信息传播、交流都被禁锢在圈子里面，对圈子外面海量的信息视而不见，出现了所谓的“信息茧房”的现象。对于舆论引导来说，圈子越多，越难将它们整合起来，需要花费的时间和精力也就越多。

还有一个现象是值得注意的，那就是在很多新媒体平台上，都会设置一些搜索热点事件的功能，比如“热门话题”“大家都在搜”等，这些设置会对新媒体的舆论场产生干预，因为这样的搜索会提高人们了解事件发展的效率，且在被各种关键词抓取软件捕捉到关注度较高的话题以后，会及时进行信息的整合、传播，并迅速聚集到一大堆用户。

整个新媒体舆论场的基本面貌是由信息传播技术，以及官方、媒体和民间舆论场之间

---

① 吴俊，等．无标度网络拓扑结构非均匀性研究．系统工程理论与实践，2007(5)：101-105.

的关系网络共同塑造的。在这个巨大的舆论场中，既存在大量的互动关系，也存在"圈子"之间的排斥。因此，在新媒体时代，舆论引导面临着巨大的挑战，如官方和主流媒体在舆论引导中的话语权被削弱、碎片化的传播使舆论信息难以被有效跟踪、国外敌对势力借机加紧意识形态渗透等。

本章小结

本章主要对新媒体时代的舆论场及其相互间的关系进行分析。认为新媒体舆论场可以分为官方舆论场、媒体舆论场以及民间舆论场等三个部分，这三个舆论场之间存在着博弈和合作的关系，并呈现出异常复杂的关系网络。

思考题：

1. 新媒体空间中存在着哪些舆论场？
2. 新媒体舆论场具有什么样的特征？
3. 新媒舆论场之间存在着什么样的关系？

第三编　新媒体舆论的生成及演化

本编主要对舆论的生成、传播及演化进行研究。新媒体舆论是在公众、新媒体舆论场、意识心态的引领等宏观环境中生成的，其带有明显的自发性，但仍然遵循一定的逻辑：发生焦点性事件—公众对之进行关注—公众围绕相关事件进行探讨和互动—形成大抵一致的意见—舆论生成。新媒体舆论的传播经历了潜伏、爆发、扩散、变迁及消亡五个阶段，每个阶段都有不同的影响，政府部门要积极健全预警机制，力争将负面的舆论扼杀在潜伏阶段。传统媒体时期的舆论往往是一次性成型的，而新媒体时代的舆论很难一次性成型，其演进呈现出螺旋式特征，遵循着生成—爆发—鼎盛—反复—消退这一路径。

第四章　新媒体舆论的生成与传播

新媒体的强势崛起和不断普及，逐渐构筑起了一个较为成熟的、全新的舆论环境，在这个舆论环境中，舆论呈现出独有的生成方式和传播规律。在新媒体舆论生成的过程之中，公众扮演着极为重要的角色，一旦有热点事件发生，他们便会及时参与到舆论的生成之中，承担起舆论的生产者和传播者的角色。在这种情况下，新媒体舆论会得以不断扩散，并产生特定的社会影响。新媒体舆论的传播呈现出传播主体的多样化、意见领袖起主要作用、圈层化现象极为明显等规律。

第一节　新媒体舆论的生成

在发生重大突发性事件、热点事件时，公众会予以高度的关注，他们围绕相关的事件发表个人的观点，当大多数人形成比较一致的意见或态度时，舆论也就诞生了。舆论一旦诞生，就会造成极大的社会影响，因而媒体和政府部门都会予以高度的关注和重视。

新媒体舆论是在公众、新媒体舆论场、意识心态的引领等宏观环境中生成的。事实上，新媒体舆论的传播、演变及效应的发挥也离不开这些宏观环境。对于舆论来说，公众是主体，在新媒体舆论中，公众主要是年轻人，他们具有较高的文化水平和新媒体素养，有较为敏感的政治、思想意识，且对新事物有较大的兴趣。随着新媒体技术的不断普及和广泛应用，越来越多的年轻人加入到了新媒体的传播空间之中，他们的加入在较大的程度上改变了人类的传播生态和舆论场域，对舆论的生成产生了巨大的影响。舆论场是社会公众形成大抵一致的意见的时空环境，其受到舆论主体、舆论客体等多重因素的刺激。在构筑舆论场方面，新媒体具有较大的优势，原因是新媒体为公众交流观点、发表意见提供了一个庞大的空间，公众在这个空间中的积极互动，为舆论的酝酿和生成提供了前提条件。从客观上来说，舆论是组成社会意识的一种极为重要的因素，甚至可以说舆论本身就是一种社会意识，由于新媒体是一个极具开放性的媒体，来自四面八方、具有不同知识水平和文化信仰的人都可以随时随地地进入新媒体空间中开展信息生产、传播和消费活动，且经常进行交流和互动，在推动舆论生成的过程中，使新媒体变成了各种社会意识的载体。

新媒体舆论的生成带有明显的自发性，但其仍然具有某些规律性的东西——公众围绕重大事件、热门事件展开讨论，众人的意见在新媒体空间中进行传播且不断汇集，在激烈交锋后形成大抵一致的意见，推动了具有一定权威性的舆论的形成。与传统媒体时期的舆论一样，新媒体舆论也是在焦点性事件的刺激下产生的。在今天，社会事件、自然事件和生活的方方面面，均有可能成为焦点性事件，其产生和发展极易引发人们的互动，引起人们的情感共鸣。在舆论的生成中，最初可能只有个别的意见，但由于这些个别的意见极具代表性，容易在短时间之内引起其他人的注意，并促使他们参与到意见的传播之中，最后催生了舆论。因此，对于那些容易产生社会影响的个人意见，相关部门必须予以高度的重视。

一、新媒体舆论生成的动因

促使新媒体舆论的生成的原因是多种多样的。具体来说，主要包括以下几个方面：

(一)新兴传播科技赋权下意见表达和流动的自由化

在互联网等新兴传播技术的普及率越来越高、应用越来越广泛和深入的今天，网络等新媒体已成为人们获取信息、发表言论的重要阵地。借助于各种智能终端尤其是移动智能终端，社会大众更容易将新媒体技术应用于自己的生产和生活之中，新媒体对社会的影响也越来越大。据此可以说，新兴传播技术使信息生产和传播的生态发生了根本性的变化，其中最为明显的就是信息生产和传播主体的日渐多元化、意见表达的自由化等。需要指出的是，意见表达的自由化并不都是好事，很多青少年的世界观、价值观和人生观尚未定型，在敌对分子、唯利是图者的煽动下，青少年群体尤其是少年群体会对社会产生消极乃至对抗情绪，他们的发言具有暴力性、行为具有破坏性，在盲目信任、跟风中对社会产生巨大的影响。据此可以说，在各种言论的蛊惑下，不少青少年便会加入信息的生产和传播之中，推动新媒体舆论的流变，为具有负面效应的舆论的发展壮大推波助澜，而这给那些居心叵测的敌对分子、唯利是图者提供了攻击社会、破坏发展的机会。

由此可知，新媒体不仅是舆论的传播平台，也是舆论的生成平台，新媒体使舆论的生成和传播方式发生了较大的变化，微博、微信、短视频直播等新媒体平台的纷纷出现，使舆论的生成、扩散更为复杂。借助各种新媒体平台，舆论的传播效应不断扩大。舆论的生成平台不是固定的，其种类较为繁多。当前，各类主流的社交平台、商业流通平台和可视平台、生活猎奇平台等，都成了舆论的生成平台。借助这些平台，舆论得以一波波地生产出来，并迅速传播出去。各种平台上的模糊性、不确定性的观点，使负面舆论不断被扭曲、不断被推向极端。各种舆论能够在新媒体平台上实现快速的生成，与各类新媒体平台的准入门槛和使用成本都比较低、用户数量大且相对稳定、不少用户都具有猎奇心理、很多平台在商业化潮流中迷失了政治方向、敌对分子及唯利是图者的精心策划等因素有着极大的关系。需要指出的是，在某一个平台生成的舆论，其传播都会突破平台的限制，在不同的平台之间流动并产生异化，而多平台的传播和流变让舆论能够迅速产生社会影响。

(二)社会大众利益诉求的多元化

目前，不少新媒体舆论都是在怀有特殊目的的人所制造的谣言中生成和传播开来的。所谓三人成虎，谣言传多了就会被人们当成真实的信息来对待。老话常说，“无利不起早”，时至今日，在社会多方联合对各种谣言进行治理的情况下，仍然有不少人打起了游击战，想方设法地变换方式或平台制造、传播各种谣言。此外，新媒体谣言久久不能根除的原因之一是相当一部分平台、机构从谣言的生产和传播中获得了实质的利益。信息传播科技的赋权，为各种谣言的快速制造和传播提供了广阔的空间。但技术只是提供了可能性，真正触发谣言闸门的，还是利益的需求和满足问题。也就是说，为谣言提供生存空间的最为重要的因素是公众对“谣言”所蕴含的各种信息的认同。敌对分子、唯利是图者为达到特定的目的，积极利用新媒体制造和传播各种谣言，为了达到相应的效果，他们往往精心地对谣言进行包装，倾力释放内心的情绪，向着煽动公众力量的目标迈进。为了尽快达到目标，他们会恰当地使用新媒体的各种优势，并为社会大众营造出感同身受的环境。

正是借助精心包装的谣言及社会大众的认同感，敌对分子、唯利是图者才搭上了谣言快速生产和扩散的快车。敌对分子、唯利是图者借助突发性重大事件，将存在于现实社会中的各种矛盾引向了新媒体空间之中。我国处于并将长期处于社会主义初级阶段，随着改革的不断推进，社会大众的利益诉求越来越多元化，而在现阶段，我国难以满足社会大众的各类诉求，不少底层民众认为在社会发展之中他们牺牲了众多的利益，需要社会在短时间之内实现公平、公正。实事求是地说，在脱贫攻坚这场声势浩大的战争取得决定性胜利以后，中国老百姓摘掉了贫穷落后的帽子，从此吃穿不愁，但从精神这一高层次的需求方面来说，社会的公共服务、文化发展离老百姓所需要的“美好生活”还有一定的差距，社会主义核心价值观所倡导的愿景，还需要长期的建设方能实现，但尽快过上幸福美满的生活却是公众的共同心愿。敌对分子、唯利是图者正是利用理想和现实之间的矛盾来煽动公众，让大家将现实生活中的不满发泄到各种新媒体空间之中。按照拟态环境的环境化这一观点，人们在大众媒介(此处可以看成是网络等新媒体)中的言行会直接作用于现实社会之中，因而新媒体空间中的谣言所引发的一系列行动，会给现实社会带来灾难性的影响，更何况敌对分子、唯利是图者是以直接煽动公众、在现实社会中实施破坏活动为目的的。纵观各种谣言所引发的悲剧，都与很多公共事件、突发性事件(如食品安全、公共卫生、贪污腐败等)的长期得不到较好的解决有关，这些事件使相关政府部门和社会大众之间逐渐产生对立情绪，只要有心怀不轨者借机造谣生事，社会大众心理积攒已久的不满情绪就会迅速爆发出来，出现了负面的舆论洪流。在这种情况下，社会大众不愿意相信政府工作人员的辟谣，他们认为政府工作人员是在寻找借口、推卸责任，认为事件一定有隐情，因而在政府工作人员拿出事实真相的情况下，不少人仍然嚷着要真相。如果事件中存在着普通老百姓与官员、富商、官二代、富二代之间博弈的情况，则舆论会一边倒地谴责强势的一方，并呼吁将强势者绳之以法。这种情况使得本该有的群体的智慧变成了群氓的乌合之众的言语，他们对专家、官员、富商进行大肆鞭挞，到医院看病难他们就迷信网络神医和巫师，看到某些腐化现象就断言天下乌鸦一般黑……在敌对分子、唯利是图者的鼓动和现实社会压力的多重动因下，社会大众出现了对抗情绪，看待事情不再坚持理性和科学的理念，而是一味地“去智从心”，攻击以发泄情绪。

在今天，互联网行业盛行“流量经济”“流量红利”“流量变现”“导流”等与“流量”相关的概念。“流量”成为了诸多互联网企业判断一个产品、一个平台甚至一部院线电影能否取得成功的重要衡量标准。之所以各大平台乐于谈论“流量思维”“如何变现”等问题，一个较为客观的原因是任何一个企业都是以盈利为目的的，而流量能在短时间之内转变成真金白银。在流量经济占据头版头条以前，我们熟悉的是注意力经济。我们所熟知的二次售卖理论便是典型的案例，即媒体机构将报纸、广播、电视节目以低成本或免费的方式提供给消费者，然后再将消费者的注意力卖给广告主的过程。整个盈利过程的关键则是媒体提供的信息内容是消费者所关心的、能够赢得其注意力的信息产品。随着商业市场的成熟，广告主、媒体发现，除了消费者的注意力能为自身赚取利益以外，消费者本身还能在贡献注意力的同时为企业产品付费。因此，对于企业而言，消费者意味着盈利，消费者的数量越多，则盈利的空间更大，由此“流量”的概念也就诞生了，用来形容某个平台或产品的用户或者粉丝数量。正因为如此，不少市场调研机构在衡量一个企业是否具有发展潜力时，会使用总用户数量、月活、日活等数据，这本来是无可厚非的，因为积累用户、让用户为产品付费已成为新媒体时代的一种极为典型的商业模式。但不少人在使用流量思维时产生了短视思维，即不择手段获取注意力并利用流量赚快钱。随之而来的一个问题便是，到底什么样的内容能长期获得用户的注意力？而这也成为流量追逐者们欣然实践的问题。

需要特别指出的是，新媒体空间中的不少负向的舆论都是在谣言的裹挟下产生的，但很多时候，造谣者都表现得极为聪明，他们并不是完全制造谣言，而是抓住部分事实，向着有利于自己的方向不断放大，或者将众多的容易引人关注的东西进行组合，偷梁换柱、移花接木。目前，各大网站的盈利方式通常是凭借文章或视频页面的浏览次数与平台进行广告分成，或凭借受众喜爱的程度接受打赏。为了增加浏览量、评论数和转发数，很多网络媒体尤其是自媒体，在文章、视频内容的选题上会故意挑选耸人听闻、旷古未有的猎奇性和三俗的东西，在内容的创作上不讲究真实性、客观性，甚至为了迎合社会情绪刻意编造事实。例如在2019年1月，微信公众号“咪蒙”以非虚构写作之名发布《一个出身寒门的状元之死》一文。作者把当下能让人产生共鸣、扎眼醒目的关键词，如“寒门”“状元”“乳沟”等，全然不管词语的雅俗就统统汇聚起来；把当前能引发人们焦虑的桥段，如理想与现实的扭曲、阶层固化让人看不到希望、情怀操守已经一文不值等，甭管真伪，全都融合一块。然后，弄出来一个人物，把这些关键词串联起来，再把自己搁进去，看似全程客观记述，其实是闭门造车、胡编乱造。在“咪蒙”公众号的鼎盛时期，曾有中介机构曝光，“咪蒙”向外报价的头条广告植入费用是80万人民币，而前来找她宣传的广告主仍旧络绎不绝，需要排队才能花出这80万元。此外，不少公众号不遗余力地通过造谣文章博取点击出售广告，甚至直接推销产品。常见的医疗、保健类公众号文章会宣称，天天坚持某项运动或者吃某种食物，能够根治某种疾病；还有各种用常识作“幌子”的科普贴，比如接听电话用左耳更安全、晚上不宜洗澡；一些文章最后还推出某种保健品，称集纳了某些食物的精华，效果更佳。

与被营销号用来收割注意力、获取广告收入、销售商品的注水文章一样，新媒体空间中的不少谣言同样也是被某些群体或个人以谋求经济利益为目的而刻意编造的。新媒体时代，注意力是可以变现的资源。社会大众被吸引，或者说被骗去阅读、讨论、传播那些无聊的话题，就会汇聚成为媒体的流量。各种网络媒体要是提供了质量上乘的信息产品，用户成为流量也是一种等价交换。可如果大家的焦点是毫无价值的东西，连鸡汤鸡肋都不如，那就太不划算了。往小里说，浪费大家的时间和精力；往大里说，谣言有碍社会不良情绪的疏导，甚至会撕裂社会情绪，不可不察。

由此可知，新媒体的推波助澜也是谣言的声势日渐浩大的一个重要原因，但实事求是地说，由媒体故意制造和传播谣言的情况并不多见，因为在媒体属于党和政府的耳目喉舌的今天，大众传播媒体在生产和传播信息时，会有相应的把关人，绝大部分的媒体工作者是有职业操守的，他们坚持正确的舆论导向。但在大众文化、消费主义盛行的今天，很多组织和个人丧失了理智，他们见利忘义，借助各种新兴的媒介生产和传播谣言并从中渔利。在利益的诱惑下，一些人积极生产谣言，一些人将谣言进行切割、拼接和重构，并快速地传播出去，在数量庞大的公众的参与下，主流媒体使尽浑身解数也很难挡住波涛汹涌的负面信息洪流，其对智慧、正义和良知的坚守相反成为大众攻击的对象。在各方的混战中，主流媒体的力量不断被解构，自媒体、敌对分子、唯利是图者、公众的"讨伐"声势极为浩大，各种耸人听闻的事件、话题成为了看点、卖点，成为了激烈的斗争点，对公共舆论的引导带来了巨大的破坏。

(三)政客以及网络推手的操纵

1. 政客的操纵

除了心怀叵测的敌对分子、唯利是图者和不明真相、积极诉求自身利益的社会大众外，还有那些为达到自己的利益而故意操纵舆论的政客，都为新媒体舆论的发展壮大"贡献"了自身的力量。为了投机倒把，一些政客会积极迎合负面舆论，甚至不遗余力地操纵负面舆论。这些政客"装疯卖傻"，为了打倒政敌、赢得群众支持而毫无底线地加入到生产、传播负面舆论的队伍里，这在美国等国家显得尤为突出。有人说，制造带有反科学、反理性的舆论是特朗普在选战中获得胜利的"独家秘诀"，其实在美国，反科学并非特朗普所独有，其历史可谓源远流长。这从理查德·霍夫斯塔特在 1962 年就提出并界定了反智主义就可窥见一斑。由此可知，至少在 20 世纪 60 年代，美国社会中的反科学群体就已经暗流涌动，并逐渐引发了反理性、反科学的海啸。为了体现自己的爱国，一些政客将自己装扮成真正的"爱国主义者"，认为"越无知越爱国"。也许大家都还记得，2008 年，共和党副总统候选人佩林提及国内和国际事务，其几乎一无所知，但正因为如此，她才迅速蹿红。她把伊拉克战争视为"上帝赋予的任务"，并声称要把非法移民(数量达到 1200 万)拘留遣送。同样令人震惊的是，米歇尔在替奥巴马拉选票时，竭力将奥巴马塑造成一个下里巴人的形象，而不是告诉人们奥巴马如何能干，她甚至告诉人们，奥巴马"每天早晨醒来都有口臭"。

由此可知，政客们为了达到目的，积极利用新媒体将自己塑造成网红，打造成一种另类的形象。特朗普在拉选票时，曾经在自己的推特上转发墨索里尼的名言，当有主持人问及此事时，特朗普显得很不以为然，他说，没有必要追究是谁的名言，最重要的是这句名言得到了关注。特朗普的竞争对手——希拉里也经常拿特朗普的花边新闻和发型等来攻击他，以吸引选民的关注。在西方一些学者看来，带有反智性的舆论与反建制思潮之间存在着众多的相似之处，这两种思潮都是美国社会面临着特定危机的体现，反智舆论折射了选民对经济、安全、生存的恐慌。众所周知，美国的贫富分化正在加剧，经济财富和社会资源越来越集中到少数人手中。因此有人说美国的“反智”中的“智”，代表的是有智的人和有钱的人，从根本上来说，反智是作为平民阶层的社会大众对精英阶层的一种反抗。在美国，反科学的人群曾因互联网这一新兴的经济体之蓬勃发展而转向沉寂，不过在遭致恐怖袭击事件，以及新经济泡沫的破灭以后，相关的群体又呈现出抬头之势。这些人的抬头，把一些知识相对匮乏却极具情感魅力的政客送入了白宫。

带有反科学性的舆论在美国泛滥，确实与政客的操纵有关，一些政客以美国社会面临的危机为题大肆发挥。在政客的操纵下，各种民粹主义蔓延，那些理性的、科学的声音难以引起人们的注意。以 2020 年的新型冠状病毒为例，在自由、人权至上、反疫苗、反居家隔离的声音洪流中，医疗资源处于世界领先水平的美国，却被称为世界上控制疫情“最为失败”的国家，甚至有声音指责比尔·盖茨想要消灭人类。一边是科学理性的防疫措施得不到推进，一边却是毫无科学依据的谣言得以信任，如喝消毒剂可以预防新型冠状病毒，致使不少美国人喝消毒液。可以说，新型冠状病毒中的带有反智性质的言论，刷新了人们对美国这个全球最发达的国家的认知。很多人觉得在科技处于世界领先水平的美国，愚昧无知的舆论却具有如此大的市场，是一件极为吊诡的事情。其实这都与反智政客的操纵有关。据说，有接近一半的共和党人相信，新型冠状病毒是比尔·盖茨“打算通过大规模的新冠疫苗接种，将一种用于追踪的数字身份芯片植入人们体内”。毫无疑问，比尔·盖茨成为了一个极为重要的反智目标，人们从他以前的言论中找依据，指责他为“新冠病毒创造者”，在美国疫情极为严重的情况下，电视及各类社交媒体经常将病毒与比尔·盖茨混为一谈，号召大家不要参加比尔·盖茨资助的疫苗研发项目。被称为病毒制造者的比尔·盖茨却经常抨击美国的防疫措施，号召研究疫苗，使他成为了“愚昧群体”和右翼保守势力的眼中钉肉中刺。虽然民主党批评比尔·盖茨的人数没有共和党的多，但据《芝加哥论坛报》调查，也有 1/5 左右的人相信新型冠状病毒是比尔·盖茨的阴谋。比尔·盖茨的遭遇，说明了美国反有钱人的理念非常强大。除了比尔·盖茨之外，福奇这位在病毒学方面非常有权威的专家，也成了“愚昧群体”攻击的目标。原因是他呼吁谨慎应对病毒、不宜过早复工复产。正因为如此，福奇被指剥夺民众的自由，是新型冠状肺炎的幕后操纵者，很多人呼吁“炒掉福奇”，有人甚至扬言不给他留活路。

任何人都知道，居家隔离、疫苗等是预防和控制新型冠状病毒蔓延极为重要的手段，这已经成为不争的事实。但在科技十分发达、知识精英云集的美国，会有如此多的人（包括不少的政府官员）制造各种荒诞的言论，为了能对自己的身体自我做主，不惜以生命和国家的公共安全做赌注，反对封城、拒绝戴口罩，攻击有知识的人和有钱的人，攻击 5G 基站。美国的反科学的舆论固然与一些民众的偏见、无知有关，但政客的推波助澜也有着不可忽视的作用。德国《焦点》周刊指出，特朗普是典型的反智主义者，他经常挂在嘴边的话就是“没有人比我更了解……”，正因为特朗普“什么都知道”，所以在其说出“注射消毒剂可以治新冠”言论时，仅十几个小时，光纽约市就曝光30例因不当接触消毒药水而入院的病例；在特朗普说氯喹可治疗新冠肺炎后，就有一对夫妇(来自亚利桑那州)服用非医用氯喹，其结果是妻子住院、丈夫死亡。事实上，不仅仅是特朗普是反科学的言论的制造者，特朗普政府中的很多要员也是反科学的，他们推动很多负面舆论的生成和传播，如副总统彭斯就说出了一个令人难以置信的“事实”，即吸烟不会致癌。彭斯还否认进化论，对“年轻地球创造论”这一说法坚信不疑。特朗普政府的反科学的倾向，令美国的许多科学家苦恼不已。据《华盛顿月刊》报道，特朗普任免的联邦科学机构领导层的人中，有超过一半的人不合格，这些人几乎都带有强烈的意识形态色彩。在特朗普政府看来，气候变化是一个“骗局”，因而美国宣布退出气候变化巴黎协定。美国知名的历史学者胡安·科尔曾警告称，当人们让意识形态压倒理性时，就是在自掘坟墓了。

上文说过，制造各种离奇的言论并非特朗普政府的独家秘诀，它在美国有着悠久的历史，美国虽然科技较为发达，但它也一直是受反科学的言论困扰的国家，只不过在特朗普这一届政府的身上体现得尤为明显而已。一直以来，不少人宁可相信“宣传员”也不相信科学家。有数据显示，直到今天，仍有超过100万的人相信地球是平的，有近1/3的人质疑进化论这一说法，有超过10%的人认为“9·11”事件是政府的阴谋(自导自演的)，还有不少人相信离奇的言论——那些遇难者并没有死，他们应该是被悄悄转入地下，以开展特殊的工作。

在《幻想世界：美国何以失去理智》这一著作之中，库特·安德森认为，因为信仰与欧洲的主流相左，美国人的祖先才会离开欧洲远赴美洲，比起欧洲人，如今的美国人更相信那些不可思议的事情。在探究20世纪60年代美国社会发生的巨大变迁时，库特·安德森指出，受到越南战争等事件的影响，美国社会的神秘主义迅速发展，在肯尼迪总统遭到暗杀以后，美国的怀疑主义更是迅速蔓延。进入80年代，政治、文化等各个领域虽然趋于稳定，可阴谋论这一上不了场面的东西，却逐渐成为主流。艾萨克·阿西莫夫也指出，美国追求民主，就意味着你的知识和我的无知同等重要，因而反智之风日盛；对个人价值的过分强调，使美国社会中的个人信仰被神圣化，人们甚至对客观现实与个人信仰之间的矛盾置若罔闻。新媒体的普及更是让各种极端的观点肆意横行，很多保守主义者抵制理性、抵制批判思维，他们反科学的举动令人哭笑不得，如一位议员为证明气候变化是一个“恶作剧”，特别将雪球带入会议厅。在不少共和党人看来，高等教育对美国来说是一个有害的东西，读书不仅无益还会有很大的坏处，书读越多越符合魔鬼的需要。

需要特别指出的是，愚昧无知的言论并不是在美国才有，在世界其他国家也有，只不过近年来美国的离奇言论表现得较为抢眼。值得警惕的是，美国无厘头的反科学的舆论洪流，这几年来逐渐向欧洲流动，如在2020年的新型冠状病毒性肺炎事件中，英国、荷兰等多个国家的人放火焚烧5G基站，理由是病毒是由5G基站引发的。对欧洲来说，美国反科学的舆论的涌入只是外部因素。事实上，欧洲反科学的言论日渐盛行，与近年来政府在处理很多危机事件中的不力相关，危机带来的负面影响使人们对权威、民主等持怀疑态度，认为平民政治才是适合大家的。不过与美国相比，欧洲的反科学的浪潮尚处于“现象期”，远没有美国的那么轰轰烈烈。但德国 RTL 电视台指出，在下一代的身上，反科学的迹象已经极为明显，他们逐渐对阅读失去兴趣，对社交媒体则大肆追捧，成为知识分子曾经是不少人的梦想，但现在已经不再重要。

值得警惕的是，制造反科学的舆论的政客并不仅仅满足于在国内开展反科学行动，他们会走出国门，在世界其他国家推行他们的言论。如麦卡锡主义就大肆宣称舆论界、政府已被共产党入侵，因而煽动在美国成立“非美调查委员会”，鼓励政府部门、文艺界的人们互相揭发，很多有知识、有才能的人因此深受迫害，不少人被指控为苏联人提供情报。

由此可知，在别有用心的政客的操纵下，各种离奇化的言论成为了一种舆论雾霾，它威胁着新媒体空间中的信息安全，在社会信任等方面埋下了诸多的风险。在新媒体时代，被包装成精美文本的各种离奇言论，更是达到了无孔不入的程度，其对社会的影响有不断加大的趋势。

2. 网络推手的操纵

相对于政客这一来自官方的力量来说，在推动形成舆论方面，网络推手是来自民间的一股不容忽视的力量。很多网络大 V 打着特定的旗号，在突发性事件和公共卫生事件来临时，就积极以自身的影响力制造和传播离奇性的言论。如在天津爆炸事件发生后，一个网络大 V 声称爆炸是大规模的杀伤性武器，可以视为爆破的杰作。另一位网络大 V 则将爆炸与核弹危机相提并论。这些不科学的谣言，对相关事件的信息发布、抢险救援带来了巨大的阻力。更有甚者，不少网络大 V 公然把不具备一丁点科学性的事件、言论拿到台面上来谈论，其微博成为社会大众宣泄情感的空间，种种主观臆断的言论充斥其中。正因为某些网络大 V 的账号为反智主义谣言敞开大门，因而平台管理员封闭了他们的违规账号。在网络的迅猛发展之下，网络推手的队伍越来越庞大，他们的言论也越来越离奇。网络推手是一种典型的网络营销人群，他们依靠制造各种离奇的言论来获取经济利益。在网络推手的误导下，许多民众在未弄清事件真相的情况下，就被煽动起来，在各种言论的渲染下走入了情感发泄的漩涡，与社会正能量越离越远。

网络推手不仅置科学于不顾，还毫无道德底线可言。诸如秦火火、立二拆四等人，以毫无良知的言论蛊惑大众，处处招摇撞骗，在他们所涉足的地方，把新媒体和现实社会都搞得乌烟瘴气，而不明真相、极易情绪化的大众则被他们绑架，无知、非理性地盲从，为社会的发展埋下了较大的风险。

（四）舆论误导

在信息社会，舆论的作用是尤为巨大的。在某些别有用心的人的操纵下，舆论的负面效应被不断放大，国内外居心叵测的人，都会借各种机会制造和散布各种谣言，妄图以此形成舆论的洪流，以对我国的经济社会建设造成负面影响。在《美国对华文化冷战的九大绝招》这一著作之中，周小平认为，美国采取文化冷战的方式，在不知不觉中渗透相关的观念。美国的政客组织起职业写手，不分白天夜晚地撰写着各类段子和文章，然后通过各种网络平台(这些平台由美资控制)打造网络大V、偶像以及大师，在中国积极传播各种有害的言论。从单个段子、单篇来看，似乎没有多大问题，但如果从整体上来看，就会发现这些段子和文章正在慢慢侵蚀国人的道德根基，正在对社会的方方面面造成影响。庸俗言论的长期生产和传播，将使中国社会深受其害，因而不能对之放任不管。周小平总结外国反华势力常用的9招：一是灭偶像以达到毁灭道德标杆的目的；二是毁信仰以让中国大众崇拜洋人进而放弃对祖先的崇拜；三是反人类以打击国人的自信心；四是反智以打断中国的科技进程；五是唱衰中国；六是全面诋毁中国历史；七是瓦解公信力；八是打击幸福感；九是散播政治鸦片。从这9招中可以看出，有不少是针对中国经济的，目的是想整垮中国的各类企业。同时，针对中国的科技发展所制造的言论也是极为常见的。中国科技的突飞猛进令很多美国政客胆战心惊，他们积极通过各种新媒体散播反科学的谣言，以达到阻断中国科技进程的目的。很显然，这些别有用心的伎俩是不会得逞的，但我们也必须高度重视对这些目标尤为明确的言论的治理。

除了一些国家蓄意歪曲事实，试图误导中国舆论以外，国内的某些人也怀着不可告人的目的和心态，积极炒作，无中生有、黑白不分地生产和传播反科学色彩尤为浓厚的言论。更有甚者，出现了国内不法分子和国外政客沆瀣一气，共同误导舆论的局面。值得警惕的是，反科学的言论已经或者正在形成一条黑色的产业链，其打着迷人的旗号，但内幕却隐藏得很深，一些组织和个人因炒作反科学的言论而获得不少利益，但却给国家的舆论监管和引导带来巨大的麻烦。在各种离奇的言论的生产和传播中，为了能够在短时间之内误导舆论，一些谣言在标题上费尽心思，成为“标题党”，以此获取流量，达到煽动破坏的目的，一些不法组织还采用“传帮带”的形式，在组织下面建立若干个网站或者微信公众号，利用内容炒作等手段吸引大量粉丝，有的甚至让粉丝接单刷流量。这种谣言的制造，不仅能够快速传播各种离奇言论、误导社会舆论，还能够获取经济利益。在这种风潮的席卷下，各种心机叵测者借助热点事件大肆炒作，而相关的舆论也在各种精心炒作中不断发展壮大。

各种离奇的言论之所以能够误导舆论，是因为它们能吸引一群“热衷叛逆”的人，这些人以狂欢和情感发泄为目的，它们对社会的发展进步漠不关心，思想和行为离经叛道，对权威、传统智慧、专家持质疑和鄙视态度，认为读书无用，声称“与其读书不如哥带你疯”。在这种情况下，娱乐至上、反叛受到追捧，大众狂欢和反科学、反理性成为时尚，人们尽情释放、尽情宣泄。通过无度的狂欢宣泄和肆意攻击，这群狂热的人结成了联盟，对权威话语进行挑战，只要有对权威进行质疑的声音，立马就能找到不少“志同道合”的人，抵抗性话语也因此而诞生。不怀好意者深知，话语的意义及其在众多话语体系中的位置，是可以建构的。人与人之间虽然存在着地域、年龄、职业、身份地位等方面的差别，但只要建构或认同特定的话语，并适应话语体系的运作规则，就能成为能动的主体，就能获得相应的意义。一些不法分子为了误导舆论，取得特定的话语权力，就往往采取对抗权威、主流话语的形式来谋求自己的“话语权”，因为挑战主流话语，就意味着能够在一定程度上影响舆论走向。

正因为如此，在新媒体空间，专家、主流媒体、政府发言人等与离奇言论制造者之间的话语对抗时有发生，且有愈演愈烈之势。离奇言论制造者借助新媒体快速生产和传播言论，煽动狂热的大众与主流舆论形成“对立性的认同”。在利益诉求多元化的今天，他们竭力打破某些既有的主流价值观念，企图将这些价值观念进行切割、重组，以打破其原有的凝结形式，在加入自己的离奇言论的情况下，实现价值观念的重新凝聚，以组成新的“反权威”“反主流”联盟。他们有心挑战主流话语，偏偏社会上又出现一群以叛逆和狂欢为行事风格的人，这两者一拍即合，因而一个个质疑科学、质疑权威的联盟就此诞生。这种情况极易孵化反对主流舆论的集体心理，进而使主流舆论受到误导。有关机构必须予以高度的重视并及时处置。

（五）舆论预警机制不健全

客观地说，包括中国在内，很多国家在舆论尤其是新媒体舆论的预警机制方面都还有许多需要改进的地方。也就是说，在应对各种舆论方面，很多国家还缺乏一套较为完善的预警机制。众所周知，舆论有一个酝酿的过程，在这个过程中，如果预警机制比较健全，就可以有效地对相关的信息进行收集、整理和分析，为正确地引导舆论提供决策依据，实现从源头上把控好舆论。我国大众传播媒体尤其是新媒体特别发达，因而信息收集极为方便，但由于相关的法律、体制机制尚不够健全，因而很难实现舆情信息的共享，尤其是很多与政治相关的舆情，因为没有及时公开，社会大众不了解事实真相，在浮躁、好奇等心理的驱动下，从一些社交媒体上获取信息，或加入事件的臆想之中，为负面舆论的制造和传播提供了土壤。由此可知，由于舆论预警机制不健全，各种舆论在酝酿、潜伏、爆发和鼎盛等各阶段都没有能够得到及时处理。在酝酿、潜伏、爆发和鼎盛这四个阶段中，最好处理的是酝酿、潜伏这两个阶段，因为在这两个阶段，舆论还没有大规模爆发，如果预警机制较为完善，就能够及时制定清晰的处置方案，进而有效遏制或削弱负面舆论所带来的影响。

要在新媒体空间中建立起比较健全的舆论预警机制是一件比较困难的事情，主要原因有三个方面。首先，新媒体是一个蕴含着海量信息的庞大空间，人们可以匿名的形式发布信息、表达观点，可以随时随地地进行互动，虽然有各种数据抓取和处理软件，但面对滔滔的信息洪流以及成千上万匿名的操纵者，以及数以万计的吃瓜群众的留言和评论，很难进行及时预警和分析。同时，目前尚缺乏与新媒体相关的规范措施，其自律性也不强，尤其是微博、微信媒体的加入，更是降低了公众的准入和发言门槛，这些都为各种舆论的制造和传播提供了方便。此外，不少人缺乏社会责任感和道德底线，只追求快感、追求轰动效应，因而他们的言论鱼目混珠，给负面舆论的识别带来了难度。其次，相关政府部门的某些工作人员的渎职、贪污腐化行为使政府成为不怀好意的人攻击的目标。政府部门的工作人员在实施公共权力时，代表的是国家形象，在互联网高度发达的今天，其一举一动都处于监督之下，一旦出现徇私枉法、暴力执法等行为，就会被某些组织和公众用来大做文章，有时一个小小的举动就会被无限放大，对政府的权威性造成巨大的影响。在社会公平、正义程度越来越高的今天，政府部门的工作人员更要以身作则，自己维护社会公平正义。然而令人遗憾的是，尚有一部分工作人员还抱着官架子行事，做出不少出格的事情，这就给居心叵测的人留下了攻击的机会。最后，对舆论进行监督的技术相对落后。监督技术相对落后也是造成相关政府部门不能及时处理新媒体舆论的一个重要原因。新媒体的迅猛发展和迅速普及，为各种言论的生产和传播广开门路，负面的言论正是搭上各类新媒体的快车，才得以迅速发展和壮大。一方面是新媒体对公众发言的赋权，另一方面是相关监督技术相对落后，这就给舆论的监测和治理增加了难度。

(六)政府信息公开不够及时和对新媒体舆论的重视度不够

在新媒体时代，信息公开成为一种必然趋势，但在现实生活中，很多该公开的信息没有得到及时有效的公开。尤其是对群众关注度极高的重大突发性事件，更应该及时公开相关的信息。信息公开很早就是我国所倡导的目标，而在重大突发性事件、重大公共卫生事件爆发时，由于不及时公开相关的信息而造成巨大的负面影响，也有众多的前车之鉴。

除了信息公开不够及时外，对新媒体舆论的重视度不够，也是负面舆论得以迅速扩散的原因。客观地说，我国一些官员对负面舆论缺乏危机管理意识，没有对负面舆论的社会影响给予足够的重视。在危机事件爆发后，未能有效应对相关的舆论，有的工作人员甚至故意忽视某些舆论。在这种情况下，甭说治理了，就连及时发现和分析都成问题。对各种舆论听之任之，必然会使其发展到不可收拾的地步，因为政府工作人员可以选择不理会，但社会大众却乐于通过各种社交媒体进行热火朝天的互动和沟通，朝着群体极化的方向迈进。新媒体为各种舆论的生成和传播提供了方便，但同时也为舆论的监测和治理提供了方便，可谓挑战与机遇并存，采用过滤、追踪制造者和传播者等技术，是能够有效治理负面舆论的。对各种负面舆论治理的不足，很大程度上来说，是缺乏重视、缺乏决心而不是缺乏技术造成的。

综上所述，新媒体空间中的舆论的形成，是由一系列的原因的。需要特别指出的是，在新媒体时代，舆论的生成和传播更为疯狂，对其进行治理的难度也更大。但这并不意味着新媒体对舆论的扩散有着不可推卸的责任，事实上，技术只是信息传播的一种工具，它并不存在善与恶之分，技术应该是中性的，它既可以用来传播负面的信息也可用来传播正面的信息，新媒体在传播信息中所起到的善或恶等作用，完全取决于其使用者。新媒体并不是为制造负面舆论而生的，而是负面舆论的制造者挖空心思地借助新媒体来生成和传播负面舆论。新媒体时代的舆论暴风雨来得更为猛烈，主要是新媒体能够打破精英阶层对信息生产和传播的垄断，让社会大众能够较为随心所欲地加入信息的生产和传播之中，公众可以在新媒体空间中建立起一个个的公共领域，无论身份地位如何，都可以进行较为平等的对话。正因为新媒体空间具有巨大的包容性，因而其能够让人们采用多种叙事方式来传播和交流信息。由于平民百姓可以参与信息表达和话语建构，因而新媒体改变了社会话语权力的配比，权威的话语权不断被消解，草根与官方的博弈较为激烈。在一些居心叵测的人的蓄意破坏下，主流价值观念可能会遭到质疑，原有的共识性可能被打破，群体极化成为特殊的话语表达形式。然而，即便居心叵测者进行操纵，新媒体空间中也有理智、科学的声音，也就是说，新媒体并不是只传播负面谣言，它也生成、传播着正面舆论，它允许理性的人群对离奇、负面的舆论进行驳斥。人们借助新媒体能够获得很多有用的知识，因而新媒体又是人类智慧的象征——它立足于现代科学技术发展的基础之上，引发了信息的大爆炸，书写了“互联网+”的时代，壮大了新兴经济体，使公众的信息交流、沟通变得更为及时和方便，新媒体能够为大众普及科学知识。由此可知，新媒体技术是中性的，但这也不能对新媒体为负面舆论的生成和传播大开方便之门而置之不理，因为新媒体确实加速和壮大了负面舆论的潮流。

由此可知，新媒体舆论的生成，存在着一系列的政治、经济、文化和技术原因，因而新媒体的舆论治理，应该在充分把握这些原因的基础上来进行。

二、新媒体舆论生成的逻辑

新媒体舆论的生成是基于如下逻辑的：发生焦点性事件—公众对之进行关注—公众围绕相关事件进行探讨和互动—形成大抵一致的意见—舆论生成。新媒体舆论生成的整个过程是渐进性的，在这个过程中，参与者的规模会不断扩大，参与的程度会不断加深，所形成的力量也会不断增强。随着信息的不断裂变和传播，相关的议题会逐步统合起来，最后会慢慢形成大抵一致的意见或态度。

在新媒体舆论的生成过程中，公众是一个极为重要的力量，在焦点性事件发生以后，他们便全程参与其中，同时承担着舆情信息的生产者和传播者的角色。正是在他们的参与下，新媒体舆论才得以不断扩散，并对社会产生影响。因此，可以将公众视为舆论生成的内在动力。在新媒体舆论形成的过程中，其他的两个舆论场的主体——政府和媒体也会积极参与到舆论的传播与引导之中，三个舆论场之间相互博弈和合作，构成了新媒体舆论生成和扩散的宏观环境。无论是哪一种舆论场的主体，其影响力都不会仅仅存在于某一个阶段，在公众对焦点性事件进行关注时，其他两个舆论场的主体也开始参与到舆论的生成与扩展之中，媒体这一主体甚至更早地参与了进来，因为它们往往是最先对焦点性事件进行报道的。为了更好地引导舆论，政府部门也应该在焦点性事件发生之后，对公众可能的关注点和舆论走向进行研判，以便及时引领正确的舆论方向。由此可知，政府、媒体和公众这三个舆论场的主体，均参与到了舆论生成和扩散的全过程之中。

塔尔德认为：“对当前问题作出回应，在同一时期里被同一国家、同一社会里的人多次重复的判断，就是舆论。”①塔尔德特别重视交谈在舆论生成中的作用。在他看来，交谈能够把一个人最初的观点转化为社会性的观点，最后又转化为舆论的动因之一。另一个动因则是报纸。② 将另一个动因视为报纸，是因为塔尔德所处的时期是报纸这一媒体占据绝

① 塔尔德．传播与社会影响．何道宽，译．北京：中国人民大学出版社，2005：78.

② 塔尔德．传播与社会影响．何道宽，译．北京：中国人民大学出版社，2005：201.

对优势地位的时期。无论在什么情况下，舆论的生成都必须有公众的参与，其前提条件是有热点事件的发生。在具有这一前提条件的情况下，舆论是否生成，就要看公众是不是围绕相关的事件进行“交谈”和互动——从理想状态来说，舆论的形成需要理性的交流，需要相关各方的良性互动。如果都是这样，社会舆论都是有利于社会发展的。但客观地说，公众之间、公众和其他舆论主体之间总会存在着这样那样的利益冲突，而这些冲突往往导致各种意见的交锋，因而有时候会出现破坏性的舆论。

公众之所以最后会对热点事件形成一致的意见，除了政府部门和媒体的舆论引导，以及大部分公众的观点逐步统一这些条件外，沉默的螺旋也起到了一定的作用。因为随着观点趋同的人数逐渐增多，不少公众就会感受到持不同意见的压力，在辨清舆论的主流走势以后，他们会保持沉默。

新闻无时不有，传播无处不在。在各类新媒体平台之上，政府、媒体和公众每天都会发布数以万计的事件和议题，但并非所有事件和议题都能引起社会大众的关注，都能形成相应的舆论。事实上，很多事件和议题都被淹没于浩瀚的新媒体空间之中。因此，一个事件或议题能够引起社会大众的关注并最终形成舆论，需要满足下面几个条件：一是事件、议题本身具有新闻价值；二是相关的信息要得到公开传播；三是要引起公众尤其是意见领袖的关注；四是要形成意见交流、交锋的环境，五是要最终形成大抵一致的意见。

三、新媒体舆论生成的特征和模式

（一）新媒体舆论生成的特征

1. 民间舆论场主体——公众的匿名性

新媒体是一个开放性的空间，只要愿意，作为民间舆论主体的公众均可以参与到舆论的生成和传播之中。除了一些新媒体平台要求公众实名注册以外，很多新媒体平台都没有实名制的要求，用户可以匿名于其中，对感兴趣的问题进行交流和互动。由于真实信息被遮蔽，公众在很大程度上不担心被别人攻击和指责，因而他们很少有压力，与传统媒体时期相比，沉默的螺旋的效果并不明显。正因为如此，在网络空间中，公众可以从自身的角度发表意见，出现了多元观点并存的局面，因而很少能够在短时间之内形成大抵一致的意见。同时，由于处于匿名化的状态，因此不少公众较为情绪化，在对相关的事件或议题感到不满时，他们往往会进行情感宣泄，试图引起更多人的关注。需要特别指出的是，情绪化的意见也是会形成舆论的，当数量越来越多的公众都对某一情绪化的观点持支持态度，并以情感宣泄的方式参与到交流互动之中，从而形成更为巨大的意见声势时，舆论也就因此形成了。

由此可知，匿名性能够将公众带入情感宣泄的空间之中，特别是在关注事态的发展时，发现相关部门的不作为、乱作为或与事件相关的某一主体的言行更为过分，公众就会变得情绪化，便会言辞激烈地予以鞭挞，甚至会进行谩骂和攻击，使各种语言暴力充斥于新媒体空间之中，而舆论也往往因此被带偏。

2. 群体极化现象较为突出

在新媒体空间之中，公众可以随时聚集在一起，对某个事情进行探讨和交流。在这个过程中，公众会因为与新媒体平台上其他诸多人的观点一致而使自己原先的观点得到进一步强化，而在众多人的推动下，先前的观点会更加极端化。这就是所谓的群体极化现象。在现实社会中，由于存在着这样那样的担忧，某个团体的成员的群体极化的倾向可能不算强烈，而在新媒体平台上，人们容易一拍即合，且很少感觉到压力的存在，因而群体极化的势头尤为强劲。

从本质上来说，群体极化的主要诱因还是情绪化的表达。当公众认为采取情绪化的方式更能煽动其他人，更能促使事情的解决时，他们就会毫无顾忌地去做。如在某奔驰女士“坐在引擎盖上维权”引发关注后，在很多地方都引发了“坐在引擎盖上维权”的事件，不少人认为这是一种极为有效的维权方式，且对效仿者予以大力支持。其实这种带有情绪化的维权方式，容易导致群体极化，往往会将相关的事件推到更大的社会热潮之中，催生一系列社会舆论。

3. 非理性向理性的过渡

由于新媒体平台是一个极为庞大的舆论生成和传播空间，加之人们可以随时随地地进入其中开展信息生产、传播和消费活动，因而其上面的信息可谓包罗万象而又良莠不齐，有不少甚至是伤风败俗的，这与当前新媒体用户的信息生产和获取处于从非理性向理性过渡期有关。由于在信息生产和传播中带有较为浓厚的非理性因素，因而很多舆情都具有情绪化的特征。事实上，就算是用户的信息生产和传播进入了理性期，也很难保证他们在信息生产和传播中都不带非理性色彩。但无论如何，舆论都是基本一致的意见或态度，其应该是较为真实的社情民意，具有神圣性，因而不该被情绪化所影响。因此，作为新媒体舆论场中民间舆论的主体，公众的理性行为尤为重要，这也就引发了我们对理性行为理论的思考。1975 年，Fishbein 等人受社会心理学的启发，提出了理性行为理论，该理论对于了解和分析公众在舆情的生成和传播中的相关行为具有重要的价值——它使我们明白，人的行为态度对其行为方式有着巨大的影响。因此，在新媒体舆论场中，对公众的行为态度进行培养具有极为重大的意义。一般认为，理性行为理论包括行为信念、规范信念、遵从动机、主观规范、行为意向、行为态度以及行为后果评价等变量，他们都对行为者的行为有着一定程度的影响。

理性行为理论要求行为者始终处于理性状态之中，以保证在实施行为之前能够根据现有的信息预估相关行为可能引发的后果。由于人不可能都处于理性之中，因此在利用理性行为理论时，往往需要加入其他变量。正因为理性行为理论存在着不足，因此有学者对之进行了修正，提出了计划行为理论，该理论由 Ajzen 在 1991 年提出，他在理性行为理论的模型中增加了一个变量——感知行为控制，以期能更好地预测和解释个人的行为。在计划行为理论中，期望价值理论的作用是较为巨大的，它是计划行为理论的出发点，从信息加工的视角来解释个体行为的一般决策过程。从变量来说，计划行为理论包括行为信念、态度、规范信念、主观规范、控制信念、行为意愿以及感知行为控制等变量，它们都在不同程度上对人的行为产生影响。计划行为理论存在着一个假设：个人意志能够完全控制个人行为以及个人意志完全不能够控制个人的行为，而大多数时候，绝大部分个体都处于这两个极端之间，而当个人意志完全控制个人行为时，个人的行为就较为理性了。计划行为理论也是应用得较为广泛的研究信息接收行为的理论，对于我们理解新媒体舆论生成中公众的信息接收和意见表达具有较大的意义。随着新媒体的迅速发展和不断普及，计划行为理论也被应用于新媒体舆论生成和传播之中。就新媒体平台来说，研究作为重要的舆论生成力量的公众的计划行为模式，以较好地引导他们进行舆情的生成和传播具有极为重大的意义。

要在新媒体平台上研究公众的舆论生成和传播行为，首先得考虑公众对新媒体这一新兴技术的接纳情况。也就是说，技术接受模型理论在公众的舆论生成和传播中起着较为巨大的作用。技术接受模型理论由 Davis 在充分吸收自我效能理论、期望理论模型的基础上，于 1989 年提出的。技术接受模型理论包括感知有用性、感知易用性、使用行为意向、使用行为以及外部环境等变量，在提出之初经常被用来对新媒体用户接受信息系统的关键因素进行解释，它认同理性行为理论中有关行为意向对使用行为具有决定性作用的观点，同时也指出使用行为意向由感知有用性和感知易用性共同决定。在技术接受模型理论看来，行为态度不能完全体现感知有用性、感知易用性等变量对行为意向所产生的影响，因而其抛弃了行为态度(由理性行为理论提出)这一变量。在新媒体舆论场中，作为重要的舆情生成和传播的主体，公众对新媒体技术的有用性感知和易用性感知，直接决定着其是否愿意去开展相关的活动。事实上，新媒体作为一种突破时空、承载海量信息的技术，其能让公众随时随地地进入各类新媒体平台上开展舆情生成和传播活动，且公众确实也经常借助新媒体技术去开展这样的活动，说明公众是接纳新媒体技术的。

既然如此，舆论生成和传播中的非理性因素，是可以向理性因素过渡的。各种网络暴力、群体极化、新媒体谣言等非理性的倾向是可以得到克服的。事实上，随着信息传播的透明度越来越高，以及公众的责任意识越来越强、受教育程度不断提升，他们对技术和议题的理解就会更为客观化，相关的舆论生成和传播活动也会不断向理性化方向迈进。

(二)新媒体舆论生成的模式

新媒体舆论是在公众与政府、公众与媒体尤其是公众与公众之间的互动中形成的，因此其生成的模式是互构型的。在新媒体舆论场中，无论是哪个主体提供了信息源，只要有价值，都会引起其他主体对相关信息的关注和挖掘，而要使信息源有价值，由焦点事件所引发的议题就必须具有价值。在任何一个社会之中，议题的诞生都不是无缘无故的，它与政治、经济、社会、生态、文化等密切相关，它们处于特定的社会系统之中，只是借助相关的热点事件来展开而已。无论是舆论场中的哪一个主体，都不是孤立存在的，个体与个体之间、个体与主体之间都存在着这样那样的联系，他们都会受利益、价值观念和情感的影响，更容易有倾向性地发表自己的看法和观点。也就是说，各个主体都处于多维度的互动之中，在这种情况下，舆论的生成模式就是互构型的。

第二节　新媒体舆论的传播

新媒体舆论生成以后，就会在政府、媒体和民间三个舆论场之间进行扩散，在各方的互动中进行传播。

一、新媒体舆论的传播过程

一般来说，新媒体舆论的传播会基于以下逻辑：焦点性事件的爆发—引发公众的围观、交流，并挖掘出更多的相关信息—出现新媒体舆情—引起社会的关注和相关部门的重视—三个舆论场对相关的事件进行交锋—舆论发生变化—事件的进程和结果受到影响—相关部门及时予以处置—舆论在争议和处置中逐渐消亡。因此，舆论的传播过程可以分为潜伏阶段(焦点性事件的爆发，引发公众的围观和交流，并挖掘出更多的相关信息)、爆发阶段(出现新媒体舆情、引起社会的关注和相关部门的重视)、扩散阶段(三个舆论场对相关的事件进行交锋)、变迁阶段(舆论发生变化、事件的进程和结果受到影响)及消亡阶段(相关部门及时舆论处置、舆论在争议和处置中逐渐消亡)等几个阶段。

(一)潜伏阶段

潜伏是新媒体舆论存在的第一个阶段。一般来说，在发生重大突发事件、重大公共卫生事件以后，人们会对相关的事件进行梳理和分析，并以此为基础发表自己的言论。这是新媒体舆论即将爆发和大规模传播前的一个时期，一旦生产出来，众人就会将之推向发展壮大的道路。这个阶段可视为新媒体舆论的萌芽阶段，舆论的生成者会精心思考哪些信息最容易打破社会大众的心理防线，以及在形成相关的舆论后，人们会及时关注，实现舆论的病毒式传播，进而在较短的时间之内形成滔滔的舆论洪流。正因为如此，潜伏期是舆论的酝酿期，人们会竭尽所能地予以“孵化”，以确保推出具有强大生命力的舆论。

(二)爆发阶段

在经过潜伏期之后，新媒体舆论就来到了大爆发的阶段。在这个阶段，舆论潜伏期的表面上的沉寂被打破，在有关人员的精心策划下，舆论开始不断地在新媒体空间中涌现出来，在社会大众的支持下爆发出来。在爆发期，重大突发性公共事件或公共卫生事件的“真相”不断被披露，社会大众对其关注度也不断提高，为舆论的迅猛发展提供了充足的动力。在这个时候，不只是舆论的生成者在传播舆论，其他人也纷纷通过论坛、微博、微信、QQ 等社交平台来表达自己的意见，并进行及时的互动和沟通。随着社会大众对相关事件讨论范围的扩展和程度的加深，新媒体舆论得到了更多的传播机会，它往往会从一棵小树苗成长为遮蔽人们耳目的参天大树，呈现出全面影响社会各相关领域的势头。

(三)扩散阶段

在新媒体舆论全面爆发后，许多人并不会安于现状，他们会想方设法地让舆论迅速扩散出去。在这一阶段，信息源、各种新媒体以及相关的政府部门都成为影响舆论扩散的重要因素。首先是信息源。在各种观点交织博弈的新媒体空间之中，信息源具有极端的不确定性，各种信息交替传播，使人们难辨真假。一旦难以分辨信息真伪，公众就会偏听偏信，为相关的舆论推波助澜。其次是公众。公众已成为新媒体空间中信息生产和传播的主要群体，他们数量极为庞大、素质参差不齐。公众利用各种社交工具积极获取相应的信息，并往往会根据自己掌握的信息素材，在线上或线下进行传播，形成“一传十、十传百”的态势，各种声音在传播中汇聚起来，形成回音室效应，原先零散的言论变成了声势浩大的舆论浪潮，并在社会大众的不断点击和传播中继续裹挟科学的信息，形成滚雪球的效应。再次是新媒体。在面对来势汹汹的舆论时，主流媒体都会积极扶持正向的舆论，都会对种种无稽之谈进行反驳，极力澄清各类谣言、化解负面舆论的影响。但在各类自媒体充斥的新媒体空间之中，不少媒体为了赚取眼球经济，也积极加入负面舆论的传播之中，甚至加入负面舆论的发布之中，公然为负面舆论的发展壮大加料，而自媒体平台的鼓动无疑会使社会大众的行为变得更加疯狂。最后是相关的政府部门。在新媒体舆论的扩散中，相关的政府部门是否及时进行引导以及引导的手段是否有效等，都直接关系着舆论是否能够被有效控制。因此，无论什么时候，相关政府部门都不能让负面的舆论有可乘之机，要及时予以治理。

需要特别指出的是，新媒体舆论的扩散存在着多种形式：一是复制式的扩散。这是一种简单的复制性的传播形式，参与者只是对各种言论进行复制并将其粘贴，以比较机械的形式进行传播。复制性扩散只是增加了言论的传播数量，没有使其产生变异。也就是说，传播者没有对相关言论进行加工。但我们仍然不能轻视这种传播方式，因为言论数量的增加，也会壮大其声势。二是转化式扩散。在这种扩散方式中，参与者会对所接触到的言论进行加工改造，它或者使原有的言论的性质发生了变化——演化成一种全新的言论；或者使原有言论的内涵发生变化，使其意义得以不断丰富；或者使言论的外延发生了改变，随着事件、言论内涵的变化，外延也往往会发生改变。三是复合式扩散，这是一种融合了复制式扩散和转化式扩散的形式，因而其表现得更为复杂。对转化式扩散、复合式扩散这两种扩散类型，相关部门都应该予以高度的重视，尽快阻断负面舆论。

(四)变迁阶段

在经过大爆发和迅速扩散后，新媒体舆论就会进入变迁期。对于负面舆论来说，所谓的变迁主要体现在两个方面：一是新媒体舆论朝着更加疯狂、更加雷人的方向发展。这是因为在信息源不确定、居心叵测者的大肆操纵，以及社会大众和某些媒体的添油加醋下，舆论的信息含量会不断增加，其叙事手段也会向多元化的方向发展，这些都促使了新媒体舆论向着异化的方向发展。二是舆论被不断的“拨乱反正”。这是因为在新媒体舆论的传播中，相关事件会得到进一步披露，政府部门和主流媒体会全力以赴地加以引导。当真相被慢慢解开，那些有良知的公众就会加入到打击负面舆论的行列之中，与政府部门和主流媒体一起对付负面舆论，使负面舆论的影响力不断减弱。需要特别指出的是，在相关的政府部门和主流媒体对重大突发性事件、公共卫生事件的披露中，一些人会根据披露的信息制造新的负面言论，将相关的信息加入原有的负面舆论版本中，并进行别有用心的处理，使各种带有变迁性质的舆论版本充塞于新媒体空间。

(五)消亡阶段

新媒体舆论往往是针对特定事件、特定背景的，因而它们都不具备长久的生命力。随着特定事件处置的结束，社会大众的关注度也会逐渐下降。因而，在经历潜伏、爆发、扩散和变迁 4 个阶段后，新媒体舆论就进入了消亡阶段。也就是说，新媒体谣言在迎来自身的高潮阶段后，就会逐渐淡出人们的视野。新媒体舆论会走向消亡，并不意味着相关部门可以坐等其消亡，如果不及早介入，负面舆论的存在周期就会延长，因为没有及时的披露真相，人们的讨论就会更为持久。所以及早介入，及早揭开真相，负面的新媒体舆论就会及早消亡。同时，如果不及时辟谣，负面的新媒体舆论就会在短时间之内形成巨大的破坏力，就会对社会的各个领域带来巨大的创伤。需要指出的是，即使到了消亡阶段，在某些事件的牵引下，负面的新媒体舆论也可能会死灰复燃，再次对社会造成破坏。

总之，新媒体舆论的传播过程包含着潜伏、爆发、扩散、变迁以及消亡 5 个阶段，每个阶段都有不同的影响。对于相关的政府部门来说，要积极健全预警机制，力争将负面的舆论扼杀在潜伏阶段。对于正面的舆论，则要积极扩散，让其广泛传播，不断壮大其社会影响力。

二、新媒体舆论的传播结构

新媒体舆论场域是一个以关系为基础所构建的庞大空间，各主体内部、各主体之间以千丝万缕的关系相互勾连起来，凸显出极为复杂的网络结构特征。通过对新媒体舆论场中的网络结构进行分析，可以对有关的数据进行追踪，对相关的舆情信息进行研判，找到关键节点，找准意见领袖，实现对舆论的有效引导。

一般来说，新媒体舆论传播过程中的总体博弈和合作态势是稳定的，但新媒体空间中的信息较为碎片化，舆情存在着分散化的情况。因此，随着公众的大范围加入，传播的节点会不断分化，传播的层级也会不断增加，使网络的拓扑结构从稳定的球形状态向分散型、辐射型的状态转变，分散、辐射的点越多，相隔较远的点之间的互动性就会减弱。在这种情况下，相关部门对舆情的掌控就变得更为困难，需要花费更多的时间和精力去整合、引导舆论。

新媒体空间并不是完全虚幻的世界，事实上，新媒体空间中的很多关系网络都是现实社会中人与人之间关系的投射。从这个层面来说，新媒体能够在一定程度上将现实世界和虚拟世界融合起来，在舆论的生成和传播方面具有强大的动员能力。这种动员能力所产生的效果是双向的，既有正面也有反面。从反面来说，新媒体强大的动员能力能够让各种社会矛盾迅速在网络空间中扩散开来，成为公共舆论的放大镜，其产生的回音壁效应，会让负面舆论的声势更为浩大。

新媒体舆论场的各主体内部、各主体之间的关系网络，是通过某种行动来触发的，就舆论的传播手段来说，主要行动有点赞、转发、评论等，转发可以让相关的信息得到再次传播和扩散，评论则可以让热点事件在经过多次交锋后，在各主体间形成大抵一致的意见或态度。

张志安在《新媒体与舆论　十二个关键问题》一书中，以"长春随车被盗婴儿"微博舆论为例，生成了相应的舆论传播的结构，该传播结构呈现出较为复杂的网络拓扑结构（如图 4-1 所示）。

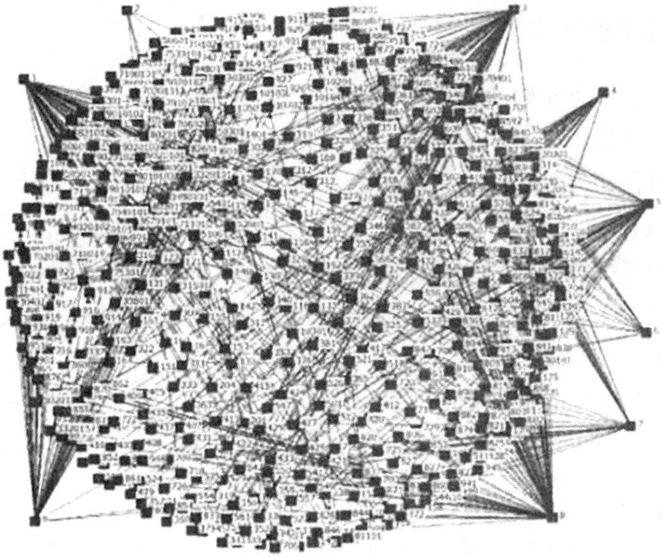

图 4-1　"长春随车被盗婴儿"微博舆论传播的复杂网络拓扑结构图①

从图 4-1 可知，微博这一新媒体的舆论传播是一个极为复杂的网络拓扑结构，其呈现出球型状态，绝大部分节间的距离是很接近的，较为均匀，而节点和节点之间的连线则具有较为显著的指向性。由此可知，微博等新媒体的舆论传播的节点之间的密度较高，而其离散程度较低，不少各节点之间的关系都比较紧密，

三、新媒体舆论的传播规律

新媒体舆论的传播有着一套与传统媒体差别较大的规律。具体来说主要体现在以下几个方面：

① 张志安. 新媒体与舆论　十二个关键问题. 北京：中国传媒大学出版社，2016：148.

(一)传播主体的多样化

新媒体舆论有三个传播主体，分别是政府、媒体和公众，它们各自代表着官方、媒体和民间舆论场。在这三个舆论场中，最先发声的并不都是政府和媒体，有很多热点事件是由公众最先发布信息的。因为这是一个人人都拥有麦克风的时代，遇到事情时，公众只需要掏出手机或者 iPad 等具有摄像、摄影功能的设备，就能将实践过程记录下来，如“山东招远麦当劳命案”就是由公众最先发布信息的。由于嫌疑人手段较为残忍、影响较为恶劣，因而公众迅速予以转发，短时间之内就产生巨大的影响。在公众对事件进行传播后，各传统媒体、新媒体才跟进报道，而此后招远市相关政府部门才开始组织发布相关信息。因此，在公众已成为传播者的时代，民间舆论场的信息发布速度往往是比较快的，而政府等主体的舆论引导则稍显滞后性。

(二)意见领袖彰显了较为强大的传播力量

新媒体的诞生，使意见领袖的传播能力得到较大的提升，而移动互联网的诞生，则使意见领袖的传播力得到了进一步的提升。正如丁柏铨所说：“在以微博等媒体的广泛使用为标志的新媒体时代，意见领袖发挥作用的方式有所改变，作用空间大大扩展，传播力、影响力大增(甚至可以拥有千万个粉丝)。”①在这种情况下，不少专家学者、明星等都积极利用新媒体来对各种热点事件和话题表达自己的观点，并时常引发社会大众的共鸣，大有振臂一呼、响应者云集之势。除了专家学者和明星大 V 外，一些公众因为最先发布和解读信息，也成了意见领袖，这是新媒体时代特有的现象。需要指出的是，新媒体时代的意见领袖，其所传播的信息并非都是正面的，实际上，不少意见领袖经常传播不实信息，甚至不惜造谣，加之把关难度大大增加，使相关的舆论给社会带来了巨大的影响。

(三)圈层化的传播

所谓人以类聚、物以群分，在新媒体舆论场中，具有相同或相近的利益、价值观念的人，会习惯于发表一致性的信息。会习惯于与他们需求相一致的人聚在一起开展信息生产、传播和消费活动，形成特定的圈层。这种情况使舆论的传播呈现出明显的圈层化现象。需要注意的是，以圈子为中心的传播模式，会使相关的舆论整合和引导很难破圈。

在圈层化传播的情境中，同一圈子内部的人会因观点的一致性，在经过探讨后使观点不断强化，进而产生群体极化的情况。群体极化体现了某一圈子的凝聚力，相应的圈子以群体极化的方式来传播舆论，会让圈子内具有不同声音的人受到影响，或保持与圈子主流意见一致的意见，或保持沉默。因而，新媒体舆论的圈子化传播，会影响圈子内吃瓜群众对热点事件的公正判断，从而极易误导舆论。

---

① 丁柏铨．论自媒体时代公众舆论表达的特点．新闻爱好者，2014(7)：10.

（四）遵循个体—群体—个体—群体的路径

新媒体传播遵循着个体—群体—个体—群体的规律。这是一个循环往复的过程，呈现出一个环形结构。这也说明，在热点事件发生后，一般是由个体先发布信息，引起公众的围观和讨论，形成一个群体交流的场，其中充满着各种意见的交锋，传播影响力强的个体相当于意见领袖。在新媒体舆论循环往复的传播中，一系列的博弈往往会引发次生舆论灾害。

四、新媒体舆论传播的话语体系

语言是在人与人之间必须进行沟通的情况下产生的，语言决定着人的思维，因为其包含着众多人的思想，决定着人们对客观世界的了解，也决定了人的思维世界。语言的发展历经了从口语到书面语的过程。就媒体方面来说，语言也经历了由传统媒体时期的相对单一的表达到新媒体时代的多媒体化的表达的转变过程，技术的发展使人与人、人与万事万物的距离均变得不再遥远。

在新媒体时代，任何人都能够较为自由和自主地开展信息生产、传播及消费活动。在新媒体舆论场中，任何人都可以与他人进行交流、交锋，这对舆论的形成和发展产生极大的影响。正因为如此，在新媒体舆论的传播中，话语体系也呈现出特定的表达规律：从逻辑上来说，话语经历了从线性到非线性（网络状）的转变；从说话的主体方面来说，经历了从社会大众的匿名性到他人在场（在新媒体传播中，人们总感觉到会有另外的人在场）的转变；从指向方面来说，经历了从有限向无限的转变；从话语色彩方面来说，经历了从陈述性到描述性的转变。

本章小结

本章主要对新媒体舆论的生成及传播这两大主题展开了研究。从生成方面来说，主要包括动因、逻辑、特征和模式等方面；而从传播方面来说，则主要包括过程、结构、规律和话语体系等若干个方面。

思考题：

1. 新媒体舆论生成的动因和逻辑分别有哪些？
2. 新媒体舆论生成的特征和模式分别有哪些？
3. 新媒体舆论的传播呈现出何种结构？
4. 新媒体舆论的传播规律有哪些？
5. 新媒体舆论的传播具有什么样的话语体系？

第五章　新媒体舆论的演化

新媒体舆论生产之后，就开始在各主体之间进行传播。在传播的过程中，新媒体舆论会不断发生演化，直至最后消亡，但这往往需要较长的时间。新媒体舆论的演化存在着螺旋反复型和消退等路径，存在着从个体到群体，再由群体到个体的模式的模型，遵循着生成期—发展期—高潮期—衰退期这一规律。

第一节　新媒体舆论的演化路径及模型

由于新媒体空间中存在着官方、媒体及民间这三个舆论场，各舆论场之间以及各舆论场内部尤其是民间舆论场的内部会进行激烈的交锋，使新媒体舆论处于不断的演化之中。

一、新媒体舆论的演化路径

在传统媒体时期，舆论往往是一次性成型的。一般是发生某个热点事件，产生了新闻信息后便在总体上形成舆论，或者是公众对某个事件进行关注，引发媒体的报道而在总体上形成舆论。在新媒体时代，舆论很难一次性成型，其具有明显的动态性，各主体之间会不断就相关的事件发表意见，使得新媒体舆论在各方的互动中不断发生演化。

虽然沉默的螺旋理论在新媒体时代也具有一定的适用性，但由于新媒体空间中平台林立，少数意见在某个平台上被多数意见所“压制”时，持少数意见的人会在该平台上保持沉默。但有的人不甘心自己的意见被多数人的意见所“压制”，他们会转移到其他平台上去发表自己的意见，当附和者逐渐增多时，就会变成多数人的意见，并推动舆论的形成。由此可知，新媒体舆论是在不断的聚合—分化—聚合中演变的，因而新媒体舆论呈现出了一种反复的态势。

新媒体的反复态势，说明了舆论是螺旋式演进的，它遵循着生成—爆发—鼎盛—反复—消退这一路径。具体可以用图 5-1 表示。

就传统媒体时期的舆论来说，在进入鼎盛期之后，舆论就会逐渐消退。但在新媒体时代，公众的关注和参与，往往使某个舆论在达到鼎盛期之后，会因新的议题、新的意见的出现而使舆论产生新的拐点，出现舆论反复的情况。最后，随着公众关注度的降低，相关议题的热度降低，舆论逐渐消退。需要指出的是，新拐点引发的新舆论，如果是负面的，其破坏性有可能更为强大。

当然了，并不是所有新媒体舆论都遵循螺旋反复的路径。在新媒体空间中，也存在着

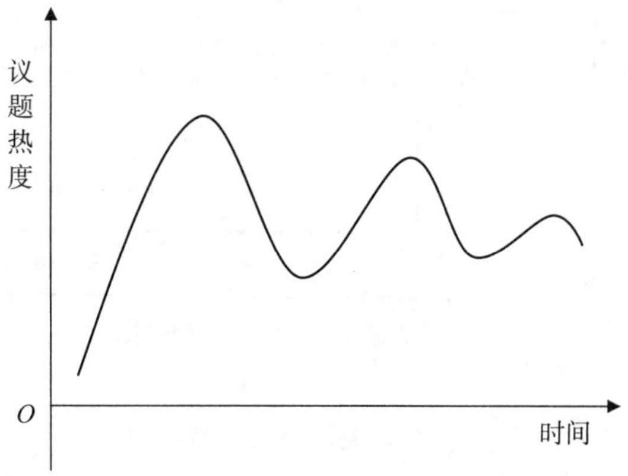

图 5-1 新媒体舆论的螺旋反复型模式图

到了鼎盛期就直接消退的舆论。这种舆论模式可以用图 5-2 表示。

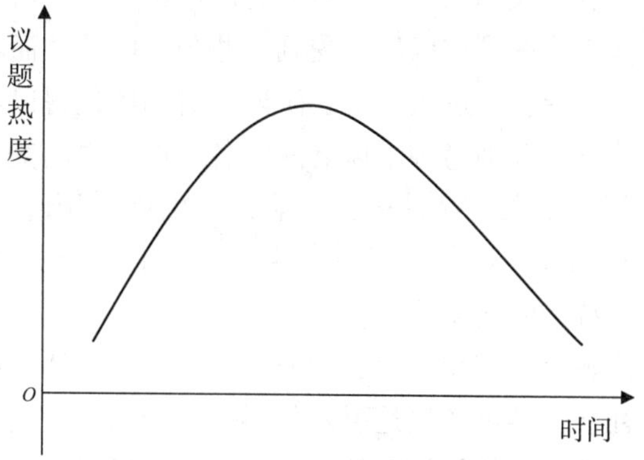

图 5-2 新媒体舆论的消退型模式图

新媒体的消退型舆论主要存在于话题比较一致的热点事件之中，各舆论主体之间的交锋较少、交锋强度也不大，舆论的走势比较平稳，遵循着生成—爆发—鼎盛—消退这一路径，不过其社会影响也是不容忽视的。

二、新媒体舆论的演化模型

新媒体舆论的演化是动态性的、网状型的，绝非是直线型的，它存在着生产、爆发、鼎盛、消退等过程，而在这一过程中，任何时候都可能酝酿出新的舆论，使舆论演化不断波动。新媒体舆论的演进一般遵循着从个体到群体，再由群体到个体的模式——先由个体对关注的热点事件发表意见，引发更多的公众的关注，将舆论不断推向高潮，当议题的热度逐渐下降，群体人数逐渐减少，最后只有少数人坚持，舆论回到个体时期，并在不断衰退中走向消亡。这个过程可以用模型表示，见图 5-3。

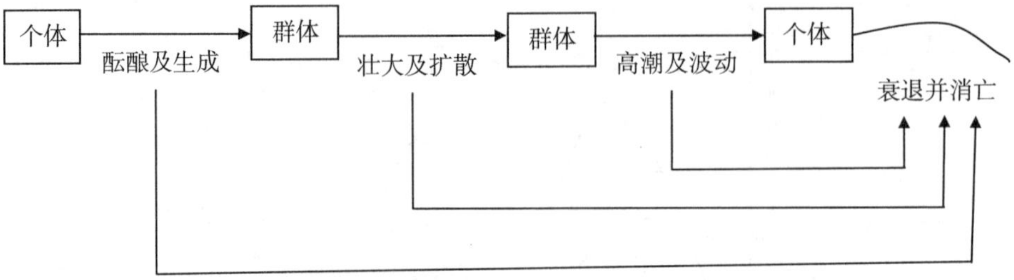

图 5-3　新媒体舆论的演化模型图

由图 5-3 可知，新媒体舆论在个体的关注下开始酝酿并逐渐生成。在生成之后，会吸引更多的公众参与其中，使舆论逐渐壮大，并不断扩散开去。当舆论的传播范围越来越大，关注的人数越来越多时，新媒体就在群体的推动下进入高潮时期，并在各方的交锋中产生波动。随着话题热度的降低，关注的人越来越少，最后只有个别人关注，舆论便逐渐衰退，最终走向消亡。需要注意的是，新媒体舆论的演化，并非都要经过酝酿及生成—壮大及扩散—高潮及波动—衰退及消亡这一过程，有的舆论生成以后，由于没有公众进行关注，便直接消亡了；有些舆论在生成以后，受到一些公众的关注而不断得以壮大，但当公众的关注度大大降低以后，便直接进入了消亡阶段；有的舆论得以不断传播，关注的人不断增加，逐渐进入高潮阶段，并因为各主体之间、各主体之内的交锋而产生波动，最后在关注度慢慢降低后进入消亡阶段。这其中，影响最大的就是历经演化全过程的舆论。图 5-3 是新媒体舆论整体演化的模型图。事实上，新媒体舆论在其整体演化过程中，在每一个特殊的阶段，都有着其特定的演化情况：

第一个阶段是新媒体舆论的酝酿及生成的演进阶段。新媒体舆论并不是由特定的社会热点事件直接催生的，社会公共事务只是引发新媒体舆论的导火线。人们之所以会对某些社会公共事务进行关注，主要是他们长期关注的社会矛盾得不到解决，一旦发生相关的公共事件，他们就找到了意见表达的对象，借机寻求自己所期望的利益。因而，在发生社会热点事件以后，公众就会迅速聚焦于新媒体平台，从自身的角度发表着各种意见，并在交锋中逐步形成大抵一致的意见。新媒体舆论也因此而诞生了。这一阶段的新媒体舆论演进情况可以用图 5-4 表示。

图 5-4 对新媒体舆论的生成过程进行了呈现，它说明了社会热点事件只是舆论生成的刺激性因素或导火索，真正催生舆论的是各种社会矛盾。

第二个阶段是新媒体舆论的壮大及扩散的演进阶段。在这个阶段，新媒体舆论会在空间上不断扩散，在数量上不断增加，会以极快的速度在各新媒体平台上迅速扩散，并引起越来越多的公众的关注。在这个阶段，会出现不少的意见领袖，他们从不同的方面补充舆情信息，使新媒体舆论得以快速传播。这一阶段的新媒体舆论演进情况可以用图 5-5 表示。

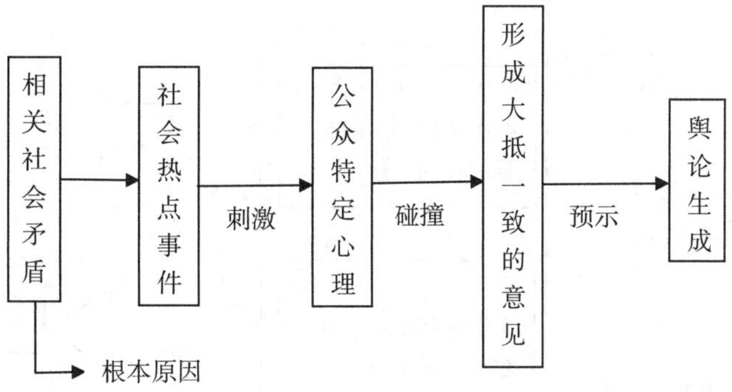

图 5-4 新媒体舆论酝酿与生成过程图

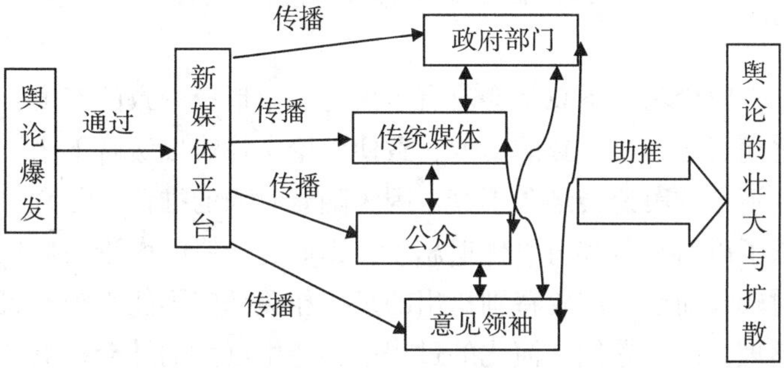

图 5-5 新媒体舆论壮大与扩散过程图

由图 5-5 可知，新媒体舆论在生成之后，就通过一系列的新媒体平台进行传播，在政府部门、传统媒体、公众以及意见领袖之间进行扩散，并让政府部门、传统媒体、公众和意见领袖等各主体之间产生互动，使舆论的渗透性范围更广，最后共同助推舆论的壮大与扩散。需要指出的是，真正独立于政府部门、媒体和公众而存在的意见领袖是很少的。

第三阶段是新媒体舆论的高潮和波动的演进阶段。新媒体舆论在不断的传播和扩散中，引起媒体和政府部门的重视，从而使它们之间、它们与其他各主体之间不断开展信息互动活动，使舆论在社会上不断扩散。这一阶段的新媒体舆论演进情况可以用图 5-6 表示。

如图 5-6 所示，新媒体舆论在扩散的过程中，会不断有新的公众、新的信息加入进来。随着公众和信息量的不断增加，官方、媒体和民间这三个舆论场之间会就相关的舆论展开交锋。当三个舆论场对相关事件所持的态度较为一致时，舆论就向着社会所期望的方向发展，其态势较为平稳；而当三个舆论场对相关事件所持的态度不一致时，三个舆论场之间就会展开激烈的交锋，舆论的波动就较为明显。

第四阶段是新媒体舆论的衰退及消亡的演进阶段。在经过长期的交锋后，三个舆论场之间一般会逐渐对舆论持相同的意见或态度，这种情况会促使舆论最终在各方的相互支持

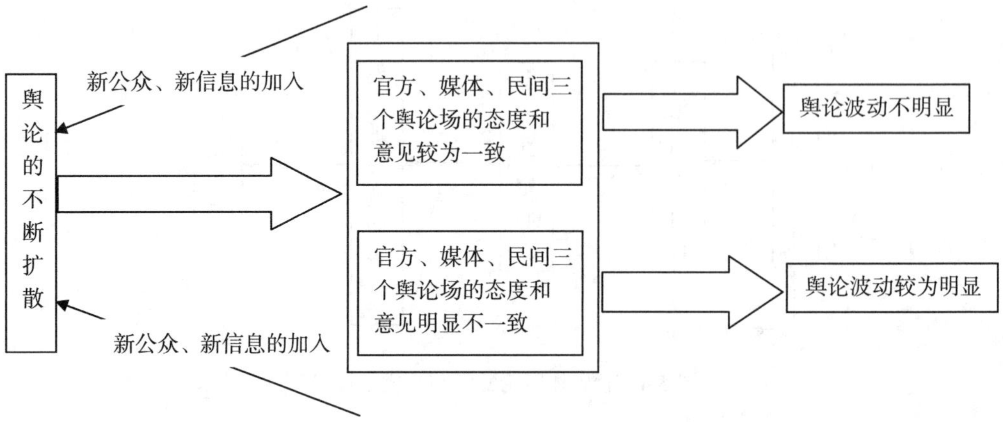

图 5-6　新媒体舆论高潮与波动过程图

中走向消亡。但三个舆论场并不总是会对有争议的舆论形成一致的态度，事实上，有些时候，三个舆论场之间很难形成一致的态度，致使舆论交锋难以缓解下来。不过这也不意味着三个舆论场态度不一的舆论会经久不衰，因为随着时间的推移，公众对热点事件的关注度会下降，时间长了以后甚至都将事件遗忘了，因而有交锋的舆论最后也会消亡，只不过其存在的时间相对较长而已。需要特别指出的是，相关部门不能因为新媒体舆论最后都会消亡而对其置之不理，因为它们在演化的过程中会产生巨大的社会影响。这一阶段的新媒体舆论演进情况可以用图 5-7 表示。

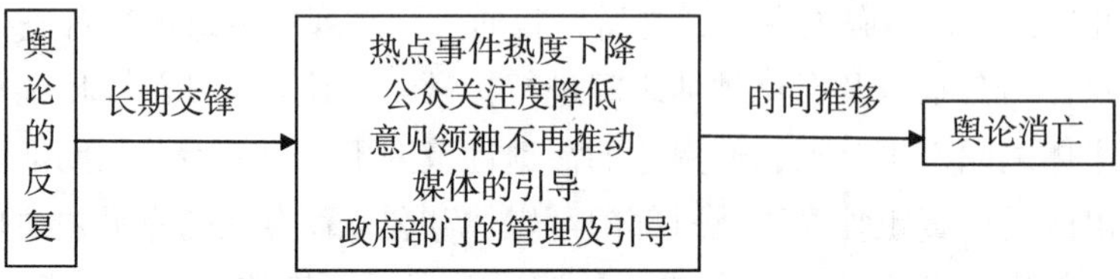

图 5-7　新媒体舆论衰退与消亡过程图

如图 5-7 所示，新媒体舆论在经过长时间的交锋以后，最后都会走向消亡。不过在彻底消亡之前，相关部门仍然需要对其进行监测，防止其死灰复燃，引发次生舆论灾害。

第二节　新媒体舆论的演化机制

在传统媒体时期，信息接收模式一般是单向的，大众传播媒体是信息的生产者和传播者，社会大众是信息的接受者，传者和受众之间泾渭分明。新媒体是一个开放性极强的空间，传受双方都可以生产和传播信息，各主体之间进行传受角色互换、双向传播是新媒体信息传播的特有机制。

众所周知，舆论的产生需要特定的信息传播时间和空间，需要传受双方的交流和探讨才能形成相关的议题。在新媒体舆论的演化过程中，相关的议题在不同的阶段有着不同的演化图谱和表现形式。在新媒体舆论形成的最初阶段，话题是较为多元化的，相关主体侧重于分析和了解事件的起因、发展和结果，舆论的演进也主要以这些因素为动力。在新媒体舆论的生成阶段，不少话题都是由意见领袖所设置和发起的。当舆论爆发后，相关的话题就会迅速在各主体之间扩散，加之意见领袖的引领，会推动具有一定规模的传播群体的出现，这些群体和各类话题，以及相关的意见领袖共同构成了影响新媒体舆论传播走向的环境，使新媒体舆论不断向复杂的网络结构方向演进。各类话题、一定规模的群体和意见领袖三方共同构成新媒体舆论的传播环境，但他们之间是相互影响的。随着三方相互作用力的增强，舆论逐渐被推向高潮。最后，在三方逐渐脱嵌中，舆论逐渐消亡。

一、新媒体舆论中相关话题的网络演化机制

在新媒体舆论生成的阶段，话题主要集中在背景介绍、事件发生的情况等方面，相关主体的意见比较一致。在此阶段，舆论演化的网络结构是比较稳定的，占主导地位的节点不多，节点与节点之间大多是直接关联的。在新媒体舆论的扩散阶段，与事件相关的热点话题会不断增加，由追寻事件的起因、结果等向各主体之间的行动、法律和道德等方面拓展，舆论网络的中心节点开始增多，且出现了多层级的连接路径。当众多的人将新媒体舆论推向高潮以后，舆论网络的中心节点更是大增，节点之间的连接更为复杂和多样。最后，在事件的关注度不断降低的情况下，新媒体舆论开始走向衰亡，中心节点数量开始减少，其相互间的多层级的连接也不断减少，直至消失。

二、新媒体舆论中意见领袖的网络演化机制

在新媒体舆论中，总会存在着一定数量的意见领袖，他们常常作为舆论生成、传播和发展的中心节点而存在。不过这些意见领袖的地位并不是旗鼓相当的。事实上，在新媒体舆论的生成、传播和发展中，一些意见领袖最先设置了议题，他们在舆论走向中处于源头的位置。在处于源头位置的意见领袖不断设置议题和传播信息之后，会有一群志同道合的人参与进来，在这些人之中，那些比较活跃、传播信息引起关注的人，也会成为意见领袖，不过这种意见领袖是在源头级的意见领袖的基础上产生的，他们属于第二层级的意见领袖。随着新媒体舆论的不断扩散，会产生第三层级、第四层级……第 N 层级的意见领袖。在新媒体舆论的意见领袖之间，会形成特定的勾连关系，体现了各个层级的意见领袖之间的复杂的网络传播关系。需要特别指出的是，这些所谓的意见领袖，既可以来自官方舆论场，也可以来自媒体舆论场，还可以来自民间舆论场。

三、新媒体舆论中各群体之间的网络演化机制

上文说过，随着话题的传播和意见领袖的引领，会出现一定规模的群体，各群体之间会存在这样那样的差异，相互之间会产生各种的交锋。在这种情况下，各群体之间的信息

传播渠道经常是被堵塞的，每个群体都热衷于传播群体内部的信息，很少参与到其他群体的信息传播之中。因此，各类大大小小的群体的出现，有利于热点事件的舆论的扩散，但群体之间的孤立性和斗争性也是不容忽视的。也就是说，群体之间很难找到有效的信息流通渠道，它们之间只有通过源头信息或者新的意见领袖才能实现有效的传播，并由此形成有效的网络互动机制。否则，各群体之间的连接就较为脆弱。

第三节　新媒体舆论的演化规律

新媒体舆论如何形成、怎样发展、何时达到高潮、何时开始衰退，都有其特定的规律，且具有一定的生命周期。一个完整的生命周期包括生成期、发展期、高潮期和衰退期。

一、生成期：真实信息的缺失和模糊

新媒体舆论的形成期，是指新媒体舆论在网络大爆发之前的这段时期。通常，新媒体舆论的产生，与该热点事件的重要性、破坏性或震撼程度有关，更因事件起因的模糊性、不确定性而迅速酝酿。越是惊悚、越是严重、越是令人震撼的事件，引起的恐慌、焦虑、质疑和猜测就越严重。此时，一旦事件的相关信息没有得到及时发布，成因没有得到公开，事件就越能引起人们的恐慌、焦虑、质疑和猜测。真实信息的缺失和模糊，让原本就处于焦虑、恐慌中的人更容易失去理性，在信息的碎片化传播尤为泛滥的新媒体空间中，居心叵测的人或是好事者将事件的片段化信息以想象和推理式的拼接组成事实的发展过程，其看上去非常符合逻辑，而这种故意为之的拼接和捕风捉影的推理，实际上与事件真相相去甚远，但越是想象丰富、细节逼真的故事，越能够在各类新媒体平台上迅速蹿上热搜，引来评论、互动无数。

此时，信息公开就是最好的真相。相关的政府部门通过技术先进的新媒体，如卫视频道、网上官微、公众媒体等平台，对社会大众渴望知晓的信息及时回应，是对社会大众恐慌、焦虑、质疑和猜测最有力的平复，更是对相关舆论的最好回复。相关部门需要用疏导而非堵塞的方式来回应舆论，当不能及时公布事件信息，或者公布的信息并不详尽时，这种信息的缺失与模糊性就给各种新媒体舆论腾出了抢占用户眼球的空间。各类新媒体为了抢占公众注意力，往往以公众为中心来开展信息的生产和传播活动，形成对政府或主流媒体舆论相对抗甚至相冲突的民间舆论。新媒体时代，公众和各类新媒体在舆论场中的地位愈发凸显，打破了传统媒体时代只有少数传播主体才能引导舆论的格局，且由于公众的社会背景和利益诉求不同，公众意见的表达往往是无序的和纷乱的，这让社会舆论更为多元和复杂。在这种情况下，相关部门需要转变思想观念，尊重舆论传播规律，多渠道收集社情民意，不断提升舆论引导的科学性和有效性。

事实上，有效的舆论引导需要建立在民众充分的舆论表达的基础上，且有效的舆论引导又要以为公众有序的舆论表达提供良好的舆论空间和舆论气氛为归宿，从而更好地解决

舆论背后的民众需求，为现实的社会治理提供依据。众所周知，只有及时公布详细的事实信息，才能掌握舆论场的话语权，面对突发性公共事件，当相关政府部门与大众媒体集体选择沉默，就会让各类不真实的言论反客为主，占领事件真相本应存在的舆论空间。此时但凡风吹草动，都能牵动人们敏感的神经。更何况是那些居心叵测和好事者惟妙惟肖、有鼻子有眼的编撰。毫无疑问，有目的的编撰更容易让那些正处于恐慌、焦虑、质疑和猜测中的社会大众信以为真。只有当公众在获得充分的事实性信息的基础上，才能有序、理性地发表观点和意见，才能形成社会利益的良性表达和社会舆论的良性引导。

二、发展期：各种攻击性言论纷纷出现

新媒体舆论从形成到发展，中间仅仅间隔一个关键词，那就是“官方回应”。当新媒体舆论兴起时，相关政府部门如何回应和处置已出现的舆论、如何发布社会大众关心的更多事件信息、如何与不明真相的社会大众对话，都是至关重要的。当这个转折点没有把控好，相关舆论就会进一步扩散，舆论环境就会进一步恶化。

相关政府部门在发布信息时需要注意一定的时效性，及时掌握舆论引导的主动权。若相关政府部门发布的信息较为滞后，就会很难获得公众的信任，因为公众已然产生了先入为主的判断倾向，如不认真对待，政府部门的发言非但不能平息现有的怒火，反而还会遭受公众的质疑和反感。随着时间一点点推移，当信息公开的程度仍不充分时，比如公众对突发事件的真相、相关政府部门的态度以及解决措施是否有力等信息渴求仍然没有得到满足时，就会推动舆论快速地进入发展期。在这个阶段，新媒体空间中将充塞着各种与事件真相相去甚远的言论，以及社会大众对相关政府部门、相关领导者不作为或者作为不力的不满情绪。这两类信息掺杂在一起，像雪球一样越滚越大，影响力也越来越大，参与讨论的人越来越多，负面的声音也就越来越大。

在新媒体舆论的发展期，一系列质疑和抨击性的言论与情绪宣泄的言论交织在一起，快速传播、蔓延，形成一股来势汹汹的所谓“民间意见洪流”，在这股洪流的冲击下，官方的回应显得苍白无力。官方的辟谣和大众媒体的报道，已经难以抚平民众的不满情绪。而相关舆论的高速传播让相关的信息更为混乱，何为真相何为情绪，何为官方何为民意，真假难辨，致使人们失去了理性的判断，没了自己的立场，甚至基于内心对于“民间意见洪流”的亲近，更愿意相信那些谣言。在这种情况下，很多人会积极主动加入谣言传播和情绪宣泄的喷子队伍中，竖起“我要真相”的“正义大旗”，漫天高喊“给我们真相”。这些攻击性的言论，往往会使事件的真相变得更加扑朔迷离，信息澄清变得困难重重，社会舆论陷入一片混乱。

三、高潮期：新媒体舆论高潮与次生舆论伴随而来

新媒体舆论经过形成期、发展期之后，在带着各种情绪、数量尤为庞大的网民的推动下，以更快的速度进入高潮期。新媒体舆论到了高潮期，意味着参与和簇拥舆论的用户达到顶峰，其情绪的宣泄也达到一触即发的崩溃边缘，新媒体舆论的影响力和破坏力也到达

了巅峰。在这个时期，原先的信息还没有得到澄清和解决，次生舆情又扑面而来。

2015 年，人民网舆情监测室出版《网络舆情分析教程》，正式将“次生舆情”纳入舆情研究与监测范畴，首次明确“次生舆情”的内涵，即“舆情发展过程中出现新的刺激性因素，引发针对当事主体或其他主体的新的舆情事件。”近年来，我国频发各种涉及重大人员伤亡和财产损失的突发性公共危机。然而，相关部门在危机公关的处理中却常常“三缄其口”、刻意回避，从而丧失了舆论引导的主动权，同时也会引发公众的质疑和不满。除了回避外，对事件信息披露的模糊性，也会激发社会大众的不满，使公众在根据少量信息进行补足时受到其刻板印象的影响，从而激化固有的社会矛盾，同时使互联网反智谣言快速进入高潮期，并引发一系列的次生舆情，社会不安定因素与日俱增。

事实上，当负面的舆论进入高潮期以及次生舆情的出现，其性质已不仅仅是反科学、反知识、反精英，而是质变到反社会、反政府、反人类的疯狂境地。其矛头已不单单指向事件的本身，也不仅仅是煽动民意情绪的宣泄。在新媒体舆论的迅速传播中，民众的不满情绪迅速高涨，并在新媒体平台上迅速找到同盟阵营，这个虚拟的“同盟”迅速扩大蔓延，形成可怕又猖獗的势力，向相关政府部门及领导者发起恶意的攻击。其对事件涉及的相关政府部门和领导施以最夸张的扭曲、丑化和恶意抨击，措辞无所不用其极。其追求真相的幌子彻底暴露，其赫赫野心昭然若揭。新媒体舆论进入高潮期以及次生舆情的出现，将成为那些居心叵测的“阴谋者”露出匕首的时机，一场置之死地而后快的舆论讨伐上演，甚至演变为极具破坏性的暴动行为，对社会将产生极其恶劣的影响。

相关政府部门要增强风险管控意识，及时监控恶意抹黑政府形象的重大网络舆情，并建立应急管理机制，防止个别网络水军为“蹭热点”而恶意带偏网络舆论，同时要借助新媒体平台，将事实性信息有效地传达给各类公众，满足公众的知情权和表达权，引导新媒体舆论的有序和健康发展。

四、衰退期：舆论随政府引导及大众传播媒体的发力而消退

按照事物的生命周期，新媒体舆论在到达高潮之后便会进入衰退期。但是，这个过程远没有进入发展期和高潮期那么迅速。它将取决于相关政府部门对事件真实信息的披露程度以及澄清事实的态度，对事件起因的调查和对事件灾害救援的措施的有力程度，以及对事件责任人和造谣、传谣者的处置和公布情况。

从某种意义上来说，人们往往最在意的或许不是事件的本身，而是相关部门和领导回应、处理事件的态度和能力。这个阶段，相关部门可通过大众传播媒体、官方网站、微信、微博发布事件真实情况，将信息公开在阳光底下，并利用现代科技手段发布监控录像等有力证据，尊重群众对事件信息和真相的知晓权利，满足其关心和参与社会公共事件治理的心理需求，同时也消除群众对于事件危害程度、波及范围、后续影响的恐慌和焦虑。另一方面，相关部门应采取强有力的救援措施与安抚手段，将人民的生命财产视为最重要的东西，将公共事件危机波及的影响和破坏降到最小，以不断提高政府的公信力。此外，还要依法对谣言的制造者、传播者进行处理并通过媒体公布处理结果，以防止谣言的进一

步扩散。只有这样，负面舆论的高潮才会退去，其影响也才会逐渐消除。

我们可以看到，在舆论由高潮期向衰退期转变的过程中，新媒体发挥着不可忽视的作用。新媒体是社会舆论的发射器和放大器，其功能不仅是报道事实、发布消息，更是通过制造和生成新闻舆论来塑造社会舆论，进而引领公众的思想。面对各种负面言论引发的舆情危机，新媒体应主动扛起舆论大旗，坚持对事实真相的追问，坚持新闻媒体把关人该有的政治意识、大局意识、看齐意识和核心意识。主动设置议题，及时发布与事件起因、发展和影响相关的信息，对相关部门救援、安抚措施进行客观报道，通过专家发声、相关部门取证、权威数据结果公布等方式，对各类谣言进行澄清，对不法分子予以坚决打击，引导舆论回归理性。

当然，负面舆论的不良影响不会因为谬误的澄清而消失殆尽，而是存在着死灰复燃的可能性。谣言止于智者，而现实的情况是，各类非理性的言论长期存在，不法分子又居心不良。因此，在数量极为庞大的用户的利益诉求下，只要有机可趁，不法分子就会予以因势利导，将各种负面舆论改头换面后，又让其粉墨登场。对此，相关部门必须联合大众传播媒体，及时揭开真相，让公众及时回到正确的舆论轨道上来。

在新媒体时代，相关部门可以将舆情监测的任务外包给专门的舆情监测机构，实时监测、搜集、分析辖区内的社情民意，包括常态化舆情监测和突发事件舆情监测，并定期向相关部门反馈。同时，相关部门也可以通过融媒体平台，建立与普通公众沟通对话的交流机制，及时将搜集到的公众的诉求反馈给相关执行部门联动处理，这样可以起到提升政府部门公信力和舆论引导力的双重效果。

本章小结

本章对新媒体舆论的演化路径、模型、机制及规律进行了研究，指出了新媒体舆论是一个动态的过程，在其生命历程(生成、扩散、高潮、反复、消亡)中，新媒体舆论呈现出了与传统媒体舆论大相径庭的演化模式。

思考题:

1. 在演化过程中，新媒体舆论会呈现出哪些路径和模型?
2. 新媒体舆论具有哪些演化机制?
3. 在演化过程中，新媒体舆论会呈现出哪些规律?

第四编　新媒体舆论的传播效应

本编主要对新媒体舆论的效应及其发生机理、新媒体舆论反转的动因及治理策略进行研究。新媒体舆论会引发一系列效应，这些效应的触发遵循如下机理：新媒体舆论的效应=议题的重要程度×议题的敏感性×信息的模糊性×信息接收的有效性×意见领袖的参与程度。在新媒体时代，信息呈现的视角和手段日趋多元化、信息传播的过程不断被放大，各种信息相互裹挟，但很多时候真相却离我们较为遥远，新闻反转也因此成为一种较为常见的现象，而新闻反转又时常引发舆论的反转。治理舆论反转，需要采用让真相及时浮出水面、培育公众的理性精神、培养意见领袖和“中坚分子”等策略。

第六章　新媒体舆论的效应及其发生机理

新媒体舆论是民意的集合体，一旦形成，往往会引发各种效应，对社会产生巨大的影响。新媒体效应的发挥，得益于其特殊的运作机理。要有效地消除新媒体舆论的负面效应，有关部门就需要建立舆论的联合防控机制，加强对新媒体舆论的监管力度，始终保持舆论流动渠道的畅通。

第一节　新媒体舆论的效应

由于其开放的传播环境，新媒体具有传统媒体难以比拟的信息生产、传播优势。正因为如此，与传统媒体时期的舆论相比，新媒体舆论也具独特的效应。总的来说，主要体现在以下几个方面：

一、蝴蝶效应与跟风效应

(一)蝴蝶效应

1963年，世界闻名的气象学家罗伦兹提出了一种后来被称为“蝴蝶效应”的现象，即“一个蝴蝶在巴西轻拍翅膀，可以导致一个月后德克萨斯州的一场龙卷风”。众所周知，1963年，人类还处于传统媒体时期，从传播学的角度来看，信息传播所引发的效应根本无法与今天相提并论，但人们仍然感受到了大众传播媒体在信息传播方面的巨大“煽动效应”。在新媒体技术已经深入人类生产与生活的方方面面的今天，信息传播的“蝴蝶效应”就更为明显了。可以说，“蝴蝶效应”已经成为新媒体舆论的一个重大的触发和扩散机制，一些看似不相关的细微事件，只要通过新媒体平台进行传播，都有可能在短时间之内引发巨大的舆论风暴，使舆论的引导面临着更多的不可控因素。

李普曼是世界知名的新闻传播学者，其在《舆论学》中第一次提出了舆论的概念，后引发了人们的跟进研究。虽然后续研究者对舆论的界定与李普曼对舆论的界定存在着区别，但将舆论视为发生在特定时空中的事件引发公众的交流和交锋，逐渐消除不同的看法后，形成大抵一致的意见的学者是较多的。由此可知，舆论反映的是多数人共同的意见，其本体就是意见，因而舆论的传播也体现为意见流动的过程。在新媒体时代，发生在任何一个角落的事件，都有引发舆论的潜在可能，意见伴随着新媒体在“没有边界的空间”中流动，往往会引发公众的共鸣，由此引发“蝴蝶效应”。前文说过，新媒体舆论是公众以新媒体为平台，对特定的社会公共事务所发表的基本一致的意见或态度。一般来说，形成舆论的意见都是具有代表性的意见，或者说是具备一定的影响力的意见。一旦形成，新媒体舆论就会迅速发酵，影响着人对事件的判断。由此可知，新媒体舆论的界定超越了技术层面，学者们将其视为意见表达和社会交流的重要渠道，而罗伦兹所描述的“蝴蝶效应”，无疑是对各种舆论所产生的社会影响的一种极为恰当的隐喻。它说明，人们难以有效地控制那些复杂混沌的系统。对社会公众来说，它们不能成为所谓的“控制力量”，但都具备一定的影响“蝴蝶展翅”的力量，随着各种碎片化信息的出现，公众能够不断地将各种信息进行叠加，形成一个个新的信息传播场域，使各相关主体有了协作的基础，经过大家的互动和声援，舆论就会出现倍增的效应。

新媒体舆论出现“蝴蝶效应”以后，会不断发生演变。随着越来越多的公众被感染和被鼓动，新媒体舆论的波及面会不断扩大，新加入的公众与之前的公众一起对热点事件的相关信息进行挖掘，使热点事件的有关信息不断完善，呈现出树状结构。在这个树状结构中，随着某些节点互动性的增加，它们会凸显出来，作为引发新舆论的中心节点，各主体围绕相关议题进行大范围、多层次的探讨，形成新的情绪或引发观点的“共振”，使舆论产生叠加效应，甚至会引发新的“蝴蝶效应”，舆论的社会动员能力因此而大大增强。

由此可知，在新媒体时代，只要有热点事件发生，就有可能吸引大批公众进行探讨和交流，由此催生各种各样的舆论。如果大众传播媒介加入进来，舆论的声势将更为浩大，使“蝴蝶效应”更为明显。如不加以有效控制，极有可能产生雪崩现象，产生难以想象的社会冲击力。

（二）跟风效应

在新媒体时代，每当发生较为重大的事件时，公众都能在极短的短时间之内获知相关的信息，并往往对事件表现出较高的关注度。只要有意见领袖振臂一呼，就会有一群人跟着“起哄”。对于意见领袖来说，他们设置什么样的议题、发表什么样的观点，往往是经过理性思考的，他们一般都想以此影响舆论的走势。但对于跟着“起哄”的公众来说，他们往往是非理性的。他们将意见领袖视为“领头羊”，盲目跟随意见领袖的步伐，体现了新媒体舆论的跟风效应。

跟风效应说明，在新媒体空间中存在着一大批盲从者。这些盲从者因有共同的意见领袖而聚集起来，其思想、行为都向一个方向倾斜，丧失了个体的主动性，成了一群集体无意识的人。这种跟风效应极易引发群体极化现象，因为很多人不去深入了解究竟发生了什么，不去理性思考事件的影响，他们跟随某个占优势的舆论，对持不同意见的人进行攻击。当持不同意见的人属于少数人时，就有可能对事件保持沉默甚至转而成为新的盲从者，将已有的观点推向极端。这个时候，一旦意见领袖为了特定的目的而对其跟风者进行操纵，就会产生巨大的负面影响。

二、首因效应与病毒效应

（一）首因效应

所谓“首因效应”，就是指有很多的信息被人为地聚合在一起的时候，接触信息的人总是觉得前面的信息更为权威，更愿意相信首先发布的信息，就算关注了后面的信息，也觉得它们不具备必然性，而是偶发的，事件的真相不是后面的信息所呈现的那样。由此可知，首先发布的信息，往往有先入为主的优势，它们在公众接受信息时处于一种优先的地位。之所以如此，是因为社会大众容易被第一感觉所羁绊，对事件有着特定的刻板印象。

在今天，各种新媒体已经成了信息、舆论的集散地，新媒体空间中的信息尤为复杂多样，人们很难辨清孰是孰非，首因效应也因此更为常见，它对舆论事件的发展有着巨大的影响——对于那些最先接收到相关信息的公众来说，他们会倾向于相信自己最先了解的“真相”，并积极参与到相关信息的传播之中，推动舆论的形成和传播。如果最先发布的信息带有偏向性甚至是虚假的，就会出现以偏带偏、以讹传讹的情况，使负面舆论在相当长的一段时间之内产生持续性的影响。当最先发布的信息比较契合公众的需求时，他们更是愿意沉浸在那个不完全正确或者完全就是虚假的舆论环境中，积极传播有害的言论，使对舆论进行正本清源的人花巨大的功夫也很难收到实效。

（二）病毒效应

在新媒体技术极为发达的今天，任何人都可以随时进入新媒体空间中生产、传播信息，使信息传播呈现出病毒性裂变的状态，这就是所谓的病毒效应。众所周知，“病毒”的感染性是极强的，它们在新媒体空间中一对一、一对多、多对多地传播，不断向四面八方扩展开去，其传播速度之快、影响力之大往往是令人难以想象的。

按照小世界理论，每个个体之间都可以通过6个人而发生特定的关联，因而从理论上来说，所有个体之间都能够进行交流。当新媒体舆论以核裂变的方式进行扩散时，各种舆情信息就像“病毒”一样进行循环往复的传播。这些信息不断聚合又不断分散开去，使其传播时间大大缩减、传播范围大大拓展。在这种情况下，信息传播的效果就得以大大提升，舆论的影响力就得以大大增强。

三、水葫芦效应与涟漪效应

（一）水葫芦效应

从生态学的角度来看，一旦发生水葫芦的入侵事件，整个水生生态系统就会遭至立体化的、全方位的破坏。随着民间舆论场的影响力的增强和公众参与意识的提升，新媒体“舆论池”中的“水葫芦”入侵日渐引起世人的注意。在一些意见领袖的煽动下，新媒体“舆论池”便滋生了很多非理性的因素，给舆论引导带来极大的困难。

当前，我国的社会建设取得了举世瞩目的成就，但仍然有不少社会矛盾需要解决。一些较为突出的矛盾为“水葫芦”的迅速“繁殖”提供了特定的土壤，成为诱发舆论的直接动因。如果这些矛盾被不法分子所放大，就可能使相关舆论在各类新媒体空间中迅速发酵，甚至引发线下的暴力活动。当各类非理性的舆论纷纷出现，整个社会舆论场就会被堵塞，形成“水葫芦”现象。因此，在“众声喧哗”的新媒体舆论场中，积极开展“舆论池”生态的治理，铲除有巨大危害的“水葫芦”，已经成为一个重大而迫切的任务。

(二)涟漪效应

世人皆有这样的印象，即扔一个具有一定重量的物体到水中，会让水泛起阵阵涟漪。这就告诉我们，在新媒体空间中，哪怕舆论场是相对平静的，只要有人向舆论场中扔“石头”，就会搅动舆论场的静水，在短时间之内出现特定的舆论。涟漪每扩展一圈，代表着舆论扩散到更大的范围。其实，舆论生成以后，公众的转发、评论、加工等，都会使舆论像涟漪一样扩散。面对新媒体舆论的涟漪效应，相关部门一定要注意观察舆论场的“水面”动态。

四、多棱镜效应与断绳效应

(一)多棱镜效应

各类新媒体如论坛、QQ、微博、微信等纷纷崛起，构筑了与传统媒体时期大相径庭的舆论生成和传播景观。不同的舆论主体可以从特定的视角对相关的事件进行解读，催生了各种各样的舆论。因此，当某个热点事件发生时，新媒体空间就会如同一个多棱镜一般，在热点事件的光的照耀下，折射出多种多样的光束，让人头晕目眩。这就是所谓的“多棱镜效应”。对于多棱镜效应，相关部门要及时处置，将舆论的光束聚集起来，使之沿着正确的方向照射出去。

(二)断绳效应

在新媒体时代，有一种现象值得警惕，就是一些外国政客或者国内的不法分子，往往将舆论的焦点放在一个不具代表性或者比较弱小的事物上，让其以代表性事物的身份出现，给人造成中国都是这样的印象。外国政客和国内的不法分子将目光聚焦于一个不能代表中国形象的事物上，并大肆渲染，使之成为舆论的焦点，犹如让一根绳子最细最软的地方先断，故称为断绳效应。

新媒体舆论的断绳效应一般出现在热度不高的公共舆论中，使之在长期的“延烧”中发生断裂。譬如外国政客持续炒作中国的雾霾、国内不法分子老是“曝光”中国的某些尚待改进的地方如经济不富裕的地方的豪华办公楼等，试图抹黑中国的形象。需要指出的是，断绳效应不只是体现在外国政客和国内不法分子的炒作上，实事求是地说，由于特定的利益诉求得不到满足，一些公众也会持续发布有碍社会发展的信息，使之形成断绳。正因为如此，我国应该积极向外界展示自己的发展成就，及时对别有用心的人的言行进行反击，并及时回应社会大众的关切，不断提升民众的幸福感。

五、马太效应与长尾效应

(一)马太效应

马太效应是一种强者愈强、弱者愈弱的现象。在新媒体舆论中，马太效应表现为两极或多级差异化，即有的舆论因为一开始占据优势，致使其声势越来越大，影响力越来越强，而有的舆论因为一开始就呈现出被优势舆论压制的态势，因而其影响力会逐渐变弱，直至消失。

这种现象在新媒体舆论的演变过程中是很常见的，在关注某一热点事件时，公众往往会被那些声势强大的舆论吸引过去，进入信息流量较大、覆盖面广的群体中，不断被强势群体的信息所裹挟，出现趋同的心理。这个时候，在那些不占优势地位的群体中，就会有人选择沉默，逐渐退出现有的群体而加入影响力大的群体中。随着时间的推移，优势意见被抬升为主流舆论，其他的舆论则逐渐消失。不过这也不是绝对的，因为随着事件真相的曝光，舆情会出现反转的情况。

(二)长尾效应

长尾效应(long tail effect)是统计学、经济学方面的名词，头部是突起的部分，位于正态曲线的中间，尾是相对平缓的部分，位于正态曲线的两边。对于投资来说，中间突起的部分(头)的需求是最大的，而两端平缓的部分(尾)的需求是较小的。也就是说，“头”的需求是大众化的，“尾”的需求是小众化的。投资“头”部，能够在短时间之内获得巨大的经济利益；而投资“尾”部，则要花费更多的人力、物力，且收益不高。不过这也并不意味着投资“尾”部没有价值，因为“尾”部的市场是无限延伸的，坚持对“尾”部的开发，长远来说也会获得较多的收益。这就是所谓的长尾效应，一些人也将之称为丰饶经济学。

就新媒体舆论来说，长尾效应是指“头”部是大众化的信息，“尾”部则是小众化的信息。在信息传播中，“头”部的用户是必须争取的，但“尾”部的用户也不容忽视，因为“尾”部的用户数量在特定的范围内虽然比“头”部的小，但从整体上来说，“尾”部用户的数量可能比“头”部的还要多，将“尾”部的用户开发出来，就有了巨大的市场。在新媒体舆论的生成和传播中，相关主体不要只重视“头”部，也要重视“尾”部，将“尾”部的用户逐渐聚集起来，最终能够形成一个声势浩大的群体，能够反过来左右舆论的走向。因此，当遇到强大的负面舆论时，相关主体应该想方设法发动“尾”部用户的力量，使他们聚沙成塔，最终影响舆论的走势，达到舆论引导的目的。

六、情绪加速效应与名人效应

（一）情绪加速效应

在新媒体舆论的传播与扩散中，情绪化是一个极为重大的影响因素。带着情绪参与到信息的传播之中，必然会使相关的意见带有非理性的色彩。在社会转型加速、各阶层的利益诉求日益多元化的今天，每当发生重大热点事件，不少公众都会从自身的角度加入相关的信息生产、传播与消费之中，为了自身的利益，他们经常会丧失理智，在情绪化状态下发表意见。新媒体是一个容易受情绪感染的空间，一旦形成情绪化的氛围，新加入的公众就会在已有情感的感染下发表言论，使整个新媒体空间出现情感加速的效应。

情感加速效应不利于新媒体舆论的引导，因为情感化往往将相关的意见推向极端，且很难给特有的情感热降温。为防止群体极化的出现，需要引导公众远离情绪化的窠臼，让他们理性地发表意见，从而提升舆论的引导效果。

（二）名人效应

在新媒体舆论爆发时，如果有名人站出来发声，对事件进行评价，就会使公众强化或者弱化对某个事件的认知。因为比较相信名人，公众往往会从名人解读事件的视角来思考问题，他们会效仿名人的言行，引领更多的人参与进来，这就是名人效应。由于新媒体传播速度极快，名人对事件的关注和认知，会瞬间在公众中传播开来，对舆论的引导产生极大的影响。需要指出的是，由名人所引发的舆论效应并非都是正向的。事实上，很多由名人所引发的舆论，都对社会造成了特定的负面影响，因而对相关部门来说，应该及时对名人引发的舆论进行研判，以消除其负面影响。

七、次生舆论效应

有些舆论在传播和扩散的过程中，会不断出现新的拐点。对于新的拐点，相关部门不能等闲视之，因为一些看似无关紧要的舆论会在公众的支持中不断变成具有较强的影响力的舆论。而且客观来说，很多舆论正是在不断的波动中发挥其社会影响的。如“雷政富案”的舆论就是在经过七八次反弹之后才最终走向统一的，且每一次反弹都造成一定的社会冲击力。由此可知，在原来舆论的基础上衍生出来的次生舆论，其力量是不容小觑的。有鉴于此，对于新媒体空间中复杂多变的舆论，相关部门如果理不顺舆论的头绪，就剪不断其陆续生出的枝条，最终将被一波又一波的次生舆论所冲击。

为此，相关部门必须对容易引发次生舆论的事件如官员腐败、社会暴力、公共卫生等进行科学的管理，一旦发生舆情，就及时做好预防措施，防止出现次生性舆论。

第二节　新媒体舆论效应的发生机理

新媒体舆论的效应是新媒体时代舆论特有的传播效果，其具有独特的发生机理和表现形式。

一、新媒体舆论效应的触发

在新媒体不断普及的今天，人类的信息传播和交换速度都有了巨大的提升。通过各类新媒体平台，公众的意见、态度能够以多媒体的形式(含文字、图片、音频、视频、动画等)进行生产和传播。当前也处于社会转型时期，各阶层的利益诉求呈现出多元化的情况。在这种背景下，当某个能够引发公众普遍关注的热点事件发生时，公众就会及时对之发表评论，并对他人所发布的信息进行点赞和转发。当关注的人越来越多、意见越来越趋于一致时，就会引发巨大的舆论风暴，而一旦形成舆论风暴，各主体之间就会体现出极强的互动性，让相关舆论更难被控制。

二、新媒体舆论效应发生的机理

新媒体舆论效应是在若干因素相互作用的情况下得以发生的。在对网络舆论风暴进行研究时，中国人民大学的匡文波教授指出，网络舆论能否形成，取决于事件议题的重要性、模糊性、敏感性及可到达性，认为一旦具备了这些要素，网络舆论风暴就极易出现。[①] 由此可知，新媒体的舆论效应能否发生，取决于有没有更多公众的参与，而公众是否参与又取决于事件的议题是不是重要和是不是具有敏感性、事实是否模糊不清、受众是否能有效地接收到相关的信息、舆论的生成和传播中是否有意见领袖的推动等。一般来说，新媒体舆论效应与事件议题的重要性、模糊性、敏感性、有效接受性、意见领袖的推动等呈正相关关系。基于此，我们可以总结出新媒体舆论发挥其相关效应的机理：

新媒体舆论的效应 = 议题的重要程度×议题的敏感性×信息的模糊性
×信息接收的有效性×意见领袖的参与程度

一是议题的重要程度。议题是否重要，是新媒体舆论效应是否得以发挥的前提条件，因为议题的重要程度直接决定着新媒体舆论能否生成。一般来说，议题不重要的话，公众不会对之进行关注，信息很难在较大的范围内传播，也就很难上升到公共舆论的范畴。只有当议题比较重要，才能形成舆论，进而引发舆论的效应。议题的重要性主要包括人物、地点和内容这三个方面的重要性。第一，人物的重要性。事件发生在名人的身上和发生在普通大众的身上，其所引发的舆论风暴是完全不一样的，由于名人自带某种效应，因而发生在名人身上的事件，更容易引起公众的关注，舆论的效应往往更为强大。如 2020 年 10 月 3 日，特朗普患上新型冠状病毒性肺炎，由于他是美国总统，美国又即将举行总统换届大选，加之人们对美国疫情的担忧，因而世人对特朗普患新型冠状病毒性肺炎一事展开了激烈的探讨。极具讽刺意味的是，在患病前几日的首场总统竞选辩论上，特朗普还在嘲笑拜登戴口罩。围绕特朗普这个公众人物，人们对“特朗普连任、特朗普政策下台”，以及“特朗普下台，新总统上台”这两个可能发生的问题进行了激烈交锋。相关的舆论效应在

① 匡文波，周倜．论网络舆论风暴公式．国际新闻界，2019(12)：131.

全球引发了巨大影响。第二，地点的重要性。如果9·11事件不是发生在美国纽约，而是发生在一个贫穷落后的小国的某个小地方，就不会引发这么大的舆论效应。因为美国是世界上最为强大的国家，纽约又是全世界最为繁华的都市，所以世人的目光就能够在极短的时间之内聚焦到相关的事件上来。第三，内容的重要性。事件的内容也是激发舆论风暴的重要因素之一，如果其涉及更为宏观、普遍的社会意义，与社会大众生存和发展的关系更为密切，就会被更多的人所关注，并在短时间之内引发舆论效应。如2020年7月12日，贵州独山县以高额负债的方式来做形象工程这一事件被曝光，人们围绕"搞形象工程，独山县烧掉400亿元"这一话题展开讨论，认为独山县人口40万，经济较为落后，却在形象工程方面烧掉了400亿元，是一种典型的败家行为。在众人一边倒的舆论风暴中，独山县的相关负责人付出了沉重的代价。人们痛定思痛，认为在谋发展的过程中，要坚持事实的原则，切实以人民为中心，杜绝举债建设政绩工程、形象工程。

二是议题的敏感性。不同于重要性这一说法，敏感性是从事件、议题本身是否容易激化社会矛盾这个方面来说的。关于敏感性，有人认为其来自军事领域，比如说在装配、运输和储存炸药的过程中，会出现炸药暴露、撞击等情况，极易导致炸药被意外点燃，因而引发爆炸，由此造成难以估量的后果。一般来说，事件、议题越敏感，越会激发社会矛盾，甚至引发各种暴力冲突行为。在今天，人们对事关社会安全和公平的各种议题，如公共卫生事件、官员贪污腐化、各种资源的分配、性别歧视、就业、住房、社会保障等的关注度都比较高，一旦发生相关的热点事件，公众就会迅速在新媒体空间中积聚起来，对事件所牵涉的问题进行交流和讨论。如2020年5月，有媒体曝光湖南郴州永兴县有多个孩子出现湿疹、体重严重下降、头骨畸形酷似"大头娃娃"的情况，被称为"假奶粉导致湖南大头娃娃"事件，认为这些孩子都食用了一款名为"倍氨敏"的固体饮料，该饮料冒充"特医奶粉"。事件一经曝光，便在全国范围内引起震动，公众纷纷要求彻查和全面惩处，而永兴县也成立了专门的调查组，对事件展开了调查。事件引起关注的原因，是因为"倍氨敏"冒充"特医奶粉"，严重影响了民生、冲击了社会道德底线。三聚氰胺的影响犹在眼前，现在又有人违背道义，铤而走险，难怪事件一曝光就立即点燃民意，引发舆论风暴。又如2018年11月18日的"俞敏洪歧视女性"事件，作为新东方的创始人，俞敏洪无疑是一个名人，在事件的重要性方面本身就"自带光环"，加之发表的又是女性歧视这一极为敏感的话题，所以备受社会关注。也随即遭到了大范围的攻击。强大的舆论风暴使俞敏洪不得不在当晚21时58分道歉，但其道歉依然不真诚，说是自己表达不当，让网民误解了。这种道歉显得比较敷衍，且不敢直接面对矛盾的焦点。在今天，男女平等的观念已深入人心，且女性也为中国社会的建设和发展贡献了极为巨大的力量，但藐视女性能力的言论却时有发生，这说明了一些人习惯性轻视女性的思维得彻底改变了。

三是信息的模糊性。模糊性一般有两种情况：第一，热点事件在发生之初，真相还没有完全被公开，信息还不够全面，人们掌握的信息是碎片化的，具有模糊性；第二，社会大众不具备专业知识，他们对事件的认识比较模糊，难以看清其中利弊。这两种情况都会引发受众对事件的争议，不过第二种情况引发的争议往往更大，如食物中毒事件，普通公众就很难知晓其中的具体知识。比如关于转基因的争论，可以肯定，由信息的模糊性所引发的舆论效应，在未来的时间里会呈扩大之势，因为人类对科学已经有了更多的探索欲望，且由于政府、媒体和公众所掌握的信息有偏差，加之长期以来公众对某些工作人员和某些媒体的不信任，更容易产生各种各样的舆论。

四是信息接收的有效性。众所周知，由于覆盖率、传播速度、媒介素养等存在着这样那样的差别，因而对不同的媒体传播的信息，受众能够接受的有效程度也是有差别的。就目前来说，新媒体是覆盖面最广、传播速度最快、使用门槛最低的媒体，因而其信息的到达率是最高的。我们深知，大众传播要取得相应的效果，就必须保证能将信息传到受众面前，并为受众提供有效的互动渠道，否则受众根本不可能知晓发生了什么，更甭说产生相应的社会效果了。需要指出的是，将信息传到受众面前，只保证了信息的到达性，并不能保证信息传播的有效性。要保证信息传播的有效性，必须充分挖掘信息的价值，并采用全媒体的手段来传播信息，保证信息的“可读性”。这里提倡多角度地挖掘信息、多样化地传递信息，并不等于赞同那些采用耸人听闻、猎奇的方式来传递信息的行为，因为这些方式往往将舆论引向负面。如流传已久的割肾传说，往往采用引人恐慌的叙述手法，用血淋淋的图片、视频等冲击眼球，以达到其传播目的。这种方式使信息传播产生了强烈的刺激效果，但也容易引起不适。

五是意见领袖的参与程度。在新媒体舆论的生成和传播的过程中，意见领袖所起的作用是有目共睹的。当意见领袖在发布信息、发表意见的同时积极地与公众互动，不断影响公众对事态的判断时，其引发的舆论效应就较为明显。如 2018 年，曾有一个高校在禁止外卖进校园的过程中与外卖人员发生冲突。在冲突中，一些外卖人员充分发挥了“意见”领袖的作用，设置各种议题，列举学校的“管理漏洞”，指责学校不以学生为本等。当学校说禁止外卖进校园，是出于对学生安全的考虑(校方称外卖车辆在校园急速行使，会有较大的安全隐患)、是为了让学生不躺在床上睡懒觉而是早起锻炼身体和学习，因而禁止外卖进入校园能够在一定程度上消除校园安全隐患、改变学生的精神面貌。但外卖人员却针锋相对，与校园保安发生较为强烈的争执，将车辆开进学生宿舍旁并免费发放外卖，并宣称学校禁止外卖的不人道之处。在外卖人员的鼓动下，很多学生也加入对学校的指责之中，对学校造成了不小的困扰。这说明，在今天，由于人人都有麦克风，因而任何人都可能成为意见领袖——只要最先发布和披露信息，并进行较为有效的解读，就能吸引众多的公众参与其中，从而扮演起意见领袖的角色。难怪有人提出，在开展网络舆论治理时，得先擒住意见领袖这个“王”。

其实，在新媒体舆论效应的产生和发展中，还有一个因素所起的作用也是不小的，那就是相关部门对舆论的处置是否得力。倘若处理得好，事态就会向着政府部门所期望的方向发展，而如果处理不当，则会使负面舆论风暴越来越强大。正因为如此，相关部门应该建立联合防控机制，加强对新媒体舆论的监管力度，以有效地引导新媒体舆论。

本章小结

本章对新媒舆论的效应及其发生的机理进行了研究。研究发现，新媒体一系列舆论效应的发挥，受到议题的重要性、议题的敏感性、信息的模糊性、信息接收的有效性以及意见领袖参与度等因素的影响。

思考题：

1. 新媒体舆论具有哪些效应？
2. 新媒体舆论效应的发生机理有哪些？

第七章　新媒体舆论反转的动因及治理之策

在新媒体时代，怀有不同目的、追求不同利益的传播主体纷纷登场，在网络空间中生产和传播信息，致使信息把关越来越难。同时，在各种情绪、态度和行为的共同作用下，新媒体舆论场出现了“众声喧哗”情况。在这种背景下，新媒体舆论经常出现反转现象，而很多反转后的舆论会对社会造成恶劣影响，因而需要从源头上治理新闻反转问题。

第一节　新媒体舆论反转的动因

随着越来越多的个体参与到信息的生产和传播之中，大众传播媒体的信息生产和传播的主体地位被不断消解，原本作为个体的受众，因新兴传播技术的赋权而迅速成为新媒体空间中的“节点”，其信息生产和传播的能力被迅速放大，不少由他们发布的信息，能在短时间之内成为引发舆论的导火索。在这种情况下，旧有的结论式的新闻报道已经没有市场，信息呈现的视角和手段更为多样化，传播过程中被不断放大，各种有关事件的“事实”纷至沓来，但获取真相却显得有些遥远，因而新闻反转成为一种较为常见的现象，而新闻反转又往往引发舆论的反转。

2013 年，新华网推出了《盘点 2013 十大逆转新闻：有图未必有真相》的文章，人们就记住了新闻反转这一词语。随着新闻反转频率的增加，人们会对新的情况进行解读，而新闻媒体的权威性、公信力也在一次次的反转中被消解。新闻反转包括事实信息的反转和由此引发的舆论的反转。黄楚新等指出：“逆转新闻，也可谓反转新闻，指的是针对同一新闻事实，媒体后期的报道内容与前期报道内容显现出较大差异，随着报道内容的不断深入与完善，新闻报道内容向相反的方向改变，受众立场随报道内容极速两极化的新闻传播现象。”①王立等认为：“新闻报道反转”是指媒体最初报道的新闻向相反方向转变，随着报道不断深入，事件真相被更加客观全面地呈现，受众的立场急剧逆转，舆论表现出与之前截然相反的新闻现象。它阶段性地呈现部分真实，是新闻报道逐渐接近真相的过程，其本质是一种新闻失实。”②新闻反转是引发舆论反转的重要原因，但新闻反转与舆论反转存在

① 黄楚新，王丹．逆转新闻的成因及应对策略——从媒介素养的视角分析．新闻与写作，2015(10)：25.

② 张靖涵．对新闻反转事件中媒体和受众现状的分析．新闻传播，2017(21)：107.

着较大的区别。新闻反转是指这样一种现象：在报道同一件事情时，新闻媒体推出一次或多次事实明显不同甚至完全相反的文本；而舆论反转则是指这样一种现象：随着新闻事实信息的反转，公众的态度或者意见也发生了反转。需要特别指出的是，新闻反转并不是事实的反转，而是事件信息的反转，因为无论如何，事件发生以后，事实都是那样，只是媒体在报道的时候提供了前后不一的信息，致使新闻报道前后不一。那么，舆论反转的影响因素究竟有哪些？

一、源头信息的多变性

在新媒体时代，每个热点事件的爆发都会引发众多媒体的争相报道。为了获得特定的经济利益，很多媒体都会在事件爆发的第一时间抢发信息，以引起公众的注意和点击，实现流量变现。这就极易引发一种情况：在官方尚未对事件进行详细的披露之前，大众传播媒体、自媒体和微博大 V 等就在博取流量的浪潮中丧失了对所报道的信息负责的良心，争相爆料“事实”，展开合理想象，甚至不惜捏造虚假信息。以“王凤雅事件”为例，在王凤雅小朋友因癌症去世后，很多媒体传言四起，认为王凤雅父母诈捐，认为这个 3 岁的小女孩遭到了家人的虐待，她的父母是重男轻女之人。毫无疑问，这样的报道是极易触发社会大众的不满情绪的，在不明真相的情况下，他们会毫不犹豫地加入辱骂王凤雅家人的群体之中。尽管王凤雅的家人进行多次辟谣，仍然摆脱不了被谩骂和攻击的困境，一家人在悲痛中陷入恐惧，他们无计可施，任由站在道德“制高点”的公众辱骂。我们再次目睹了一个普通家庭在谣言和网络暴力中无可奈何的情景。

后来央视发表评论——《“小凤雅”事件真相出来了　谁该反思？反思什么？》使舆情发生了反转。这篇评论对事件的来龙去脉进行了详细的梳理，使事件真相浮出了水面，社会大众知晓了王凤雅的父母根本不存在诈捐行为，也不曾虐待过孩子，才让这场舆论风暴逐渐平静下来。舆论风暴是平息了，但媒体、社会大众的道德审判给王凤雅的家人带来的创伤是长时间都难以愈合的。通过这个事件，我们也看到，很多媒体善于用充满情绪化、猎奇化的话语来包装新闻事件的“爆点”，用“弱势群体”的素材来抢头条、博取众人眼球，在争取经济利益的过程中置社会利益于不顾。这是典型的罔顾事实、不理性发声的案例，一味地疯抢“爆点”造成了恶劣的影响。要不是某些媒体本着实事求是的原则，多方打听、多层次挖掘信息，整个舆论就不可能发生反转，王凤雅的家人也将难以洗脱诈捐、虐待女童的罪名。

需要特别指出的是，媒体对信息报道后出现反转新闻，进而出现反转舆论，并不都是媒体追逐利益所致。实际上，不少媒体是以社会效益为第一位的，但在新媒体这一宏大环境之中，面对各种信息传播主体纷纷传播信息的情况，很多媒体就出现了本领恐慌的情况，在新媒体的信息洪流中自乱阵脚，在慌忙应战中使舆论走向失控，极大地降低了媒体的公信力。

二、新闻真相的隐匿和权威信息的缺失

（一）新闻真相的隐匿

在追逐刺激效应成为潮流的今天，新闻真相的隐匿往往与后真相相关，很多时候都是因为后真相时代的“非理性传播”才让新闻真相难以浮出水面。后真相是一个网络流行语，其英文名称为 post-truth，人们用它来描述“客观事实在形成舆论方面影响较小，而诉诸情感和个人信仰会产生更大影响的情形。”post-truth 中的“post”表达的意思是“超越”，说明了在这样一个时代，“真相”已经不再那么重要了。

后真相一词与群体机制有着千丝万缕的联系。要熟练地把握后真相时代的舆论环境，就必须掌握信息传播中的群体机制。在新媒体空间中，人们往往以群体的形式来发表意见，以此对相关部门和人员形成个体难以施加的压力。但在新媒体空间中，社会大众难以用一种理性的思维开展信息传播活动，致使信息传播经常出现群体极化的现象，如果群体的力量足够强大，就会在新媒体空间中产生回声室效应，吸引、迫使更多的人参与到群体的信息传播之中，让公众不再重视真相，因为公众对事件的认知过程和自身的社会理性已被特定的群体所感染，受到各种群体机制的影响。在这种情况下，看似人人都有麦克风的新媒体空间，由于被某种强大的声音和情绪所感染，个体实际上很难坚持自己的观点，这种情况促使了后真相的发生。以“擦汗门”为例，2010 年 8 月 3 日下午，武汉市洪山区交警大队的几位执勤交警接到集合通知，在烈日下等待半小时后，武汉市公安局交管局政委前来为他们擦汗，并有记者跟拍，擦完汗后政委随即离去。这一事件被网友称为“擦汗门”。此事被报道以后，很多人指责相关的领导是在作秀。后来真相终于出现，这是发乎情、合乎理的慰问关怀，但由于突出了公安领导的个人形象，因此仍然没有得到公众的原谅。这说明，政府领导在公众面前存在着“塔西佗陷阱”，而一些官员经常掉入这一陷进之中。这种情况在新媒体时代更为常见，因为在公众大范围的参与下，政府和媒体的权威性、公信力均在一定的程度上被消解，当一些公共事件没能在短时间之内得到妥善处理时，公众就会将责任归咎于相关部门，认为是政府工作人员处置无力所导致的。如在新冠疫情迅速扩散期间，公众都较为恐慌，他们期望相关部门能够在第一时间控制疫情的蔓延，以保障老百姓的生命安全，如果相关部门在处置中显现出乏力的迹象，尤其是有的公众人员还出现了甩锅行为，舆论就会迅速形成滔滔洪流，对相关部门形成巨大的冲击力。

这是可以理解的，因为在后真相时代，每当发生重大事件时，人们不是习惯于追寻事件的真相，而是情感先行，将情感凌驾于理性思考之上。在众声喧哗中，真相往往为情感让道，公众遇事不加以思考，而是让情绪、情感先行一步，在情感的绑架下，舆论的态势极易发生变化。更令人担忧的是，在新媒体迅速崛起的年代，主流媒体的受众数量逐渐减少，很多人跑到更容易发泄自身情感的抖音、快手等娱乐化倾向极为严重的平台上发布和交流信息，使这些平台成为重要的信息传播源头，成为公众交流观点的新阵地，在不顾一切的情绪化表达中，群体极化现象经常出现，理性的声音变得极为微弱。以“山东女快递

员下跪”事件为例，2019 年 6 月，一段山东女快递员下跪的视频在网络上迅速走红。因为在中国人的观念里，下跪是一个极为严肃、极伤自尊、极其对不起父母等长辈的事情，若非迫不得已，没有任何人会愿意向毫不相关的人下跪。因此视频一经传出，便迅速成为热点，公众满怀怒火，纷纷向投诉人张某开炮，舆论势不可挡地偏向了下跪的女快递员，认为张某丧尽天良、无理取闹。但随着事件真相的公开——女快递员既没有被公司罚款也没有被开除，舆论发生了反转，指责女快递员的言论纷至沓来，快递公司的服务问题也被公众所攻击，就连当地的派出所也因为提供了“撑腰证明”而被公众疯狂吐槽，认为派出所的工作人员执法能力差到令人难以置信的地步。

（二）权威信息的缺失

谣言止于真相。每当发生重大热点事件时，相关部门都应该及时公开事件的真相，以最大限度地平复公众的情绪和压缩谣言滋生的空间。然而，在爆发热点事件尤其是重大突发性事件时，相关部门很难及时公布事件的全部过程，因而也就很难澄清事实真相。在这种情况下，免不了谣言四起，使舆论处于一发而不可收拾的境地。以网上谣传的石家庄交警打人事件为例，2020 年 11 月 20 日晚 18 时许，在青园街与中山路交叉口执勤的时候，长安交警大队的工作人员发现一电动车的骑行者（刘某）在路口西侧的人行道上由南向北逆向骑行。当工作人员上前纠正刘某的违法行为时，刘某拒不配合，并大声宣称不要电动车了，随即便将车丢弃，转身离去。这时交通执勤人员准备将电动车推走，当看到自己的电动车被推走时，刘某快速折返，迅速骑到电动车上面，准备强行将车骑走。交通执勤人员对刘某进行了多次劝阻，但刘某拒不服从管理，与交通执勤人员发生争执。在争执中，一名执勤人员因情绪失控，打了一下刘某的面部，刘某随即和执勤人员贴在一起。这时候，为防止刘某的报复，一名执勤人员把刘某摔在地上，并将其制止住。看到刘某被压住，原来坐在电动车后面的一名女子（事发之初曾叫刘某老公）用手中的包击打压住刘某的执勤人员，后在其他执勤人员的警告下停止了击打行为。

事件发生以后，一些媒体和公众出于对弱势群体的关心，将刘某被打、被制止住的画面进行处理后传播出去。当看到交警打人时，很多公众义愤填膺，呼吁对涉事交警进行严惩。由于相关部门没有及时公布事件的完整过程，让大家在第一时间弄清真相，所以经过特殊处理的视频和图片得以迅速传播，产生巨大的舆论风暴，极大地损害了交警的形象。为及时平复公众情绪，石家庄市公安局交通管理局成立了专门的调查组，对事件展开调查，逐步还原事情的真相，刘某拒不配合的行为也被人们所知晓，而相关部门也对涉事交警进行相应的处罚，且还在公安交警中深入开展规范化执法教育活动。在获知事件真相后，公众逐渐放弃对执勤人员的声讨，转而指责刘某的违法行为和拒不配合的态度，舆论终于发生了反转。但在这一过程中，相关部门没有及时还原事件的真相，以致前期舆论出现一边倒的态势，是值得深思的。它告诉我们，相关部门应该在事件发生之时就及时发布事件真相，及时补上权威信息，不能由媒体、各类大 V 推波助澜，使舆论向着负面的方向演进。

除了未能及时公开真相以外，相关部门对新媒体舆论的监管不力也是发生舆论反转的重要原因。在各类新媒体空间中，任何人都可以作为信息生产、传播和消费的节点，由于每个节点都具有其特殊性，因此在特定的信息传播中，每个节点都存在着促使信息变异的可能，而当信息在关键节点(如意见领袖等)上发生变异，就会孕育出新的舆论，在经过一系列的发酵以后，会形成一股强大的力量，对社会的发展产生极大的影响。也就是说，新媒体独特的信息生产、传播和消费模式，为舆论反转提供了便利，并给舆论的监管带来了诸多困难。当相关部门对关键性节点监管不力，就很难发现即将发生反转的舆论，也就很难对舆论的流向进行把控。

三、碎片化信息的拼凑与热点话题的翻炒

(一)碎片化信息的拼凑

碎片化信息的拼凑会诱发公众的主观臆断，并使之出现不断蔓延的情况。众所周知，新媒体时代是一个人人都拥有麦克风的时代，每个人都可以随时生产和传播信息，随时对社会进行监督。当热点事件发生时，所有在场的人员都可以利用手机这个新媒体发布信息，而很多媒体却要依靠对在场者的采访或者对在场者所发布的信息来寻找事件的真相，这就让在场者所发布的信息具有了先入为主的优势。在场者纷纷从自身的角度发布信息，使得信息碎片化的情况较为明显，未在场的公众接收到那些碎片化的信息时，他们只能将零散的信息碎片拼凑起来，以了解事件的大概情况，而令人遗憾的是，很多碎片化的信息都带有偏向性，都是在情感化和非理性的状态下发布的，尤其是涉及政府部门不作为、弱势群体等敏感问题时更是如此。当公众接收到这些信息，往往会在不明真相或者不想去弄清真相的情况下加入到鞭挞、攻击的队伍之中。需要指出的是，不少人将碎片化的信息进行拼凑从而试图了解事件的梗概，而有的人甚至连拼凑都不去做，单凭某条碎片化的信息就对事件下结论。如重庆公交车坠江案件，不少人知道这个信息以后，不等相关部门的调查结果，也不多方了解信息，单凭对“女司机”的刻板印象，就站出来谴责女司机越线行驶并撞向公交车。更有甚者，一些大V和自媒体人也纷纷转载和发布信息，对“女司机”进行谴责。事实上，那位“女司机”并没有越线，更不要说撞向公交车了。而在另外一个事件——“快递小哥雨中哭泣”之中，一些人看到快递小哥站在雨中哭泣，就臆想快递小哥的外卖被偷了，然后便站出来谴责偷外卖的人，而事实是快递小哥根本没有丢东西，他只是在和女朋友吵架以后感觉伤心而哭泣。

由此可知，碎片化的信息拼凑，让公众产生联想、产生臆断，并以自己的联想和臆断为依据，不假思索地谴责他人，除了体现自己的非理性之外，还为那些别有用心的人提供了挑拨离间的空间。毫无疑问，这种情况是不该出现的。

(二)热点话题的翻炒

热点话题的翻炒会导致相关舆论反复出现，为舆论的反转提供了机会。为了不断获取

相关的利益，某些媒体、某些人会对某些热门话题进行反复炒作，使之有周期性地刺激社会大众的神经，从而赚取点击量或点燃舆论。如近年来，不少媒体和大V反复炒作“PX”项目的相关话题，利用社会大众对“PX”项目的恐惧心理，煽动公共舆论。如宁波镇海湾塘等村庄，有数以百计的村民到政府上访，以“PX”项目离村子较近、担心村民受到毒害等为由，要求政府拆除该化工企业。村民们围住了城区的一个交通路口，使交通一时陷入堵塞。村民们对“PX”项目的担忧，源于有媒体、有人先前对茂名“PX”项目、厦门“PX”项目、大连“PX”项目等项目的担忧，并对江苏启东的“王子事件”心有余悸。因而村民一看到“PX”项目就头疼，且媒体也经常灌输“PX”项目的害处，所以村民们要反对。正因为如此，即使相关部门在“PX”项目开始实施之前就多次对其价值和安全保障进行宣传，但在某些媒体、大V的负面宣传和对自身安全担忧的情况下，舆论往往还是会发生反转。

我们经常发现，一些舆论明显已经淡出了公众的视野，但突然间又死灰复燃，且发生了反转。这是因为相关部门对这样的舆论治理不彻底。如在公众关注度极高的某些贪腐案中，我们会发现，为了尽快挽回民心，政府部门会将直接的当事人绳之以法，但对于案件背后的一些勾连切割不彻底，有些部门还会对贪腐案线索的提供者进行威胁，致使民间舆论再次被点燃和推向高潮。如“雷政富”案就是如此，前后七八次的舆论波动，折射出有关部门对案件处理不彻底的事实，出现了网民以雷政富为依托恶搞政府官员丑态的情况，外国政客和国内的一些不法分子借机制造舆论，抹黑中国政府，使负面舆论之风盛行一时。与治理不彻底相比，还有一种情况也经常引发舆论的反转，那就是明明已经进行彻底治理了，但一些相关的事件爆发后，公众又会联想到曾经发生的舆情事件，在他们附带性的评论中，出乎意料地把已经平息的舆论给重新点燃了。如在对某些产品、某些人进行评论时，一些人翻出了多年前××代言的霸王洗发水，一声“Duang”满载戏谑和调侃，成为攻击某些质量不达标的产品的有力武器。这是一种新爆点引发老舆论的情况。值得注意的是，新爆点引发的老舆论并不是一成不变地出现的，公众会给它加很多猛料。

四、社会大众的媒介素养及群体心理的影响

(一)社会大众的媒介素养

社会大众的媒介素养整体偏低会让煽动者的计谋得逞。信息传播的效果与受众的媒介素养有着较大的联系。无论是何种传播手段，都是传达特定信息的方式，那些善于使用煽动性传播信息的媒体和大V，固然在传播手段的使用方面令人不齿，但引发舆论的原因还是公众的跟风，而跟风除了有相应的诉求外，有不少是媒介素养不高、不对相关的报道进行理性化思考所促成的。众所周知，如果媒介素养较高，公众就能够抵抗住媒介的煽动性报道，敢于追求真相，不跟着瞎起哄。的确，新闻的真相容易被两种情况冲击：一个是公众的媒介素养和他们对某种事物的集体认同感，另一个是媒体监督与司法公正之间的博弈问题。可见，公众的媒介素养对其信息解读具有重大的影响。正因为如此，相关部门应该利用好媒体尤其是主流媒体，充分发挥它们的信息把关能力，力争从源头上进行治理，杜

绝反转新闻的出现，以此消除舆论反转带来的危害。同时，相关部门还应该想办法提高公众的媒介素养，让他们学会敬畏真相、寻找真相。对于媒体的把控，应该来说还是相对容易的，而对于提升社会大众的媒介素养来说，则较为困难。因为我国公众的数量较为庞大，媒介素养的提升本身又是一个系统的工程。

但不管怎么说，提升公众的媒介素养是一个势在必行的问题。这是因为，在新媒体已经深深地嵌入人类生产和生活的今天，公众的话语权正在增加，无论是什么人，也无论身处何处，只要接入互联网，就能快速地生产、传播和消费信息，并在这个过程中不断地与他人开展各种互动活动。在这种情况下，大众传播媒体和社会大众之间的关系发生了明显的变化，从传统媒体时期大众传播媒体是信息的生成者和传播者、社会大众是信息的接受者向双方均可以是信息的生产者和传播者，也可以是信息接受者的方向转变。与传统媒体时期的受众相比，新媒体时代的受众在信息生产和传播中的地位明显上升，且具有了众多的话语权，他们对新闻传播活动的参与，对舆论的生成和传播产生了巨大的影响。正因为如此，有人提出了媒体与公众间的“新闻对话”这一概念，它说明公众能够对媒体的新闻报道进行质疑和检验，也能够在为媒体提供相关信息的过程中改变媒体的关注点。受众地位的上升，对于社会舆论监督来说，具有不少的益处，但受众本身的知识水平的限制和利益诉求的干扰，使他们往往缺乏对新闻的真实性进行客观分析的能力和思想，在接触到相关的信息时，他们往往会从自身的角度出发、凭借自身的知识水平对事件进行分析和解读，在形成“独特”的观点之后，便通过网络表达出来。虽然受众的观点不一定是正确的，其中含有很多需要推敲的地方，但如果能得到其他受众的支持，就会逐渐形成特定的舆论。因此，如果公众的媒介素养较低，由他们推动形成的舆论就带有明显的偏向性和不合理性，而其他公众如果不能鉴别信息的真假，就会在新媒体这个宏观的环境中随波逐流。在不法分子的刻意煽动下，媒介素养不高的公众会迅速跟着站队，而随意的站队会增加新媒体舆论场的复杂性，并经常促使舆论的反转，为相关部门的舆论引导增加了诸多不确定性因素。

（二）用户的群体心理

用户的群体心理会让信息的关注点发生偏移。在社会运行中，人们为了达成共同的目标，寻找共同的归宿感，会在特定的时间和空间中结成同盟，对相关的事务、事件展开互动。互联网等新兴传播技术将地球变成了一个“小村庄”，人们能够随时听到来自不同地域的人的声音，并能够随时与志同道合者进行交流，在各种新媒体空间中临时或者较长时间地组成大大小小的社会群体。这体现了人类群居的特点，同时也体现了新媒体时代人类独特的信息活动——以群体的形式开展信息生产、传播和消费活动，达到为相关单位和人员施加压力、尽情娱乐等目的。

这就是典型的群体心理：一是免责心理。公众往往抱有一种法不责众的心理，认为人多势众，相关部门又很难对其中的一个人定罪。在对相关的热点话题进行探讨时，公众习惯于依附某一群体发表意见，将个体责任抛至脑后，责任意识极为淡薄，尽情地释放个体状态下被道德、法律压抑的恶性，并试图挑起更多的争端。新媒体空间中的人之所以有群体免责心理，原因是新媒体平台具有匿名性，容易让人产生不受约束的感觉，认为就算自己说了一些离经叛道的话、做了一些有违伦理的事情，相关部门也难以追查到自己，因而新媒体空间中的活动不会受到惩罚。同时，人们认为在群体中说话做事，是群体的事情，因为自己犹如一颗沙粒散落在群体中，不会为群体的行为承担任何责任。此外，在众声喧哗的新媒体舆论场中，各类信息更迭速度极快，新信息会不断覆盖旧信息，认为自己说了什么、做了什么会被迅速掩埋，没有谁会翻旧账。二是从众心理。从众就是盲目跟风，就像许多人聚集在红绿灯路口等待过马路，当没有人行动时，大家都自觉地等待绿灯亮时再过马路，但如果有人率先往马路对面走，就会有人跟上去，最后是等绿灯的人全部都跟上去，悠然自得地过马路，就算是车水马龙也满不在乎。在新媒体时代，人们在网络空间中的信息传播活动也具有从众现象，在看到有人发布自己支持的观点时，就往往会参与其中，与其他人共同对相关的新闻事件展开交流，就算是不支持别人的观点，也因为害怕被孤立、被攻击而保持沉默。因此新媒体空间中的从众心理包括发自内心的从众和迫不得已的从众两个方面，发自内心的从众是心甘情愿地跟群体站在一条线上，迫不得已的从众是虽然不赞同群体的观点，但为了免受打压而权宜性地予以配合。三是极化心理。在新媒体空间中，我们经常会发现，当群体成员在讨论过程中特别支持某一观点时，这个观点就会被群体成员视为有价值的观点，并不断在互动中强化这一观点，最后将之推到一种极端化的境地。群体极化心理使群体成员越来越支持其赞同的观点、越来越不支持其反对的观点。需要特别指出的是，群体极化意涵着这样一个事实：成员在一开始的时候就对事件带有特定的偏向性，在与群体其他成员交流以后，他们更加坚定自己的观点，继续向着既有的方向移动，直至形成极端的观点、产生极端的态度。

五、“中坚分子”的引导及公众自我表达意识的兴起

（一）“中坚分子”的引导

“中坚分子”的引导会让舆论风向标发生偏转。在新媒体舆论的生成和传播中，意见领袖的作用是极为巨大的，他们最先获知相关的信息，最先发表意见，其意见往往具有定调的作用。但在新媒体舆论场中，我们不能只看到意见领袖的影响。当意见领袖发表意见，吸引公众参与形成一个群体以后，群体成员会由于受到其他个体或者群体意见的影响而离开所属的群体。但在不少群体中，会有一些成员保持对事件独立分析的能力，他们不会人云亦云，也不会因为意见气候的变化而改变自己的立场和信念转而加入其他群体，这些人被称为“中坚分子”，是群体中少有的具有主观能动性的人。“中坚分子”往往接受过良好的教育，具有较高的知识水平，能够保持对世事的关注，且能够以比较理性的思维来看待问题，观点表达较为独到，在群体中其他成员摇摆不定甚至变换立场的情况下，“中坚分子”能够坚持己见，打破沉默，往往能吸引自己的“粉丝”，使舆论的风向标发生偏移。

由此可知，“中坚分子”对待相关话题的立场比较坚定、态度比较强烈，很多反转性的舆论都是在这些“中坚分子”的坚持下发生的，在“众声喧哗”的新媒体舆论场中，他们理性地、缜密地思考和分析问题，对事件的细节进行披露，对事件的真相进行揭露，吸引那些占据“多数人”的意见的群体成员加入自己的阵营中，从而形成新的意见气候。

(二)公众自我表达意识的兴起

公众自我表达意识的兴起会让少数人的意见逐渐发展成主流意见。在新媒体环境下，新闻生产机制明显发生了变迁，由 OGC 生产向 UGC、PGC、PUGC、MGC、OGC 多样化的混合生产迈进。信息生产和传播的权利已不只是掌握在媒体手中，利用手机等各种终端，普通公众也能像传统媒体时期的编辑、记者一样生产和传播信息，且可以用多媒体的形式将信息表达出来，彻底改变了传统媒体时代新闻生产以媒体为中心的格局，生产者、传播者和接收者之间的界限越来越模糊，“人人都是编辑”“人人都是记者”的时代已经来临。草根群体参与新闻信息的生成和传播，使与新闻事件相关的所有人、不相关的所有人都能够发布相应的信息，只要一个人先发声，就有可能引领一群人发生，迅速抢占舆论高地。在这种情况下，很多人都会利用自己的不满，发布具有鼓动性的信息，如“红黄蓝事件”中，就有人自导自演地发布信息，给幼儿园施加压力——一位家长在接受警方的调查时承认幼儿园老师并没有给孩子喂药，其发到家长群中的喂孩子药的视频，用的是自己家中的药片，通过诱导性的方式询问孩子时拍摄的；而另一位家长在接受警方调查时也承认，其在微博上发布的“叔叔医生、爷爷医生脱光衣服检查女儿身体”的信息也是捏造的。

这说明，在新媒体时代，公众的表达意愿已大大提升。原因是在物质生活问题解决以后，公众已不再担心生存问题，他们开始关注发展、自由、表达及参与等权利，消费目的从物质消费向意义的消费转变。也就是说，经济的发展让公众的物质生活越来越富足，他们的消费观念已经由物质消费向精神消费转变，其娱权利意识大大增强，对世事的关注度也不断提高。每当发生热点事件尤其是重大突发性事件时，公众都会积极利用自身的知情权、参与权、监督权和表达权等权利，积极通过微博、微信、论坛、QQ 等新兴媒体来发布和传播信息，表达自己的看法，对公共舆论的生成和传播起到了催化作用。新媒体的匿名性、虚拟化以及碎片化等特征，又消除了公众被攻击的担忧，他们越来越积极地表达自己的观点、发表自己的意见。当公众积极地对热点事件表达自己的看法时，他们有可能在众多的观点中提出独到的见解，从而在短时间之内吸引众多的“粉丝”。同时，在对某个热点事件发表自己的看法时，公众并不一定都以“多数人的意见”为依托，他们也可能选择支持“少数人的意见”，如果有越来越多的人选择“少数人的意见”，则“少数人的意见”就会逐渐变成“多数人的意见”，舆论也就发生了反转。因此，在传播学上，除了有沉默的螺旋理论以外，还存在反沉默的螺旋理论。需要特别指出的是，公众参与到新媒体舆论场域中，能够积极发挥民众的监督作用，但由于公众的新闻敏感性、媒介素养参差不齐，且新媒体空间中的信息把关又较为困难，因而在真假难辨的时候，公众的言论就会给舆论引导带来巨大的困扰。

实际上，作为新媒体时代重要的舆论主体的公众，其言论对舆论引导所带来的负面影响是较为常见的，相关部门对此极为头疼。而可以预见的是，这种情况远没有缓解的迹象，因为在新媒体的广泛覆盖下，公众上网的人数越来越多。第 47 次《中国互联网络发展状况统计报告》数据显示，截至 2020 年 12 月，我国网民规模达 9. 89 亿，较 2020 年 3 月增长 8540 万，互联网普及率达 70. 4%。其中手机网民规模达到 9. 86 亿，占网民总数的 99. 7%。这充分说明，在新媒体时代，参与信息活动的人数正在迅速增加。而我们应该看到，对社会舆论的形成、传播和发展来说，9. 89 亿绝对不只是一个数字，其后面蕴藏着巨大的声音和社会动员能力，参与的人数越多、舆论的声势越浩大，支持反转新闻的人数越多，反转舆论发生的几率就越大。当前，我国公众对社会发展的关注度比较高，对热点事件发表意见的意识也比较强，很多热点事件刚刚发生，就聚集了众多的人参加讨论，并在短时间之内形成舆论。而在事件刚刚发生时，许多真相有待揭露，但公众的大量介入，会在真相不明的情况下将舆论推向高潮。随着事件的发展，一个事实链逐渐呈现在公众面前，在事实面前，很多公众选择回头，支持相反的观点，致使舆论发生反转。

对相关部门来说，公众在事件刚刚发生时就参与到互动之中，促使舆论的高涨是较为头疼的问题，而更为头疼的是很多公众在看问题的时候，都是戴有有色眼镜，在刻板印象的驱使下想当然地发表言论，给人物、事件贴标签，制造各种对立点，不惜添油加醋、偷梁换柱、移花接木，将整个舆论场搞得乌烟瘴气。可以说，对事件的多元解读助长了随意表达的“歪风邪气”，降低了公众独立思考问题的能力，这种情况必须得到改变。

六、媒介对自身社会地位的追求

媒介对自身社会地位的追求会让事件被抢先报道，进而引发舆论反转。大众传播媒体拥有环境监测、社会协调和社会遗产传承等功能，新闻工作者被称为无冕之王。在社会发展方面，人们对新闻媒体寄予厚望。正因为如此，为了表现出自身独特的社会地位，大众传播媒体经常抢先报道各种信息，这在报道重大案件方面体现得尤为突出。每当发生重大案件时，大众传播媒体都习惯于置司法程序于不顾，抢先报道相关信息，并从自身的角度对案件进行判断，对涉案人员所犯的罪行进行定性，告知公众可以对罪犯定何种罪行、如何执行等，并对案件博弈的走向妄下结论——胜诉或者败诉。大众传播的这种行为被称为“媒介审判”，其侵犯了犯罪嫌疑人的公民权，干扰了法院的审判，极易混淆视听、遮蔽真相。由于公众对大众传播媒体具有一定的信任度，他们认为司法案件都较为严肃，大众传播媒体不会随意报道。因而很多人都依据大众传播媒体的报道，对相关案件进行评论，从而影响舆论走向，使司法机关的正常审判工作受到极大的干扰，甚至有的时候司法机关不得不根据大众的“民意”，对案件的处理作出一定程度的调整。

毋庸置疑，大众传播媒体的舆论监督在司法公正和案件的快速解决方面发挥了特定的作用，但如果大众传播媒体过于追求自身的地位，对相关的案件审理进行抢先报道甚至横加干涉，就会出现价值异位的情况：首先是抢速度以体现自己敢于担当、敢于监督的“品质”，但却孕育了负面舆论。在公众信息来源多元化、阅读上不愿深入思考(浅阅读)的今天，媒体为了抢速度而在没有得到司法机关允许之前进行报道，他们不愿花时间去调查、不愿思考如何设置有价值的议题，使信息传播出现了“劣币驱逐良币”的情况，致使舆论反转时有发生。如“湖南产妇死在手术台”这件事，在事情尚未查明真相之前，江苏的一家报纸及其官方微博就抢先报道，以《湖南一产妇死在手术台　主治医生护士全体失踪》为题，瞬间引发了公众对医生医术、医德的攻击，并对整个手术过程持质疑态度，再一次将医患关系推向了舆论的风口。但事实却是家属在医治过程中的一而再再而三的错误坚持，才导致产妇离开人世，此时舆论又不出意料地发生了反转，公众转而对产妇家属的胡搅蛮缠进行了抨击。据此可以说，一些媒体为了所谓的时效性，为了显示自己在社会监督方面的能力，在不调查、不等真相的情况下进行报道，使舆论生态受到了冲击。其次是利用技术赋权推行各种新的商业模式，以用户需求为中心推送信息，以此赚取商业利益。为了获得更多的用户，很多媒体不惜大肆制造猎奇性、爆炸性新闻，并在实实在在发生的新闻事件中制造“易燃易爆”点，如农妇组团“约炮”、父亲溺死儿子却用低保金“行乐痛快”“寒门状元之死”等，就是为了制造卖点，追逐流量变现。这些猎奇的、违反常理和伦理的信息，被称为“毒鸡汤”，常常引发舆论的反转，引发了人们对规范媒体内容生产的讨论。再次是媒体置专业准则于不顾，根据自己的主观臆测来发表评论，给公众一种“多数人”都持这种观点的感觉，在罔顾事实的报道中，媒体经常闹出笑话，引发舆论反转。最后是个别新闻媒体的新闻宣传偏离了主流价值观念。我国的新闻媒体是党和政府的耳目喉舌，在新闻传播活动中肩负着引导社会舆论、促进社会发展的使命。但个别媒体在经济全球化的浪潮中丧失了良知，新闻宣传、舆论引导脱离了正确的轨道，经常用夸张、煽动等叙事手法来诱导公众，使公众在没有正确认知事件发展情况的基础上逐步形成特定的舆论包围态势，并由此诱导更多的人产生更为强烈的舆论倾向，而在有关部门迫于舆论压力查明真相后，舆论又紧随其后地发生了反转。

七、新媒体的特性诱发舆论反转

一般来说，舆论发生反转，与其赖以生存和发展的空间有着直接的关系。在新媒体时代，舆论反转现象频发，原因是新媒体是一个极具开放性的空间，其信息生产和传播都是多重循环的，而不像传统媒体那样具有明显的闭环特征，信息能够在新媒体舆论场域中的各主体之间自由流动，公众可以随时搜索自己想要的信息，随时发表意见。同时，新媒体的门槛和使用成本都特别低，无论是谁，几乎都可以使用新媒体来获取、传播和分享信息，能够让公众从不同的视角了解事件的情况，从不同的层面对事件进行探讨。也就是说，新媒体打破了信息交流的时空局限、突破了阶层的藩篱，无论是阳春白雪还是下里巴人，都能够与他人进行自由对话，并在对话中选择自己的“阵营”，致使舆论交锋较为激烈。在斗争中，那些优势的意见逐渐占据上风，但这些意见不一定是对事实的正确表达，如果事实的相关信息发生了反转，舆论也会发生反转。

由此可知，新媒体的开放性、互动性、即时性、低成本、覆盖面广、信息量大等特征，使相关的主体均能够从不同的角度解读信息，致使意见气候会发生变化，让舆论处于动态的波动之中，并由此推动舆论的反转。

综上所述，新媒体舆论场是一个较为开放的舆论场，其开放性使得各种信息都能够在其空间中得以传播和交流，并在各主体的操作下发生这样那样的变异，随着真相的曝光，先前高涨的舆论逐渐平息下来，变异的信息被抛弃，真实的信息受到追捧，由此推动舆论的反转。舆论的反转对相关部门的舆论引导工作有着巨大的影响，因此对新媒体舆论的监测和引导刻不容缓。正如习近平总书记所说："做好网上舆论工作是一项长期任务，要创新改进网上宣传，运用网络传播规律，弘扬主旋律，激发正能量，大力培育和践行社会主义核心价值观，把握好网上舆论引导的时、度、效，使网络空间清朗起来。"①舆论是一个集合性的意见，是公众对于社会热点问题的大抵一致的态度和看法。由于舆论是公众对客观事件的主观陈述，因而既有理性的表达也有非理性的宣泄，"多数人的意见"在特定的时间之内成为公众社会诉求的重要反映，具有特定的价值取向。但"多数人的意见"并非都是可取的，新闻信息的反转说明，符合事实、代表真正民意的意见才是有价值的。带着怨气、具有鼓动性和发泄性、不明事理而自说自话的舆论是有害的，其冲击社会之后引起的反转，往往带来另一波的冲击。因此，无论是反转前还是反转后，反转舆论都会对社会造成影响，反转时干扰社会秩序，反转后损害社会公信力。正因为如此，各级政府均需要对反转舆论进行治理，杜绝反转现象的发生，营造一个和谐的舆论环境。

第二节　新媒体舆论反转的治理之策

促使反转舆论产生的因素是多元化的，既包括媒体的变化，也包括受众的变迁，还包括新闻生成模式的演变。当然，与社会转型时期各种矛盾的凸显也有着特定的关系。新媒体舆论的反转是随着事实信息的反转而发生反转的，其在反转的过程中存在着多主体、多层次的博弈。鉴于舆论反转存在着诸多的负面效应，因而必须对其进行治理。

一、让真相及时浮出水面

谣言止于真相。任何争论都是在事件信息比较模糊的情况下发生和进行的，一旦信息明确、事件线索脉络清晰，争论也就陡然消失。因此，在热点事件尤其是重大突发性事件发生时，相关部门应该在第一时间发布信息，告知公众究竟发生了什么，接下来将会怎么办，以此让公众不随意对事件进行推测，最大限度地将民心稳住。在发布相关消息以后，相关部门应该及时介入，对事件进行深入的调查，并分阶段及时发布信息。面对新媒体、公众发布的碎片化的信息，相关部门可以通过"迭代新闻"的手段，在源头上防止信息发生异化。

以"赵宇福州见义勇为案"为例，2018 年 12 月 26 日，来自黑龙江的赵宇见李某正在

① 习近平．创新改进网上宣传　把握网上舆论引导的时度效[OL/OB]. http：//www.cac.gov.cn/2014-02/28/c_126205895.htm，2021-04-24.

侵害女邻居，便上前制止，在制止的过程中，致使李某内脏受伤——据鉴定伤残达到二级，赵宇也因此于12月29日被拘留，原因是犯了故意伤害罪。消息一出，立刻引发公众的激烈讨论，大家从见义勇为是不是应该宽大处理、赵宇的行为属不属于正当防卫等方面进行讨论。在公众的关注下，2019年1月10日，赵宇被保释，2月21日，晋安区人民检察院对赵宇作出不起诉决定，赵宇月2月22日完全恢复自由。3月1日，检察机关对福建省福州市晋安区人民检察院就赵宇见义勇为一案的处理作出纠正，认定赵宇的行为属于正当防卫，依法不负刑事责任。3月12日，赵宇见义勇为案被写入2019年最高人民检察院工作报告，昭示法不能向不法让路。3月18日，福州公安通知赵宇，为其颁发见义勇为证书，并将于3月19日送至其家中。2019年12月18日，赵宇被福州市见义勇为基金会评为见义勇为先进分子。由此可知，事件发生以后，相关部门非常注重社会的反馈，及时回应社会的关切，让事件的真相及时浮出水面，并及时公布了相关的处置措施，不断补全事实，避免公众在接收到碎片化的信息后作出随意的判断，使公众在正向舆论的引导中前行。

二、对媒体的失实报道进行严惩

在多数场合，媒介也许不能控制人们去想什么，但在引导人们怎么想时却惊人地奏效。① 在很多时候，舆论反转都是由媒体不负责任的报道引发的，而媒体又是新闻信息的主要生产和传播者，因而应该对媒体的失实报道进行严惩，以充分发挥它们的把关人角色。唯有如此，才能让媒体坚持客观真实的原则，以客观公正的态度报道新闻。同时，还可以建立相应的平台，让公众对假新闻进行纠错和举报，如壳网有了自身的“谣言粉碎机”、腾讯建立了“全民较真”微信公众号。在政府相关部门和公众的双重监督下，媒体就会在很大程度上改变其抢速度而不顾事件真相、为了经济利益而不顾社会效益等毛病。

要实现这一目标，就要加大媒体的四力建设。所谓四力，就是传播力、引导力、影响力和公信力。在新媒体时代，公众以草根的身份加入新闻信息的生产和传播之中，使媒体尤其是传统媒体的传播力、引导力、影响力和公信力都受到了不同程度的消解。加之新媒体空间中的信息量极为巨大、把关极为困难，因而公众很难辨别信息的真假。所谓传播力，就是指信息发布者传播信息的能力。无论是哪一种媒体，只要不具备或者丧失了自己传播信息的能力，就丢失了自己的生命力，进而会迅速消失在信息传播的历史长河之中。传播力折射了一个媒体在信息传播过程中所拥有的传播途径、传播方法的有效程度，如果效果较好，则会对处于其覆盖范围内的公众产生特定的影响力，而这种特有的影响力会反过来助力媒体传播力的提升。媒体的报道量、报道的速度及信息的可抵达范围，都对其传播力有着巨大的影响，因此媒体应该积极构建自己的传播平台，以不断扩大自己的报道范围，拓展自己的受众面，提高自己的报道速度，形成强大的传播力。所谓引导力，就是媒

① 麦考姆斯，郭镇之，邓理峰．议程设置理论概览：过去、现在与未来．新闻大学，2007(3)：55.

体能够按照自身所期望的舆论环境来设置热点议题，并以此引导公众向着自己所需的舆论场迈进的能力。媒体的引导力事关舆论引导的效果，因为它可以引导公众客观地认知、思考和理解相关的新闻事件，从而减少负面舆论的数量。需要指出的是，引导力与媒体的知名度是密切相关的，媒体的知名度越高，越能获得公众的信任，从而提升自己的舆论引导力，其传播的社会效应也就越大。如果媒体能够在舆论的酝酿和生成期进行有效引导，就能避免舆论的迅速扩散，从而避免不必要的损失。所谓影响力，就是媒体传播的信息能够在公众中产生什么样的效果，能不能引起公众的共鸣。一个媒体具有影响力，公众就会在接收其传播的信息的同时接受其传播意图，使媒体能够达成其传播目的，产生传播效果。需要注意的是，媒体的传播力需要媒体在平常的新闻报道中慢慢积累，而不是在一朝一夕之中形成的。所谓公信力，就是指公众对媒体的认可度和接受度，是衡量公众对媒体信不信任的重要标尺。媒体的公信力是公众在长期的信息接收中逐渐形成的，取决于其报道的信息是否真实、是否符合公众的需求。需要特别指出的是，媒体的四力并不是毫无关联的，实际上，这四力之间是相互影响、相互依存的，失去了其中之一，其他三个的影响力也会降低。对于社会舆论来说，传播力是其生成的前提条件，引导力是其形成的手段，影响力、公信力则是其形成之后媒体能够对公众的意见和行为产生的引领能力。只有具备四力，媒体才能更好地生成、传播和引导舆论。

媒体的四力如此重要，在新媒体时代，究竟如何加强四力建设呢？总的来说，可以从以下几个方面进行努力：一是积极构建融媒体平台。融媒体是媒体融合时代的主要媒体形态，利用融媒体平台，能够24小时不间断地、立体化地播报信息，且能够让信息以多媒体的手段来呈现，从而不断提升媒体的传播力、影响力，构建舆论引导的新格局，提升舆论引导的效果，进而提升媒体的引导力和公信力。二是增强社会主义意识形态的引领。社会主义核心价值观是社会主义的主流意识形态，深受群众的拥护，无论是那一家媒体，只要违背社会主义核心价值观，都会遭到公众的唾弃。正因为如此，任何一家媒体，都要提高自己的政治站位，树立社会责任意识，保持对热点新闻的敏感度，自觉维护党的权威，以社会和谐为己任，以此获得公众的信任，增强自己的影响力。三是以新闻真实为己任，遵守客观报道的准则。媒体要在第一时间深入现场调查和采访，切实掌握事件的真相，准确地挑选出有价值的信息进行报道。唯有如此，媒体才能获得影响力和公信力，才具有传播力和引导力。

三、提升公众的媒介素养和培育公众的理性精神

在复杂、多变的事件面前，人们在简单、现成的语言中找到了方便的解答，感觉到了把握形势的力量，久而久之，很容易养成一种习惯，接受一些可以免除他们思考之劳的简明论断。① 在新媒体时代，每个人都想在各种各样的话语中表达自己的观点，每个人又都能轻松地表达自己的观点，但个体是有差异的，不同的个体的想法交织在一起，使整个舆

① 苏梓灵．舆论反转：新媒体环境下的优化转型历程．传播与版权，2016(11)：111.

论场异常复杂，舆论的反转也就时有发生。很多舆论的反转，都与公众情绪化、非理性化地看待事件、传播信息有关。这是公众媒介素养较低的体现。因此，要着力培养公众的媒介素养、培育他们看待事物的理性精神，使他们在面对新媒体空间中复杂、多变的舆论场时，能够客观公正地看问题，能够用负责任的态度去思考问题和发表意见，遇到新闻信息，先在心中反问几个问题：自己面对的是什么样的信息？信源来自哪里？信息是不是真实和完整的？假如不真实或不完整自己该怎么处理？相关的报道有没有依据？爆料者是怎么披露细节的？有没有其他的可能性发生？解读者是不是带有情绪化？多问几个问题，就能够减少负面舆论发生的几率。

四、培养意见领袖和“中坚分子”

要防止舆论反转，不仅要大力提升媒体的专业素养和公众的媒介素养，使媒体能够坚持客观性报道的原则，让公众能够明辨是非，同时还要培养一批可靠的意见领袖，让他们在关键时刻对相关的事件进行评价，以便及时矫正舆论发展的方向。对于意见领袖的培养，可以从政治素养和专业素养两个方面下功夫。在政治素养方面，要以新时代中国特色社会主义理论体系和社会主义核心价值观为依托，培养政治素质过硬、作风优良的骨干人员。在专业素养方面，要提升意见领袖从自身的专业角度看问题的能力以及对公众所发布的信息进行把关的能力。尤其是公众在各种群体之间的摇摆不定的时候，或者发生“沉默的螺旋”的时候，能够通过自己的发声聚集公众，营造意见气候。由此可知，面对复杂多样的新媒体舆论场域，建立起快速反应的意见领袖队伍，让他们能够在各种“新闻爆料”中看清方向，坚定立场，引导公众及早弄清真相，防止舆论的反转。

在新媒体舆论场中，“中坚分子”往往处于少数，似乎处于弱势，但是“中坚分子”意志坚定，对自己充满信心，能够坚持自己的观点，且这些人一般都具有强烈的社会责任意识，能够用理性的眼光看待和分析事物，即使面对巨大的舆论压力也不会轻易改变自己的立场。所以，培养“中坚分子”在防止舆论反转方面具有较大的意义。

五、积极贯彻落实“四项原则”和“五点主张”

在第二届世界互联网大会开幕式上，习近平总书记作了重要讲话，他站在人类命运共同体的高度，指出推进全球互联网治理体系变革，应该坚持尊重网络主权、维护和平安全、促进开放合作、构建良好秩序等思想原则。此外，习近平总书记还提出了“五点主张”：加快全球网络基础设施建设，促进互联互通；打造网上文化交流共享平台，促进交流互鉴；推动网络经济创新发展，促进共同繁荣；保障网络安全，促进有序发展；构建互联网治理体系，促进公平正义。习近平总书记的讲话说明，网络等新媒体是人类的共同家园，建设好这个家园是人类共同的责任。因而，我们需要在新媒体舆论治理中积极贯彻落实。现阶段，网络等新媒体舆论场呈现出“众声喧哗”的态势，各种非理性、各种情绪化的表达充斥着新媒体空间，给新媒体空间的舆论治理带来了极大的困扰。

本章小结

本章对新媒体时代舆论反转的动因及制衡之策进行了较为深入的探讨，认为新媒体舆论发生反转的原因是多样化的，包括媒体、公众、相关部门、热点议题、意见领袖和中坚分子等主客观层面。要防止反转舆论的发生，可以从及时让真相浮出水面、对媒体的失实报道进行严惩、培育公众的理性精神、培养意见领袖和“中坚分子”以及积极贯彻落实“四项原则”和“五点主张”等方面来努力。

思考题：

1. 新媒体舆论反转的动因有哪些？
2. 新媒体舆论反转的治理策略有哪些？

第五编　新媒体舆论与司法

本编专门对新媒体舆论与司法之间的冲突、调适关系进行了研究。新媒体舆论与司法的冲突源于新媒体参与社会治理这一根本性问题。作为一种大众传播与监督工具，参与社会治理是新媒体的一项重要功能，也是其存在的一个重要条件。在参与社会治理的过程中，新媒体通过各种舆论来对相关的社会现象和事件进行监督，但新媒体的舆论呼吁与司法的程序、惩罚尺度之间时常会存在着不一致的地方，这就为两者的冲突埋下了种子。新媒体的报道与司法之间时常会存在着不一致的地方。无论是出于经济社会发展的目的，还是出于建设网络强国和数字强国的目标，都需要很好地调适新媒体舆论与司法之间的关系。

第八章　新媒体舆论与司法的冲突及调适

新媒体舆论作为社会发展的重要监督要素，在社会治理中发挥着巨大的作用。但在参与社会治理的过程中，新媒体舆论经常会与司法发生这样那样的冲突，甚至出现“媒介审判”现象。因此，在发挥新媒体的社会治理功能的过程中，要处理好大众传播媒体的舆论监督与司法之间的关系，不断完善司法的舆论引导机制，从而构建和谐的舆论和司法关系，实现舆论监督与司法的良性互动。

第一节　新媒体舆论与司法的冲突

在新媒体时代，人类迎来了一个媒介化的社会，各类新媒体迅速嵌入人类的生产和生活之中，无论是社会组织还是突发事件，在媒体的高度聚焦下，迅速引发了公众的关注。而在公众对相关事件发表观点，形成大抵一致的意见和态度以后，就会迫使相关部门对事件进行深入调查并予以及时处理。正因为如此，不少人都宣称“媒介治理”的时代已经来临，认为天然拥有舆论监督功能的大众传播媒介在促进社会公平、维护社会大众利益方面发挥着尤为巨大的作用，呼吁积极发挥舆论的社会治理作用。毫无疑问，新媒体舆论在社会治理中发挥着独特的作用，但过多的炒作使其相应的作用被放大。实事求是地说，新媒体舆论无法满足公众的所有诉求，甚至在相关部门没有介入的情况下，新媒体舆论的社会治理作用很难发挥出来。同时，新媒体舆论在发挥其社会治理作用的过程中，还存在着众多的负面效应，因而新媒体舆论的“社会治理”是一个值得深思和不断探索的问题。

一、新媒体舆论参与社会治理的纠结

（一）新媒体舆论参与社会治理：有治还是无治

对于新媒体舆论的社会治理的探讨，还需要从媒体参与社会治理——媒体治理的角度出发，所谓媒体治理，也被称为“媒治”或者“媒体治”。它是指人们想通过媒体来实施社会治理，亦即通过媒体舆论对相关事件的曝光、发表意见来解决社会问题。其与通过法律来管理国家和社会的“法治”有着共同的期望。需要特别指出的是，“法治”是一种极为权威的治理手段，而且其治理社会的效果是极为明显的。而新媒体依靠舆论监督来参与社会治理，究竟能不能发挥实质意义？如果能发挥，其治理的能力又有多大？这是目前大家比较关心的问题，也是公众讨论得比较激烈的问题。从“唐慧案”“行长猥亵女子”“杨达才

案”“雷政富案”以及“郭美美案”等案件中可以看出，微博等新媒体的介入报道和监督，无疑对事件的及时处理起到了较大的作用。

然而，在上述的案件中，我们也不得不承认，舆论参与社会治理的力量被放大、被吹嘘，被炒作。一些人看到，在媒体曝光后某些事件得到了快速解决，便认为舆论的社会治理取得了胜利，甚至高呼让舆论参与社会治理的风暴来得更猛烈些。但吊诡的是，在非理性地炒作舆论治理的巨大力量的同时，公众却又把最终解决问题的希望寄托于法律之上，寄托于相关部门尽快依法解决问题。这就足以说明，新媒体舆论的社会治理是有特定效果的，但这个所谓的“治理”值得深思：新媒体舆论的社会治理只是监督和道义方面的，真正给那些违法乱纪的人加以惩罚的武器是法律，新媒体舆论只能发挥社会监督的作用。利用新媒体这一平台，公众可以理性、非理性地发表意见、表达诉求，在汇集起相关的民意以后，会形成一种社会公论，供相关的政府部门择善而从，当然，相关的政府部门也可以对此置之不理。

由此可知，媒体舆论参与社会治理的尴尬在于：几乎在所有时候，媒体都能对各种违法乱纪的事件进行曝光，并提出诸多解决措施，但要解决相关的问题，最终还得依靠相应的法律，对于违法乱纪者，媒体却只有切齿之恨，对于违法乱纪者的违法行为所造成的社会后果，媒体也只有切肤之痛。也就是说，当相关部门不介入、法律的作用没有彰显，即使事件被曝光了，即使舆论形成了，整个事件还是没有得到治理。这从一位新闻人的感叹中可以窥见一斑：“本人作为一名新闻职业人，手机里就有多条老百姓求助的短信，事涉劳工维权、拆迁等，但我实在是管不了。”①据此可知，维权者对舆论监督寄予了莫大的期望，原因可能是他们在利用法律武器进行维权时遇到了不少困难，因而想通过舆论监督来及时解决问题。但毫无疑问，媒体通过舆论监督的方式主动介入或被动地“卷入”社会治理之中，很难实现真正意义上的社会治理。不过这也不是说社会可以不需要舆论监督，无论舆论监督能在何种程度上参与社会治理，公众都希望能够借助各种舆论解决问题，因而有理性的、有价值的舆论监督，在促进社会公平、公正、健康的运行方面发挥着积极的作用。

（二）新媒体舆论参与社会治理的正面及负面效应

1. 新媒体舆论参与社会治理的正面效应

第一，新媒体舆论参与社会治理能够维护和促进社会公平。众所周知，与其他媒体一样，新媒体也具有环境监测、社会协调等功能。在对个人行为、公权以及社会事务进行监督以后，大众传播媒体能够在讴歌美好事物、表扬先进、树立新风尚方面发挥巨大的作用。同时，大众传播媒体还能够在开展批评和自我批评、鞭挞邪恶、开展思想及学术交流、促进文化繁荣等方面发挥着巨大的价值。由此可知，新媒体舆论参与社会治理，能够维护和促进社会公平。

① 曹林．依赖和迎合媒体寻找最有新闻价值的身份．中国青年报，2010-12-02.

第二，新媒体舆论参与社会治理能够加快社会的法治化进程。新媒体舆论参与社会治理，应该是推进法治化进程中的一部分，因为成熟完备的“法治”需要新媒体舆论的监督，当新媒体舆论参与社会治理的基础不断被夯实时，就离真正的“法治”时代很近了。就连那些否认媒介治理的人，也不得不承认，要及时实现“法治”的崇高目标，需要有相应的舆论来推动。一句话，新媒体舆论参与社会治理，能够加快社会的法治化进程。

第三，新媒体舆论参与社会治理为公众参与社会事务提供了一个较为有效的平台。在传统媒体时期，公众都只能作为信息的接收者而存在，而在新媒体时代，公众不仅能够作为信息的发布者参与到社会的治理之中，还能够利用新媒体特有的优势，多层次、全方位地获取信息，知情权、选择权和话语权都明显增多，参与社会事务变得极为容易。从社会监督的角度来说，新媒体舆论参与社会治理，说明了一个“公民会审”的时代已经来临，其在推动社会民主进程方面具有极大的意义。

第四，新媒体舆论参与社会治理使公众针砭时弊、传达社情民意时有了一个属于自己的公共领域。在公民参与的积极性越来越高、参与的范围越来越广的今天，新媒体构筑的公共舆论场，会形成一个个探讨国家、社会大事的公共领域，它能让民众畅所欲言、广泛交流，这种情况无疑会在较短的时间内形成影响政府部门施政行为的舆论环境。也就是说，新媒体舆论参与社会治理，能够打通内外权力，从而使整个权力生态发生变化，并由此不断完善行政管理体制。“中国是一个人情社会，这一特征也体现在国家治理中，这就决定了权力内部监督、内部制衡之难难于上青天。解决问题的出路，显然在于打通权力内外，将民意公论输入政治这个系统，改变整体权力生态。”①毫无疑问，这对于法治的实施是有着特定的意义的，但要达成这一目标，必须有一个能够在短时间之内形成比较一致的意见的渠道，毫无疑问，只有媒体才发挥这样的作用。

第五，新媒体舆论参与社会治理催生了新闻发言人制度，使官方和民间的沟通更为顺畅。在如今的媒介化社会中，无论发生什么事情，都瞒不住社会大众。因而无论是什么部门，想要遮盖任何已经发生的事件都是徒劳无益的，唯有及时向公众提供相关的信息，方能在短时间之内平息流言，促进社会和谐。在这种情况下，除政府部门外，所有企事业单位几乎都设立了新闻发言人，使之成为官方和媒体、官民沟通的有效渠道。

第六，新媒体舆论参与社会治理能够迫使媒体进行有效的改革。要对社会进行有效的监督，新媒体必须加大改革创新的力度，以练就强健的体魄。改革不仅仅是应付竞争的需要，也是新媒体承担社会意见气候的“测风标”、引导舆论的角色的必然要求。

2. 新媒体舆论参与社会治理的负面效应

第一，新媒体舆论参与社会治理有时会使公众对“法治”产生怀疑、使政府的公信力受到损害。实事求是地说，在解决社会问题的过程中过度诉诸媒介手段，对致力于推进依法治国的中国来讲，会使社会治理有头重脚轻之感。当公众习惯于通过新媒体的舆论监督来表达自己特定的诉求、维护自己特定的利益时，就意味着通过常规的手段来解决问题已

① ①杨于泽．“媒治”是民治与法治的暂代品．中国青年报，2010-12-03.

经比较困难，或者说公众已经丧失了通过常规的渠道来解决相关问题的信心。

第二，新媒体舆论参与社会治理让公权蒙羞。在新媒体爆料的丑闻中，有不少是极为常见但却在很长时间之内仍然没有得到解决的“顽疾”。在媒体没有曝光之前，政府部门为什么会对相关的问题视而不见？而在媒体对其进行曝光以后，这些司空见惯的问题为何又会受到众人的关注？如果媒体不进行曝光，相关的丑陋事件还要存在多久？

第三，新媒体舆论参与社会治理，有时会发生错误，引出冤假错案，对社会产生了较为恶劣的影响。真实是新闻的生命，无论是什么媒体，都应该坚持实事求是的报道理念。但在实际生活中，我们会经常发现各种假新闻，而由于出于特定的目的急于抢发信息，引起了不少冤假错案，很多反转性舆论的出现，就与这些行为密切相关。大量假新闻的出现，说明了不少媒体从业人员素质出现了严重的问题，这种情况极大地损害了媒体的公信力和权威性。很多时候，媒体也报道某些新闻从业者的丑事，比如拿封口费、收关系红包等，让以正义的化身出现的媒体蒙上了负面的阴影。再者，媒体在进行舆论监督的过程中，报道的负面新闻越多，公众对社会的警觉度就越高，社会成员的不安感就会增加，信任感就会下降。正如邓海建所说：“‘媒治’的边界，可以成为社会秩序的捍卫者与建设者，但不应总成为公共管理的第一枪——枪声越响，警示越多。”①

(三)对新媒体舆论参与社会治理的有效控制

新媒体舆论参与社会治理，既存在着诸多的正面效应，也存在着不少的负面效应。为了提升新媒体舆论参与社会治理的能力，就需要不断消解其负面效应。

1. 制定切实可行的新媒体舆论监督法律法规和完善行政体制

在制定新媒体舆论监督法律法规的时候，要基于实事求是的原则，在对新媒体舆论监督现状进行科学研判的基础上来进行，使制定的法律法规既不能放大新媒体舆论参与社会治理的能力，又不能消解新媒体舆论的监督能力。在完善行政体制时，要注意克服宗派主义、官僚主义以及小团体主义等倾向，做到依法行政、接受媒体的监督。

2. 对新媒体舆论的运行进行有效监控

新媒体舆论的影响力远比传统媒体舆论的影响力大得多，因而必须对之进行有效的监控，以充分发挥其在社会治理中的积极作用。在新媒体时代，公众可以随时随地地接触到各类新媒体，他们经常使用新媒体来探讨社会的热门话题，从自身的角度生成舆论，制造强大的舆论压力。一般来说，公众参与生成的舆论，并不都是虚假的，但是由于传播主体极为多样化，因而难以确定其信源，难以有效剥离其中的情感因素。在这种情况下，要消除情绪化、非理性化的元素，就要对新媒体的舆论场进行监控，并在长期的甄别中选择有良知、有责任心的版主。在监控相关的舆论走向后，要及时采取有效的处置措施。

3. 积极完善媒体竞争机制

当前，信息的生产、传播已从传者为中心向受众为中心转变。受众对信息存在着雅俗

① 邓海建．“媒治”不应总是公共管理的第一枪[EB/OL]．http：//blog.cntv.cn.

共享、雅俗分享的情况，为了获得流量变现，各类新媒体平台纷纷以受众为立足点来开展经营活动，竞争日渐白热化。在这种情况下，要防止恶性竞争的出现，形成相互借鉴、相互包容和繁荣共存的竞争机制。

4. 打造一支支高素养的新媒体从业队伍

无论是信息生产和传播，还是信息把关，新闻从业者都是必不可少的主体，是有效开展舆论监督的重要保证。同时，高素质的新媒体从业队伍，也是让新媒体实现自律、有效介入社会治理的重要保障。

二、新媒体舆论与司法的冲突

对于司法来说，新媒体报道可以对其产生积极作用，也可以对其产生消极作用。面对同样的问题，新媒体的报道与司法之间时常会存在着不一致的地方，因而新媒体的报道与司法之间会发生这样那样的冲突。客观地说，新闻报道与司法之间的冲突，在传统媒体时期也是存在的，只是在新媒体时代，信息传播的速度更快、范围更大、力度更强，因而引发的冲突也更为明显。媒体的监督作用不容小觑，有些时候，正是在媒体的报道下，事情才得以迅速解决。

正因为如此，有关舆论和法律在社会治理中谁更重要的交锋特别激烈。毫无疑问，这样的争论是不该存在的，因为法律一直都是实施社会治理的最有力的武器，“法治”是维护社会稳定的基石。但在新媒体舆论发挥其社会治理作用的过程中，舆论的走向与法律的实施之间会经常发生冲突——媒体为了凸显自己的监督功能，会指责司法的不公或者抱怨司法审判的速度过慢，而司法为了维护自己的权威，会指责媒体在实施舆论监督的过程中出现了“媒介审判”行为。总的来说，新媒体舆论与司法之间的冲突主要体现在以下几个方面：

（一）信息公开尺度的冲突

从媒体的角度来说，信息越公开越好，最好是借助媒体直播审判过程，这能很好地凸显司法的权威。实事求是地说，公开是展现司法公正的一种重要手段，但司法公开需要建立在不违背司法程序和合理量刑的基础之上，倘若公开对司法的合理处罚有危害，那就不宜公开了。

在司法审判中，一方面需要体现执法的公正性，因而需要公开庭审过程，但另一方面也需要防止记者在庭审现场的言行对相关的审判进行干扰，因而在庭审时，很多国家都对新闻媒体可以报道的内容进行了规制，其中最明显的就是详细规定了哪些报道属于侮辱、诽谤和恶意的攻击，倘若媒体违反了规定，就会受到惩罚。但在新媒体时代，除了媒体以外，相关的工作人员、公众等主体都参与发布与庭审相关的内容，且很多时候是以匿名的形式发布的，加之对相关的行为缺乏较为具体、详细的规定，使司法难以有效地对相关的信息发布行为实施惩罚。比如说，在庭审的现场，有家属等陪同人员将信息发布出去，只要没有增加或减少内容，司法部门就很难将信息的发布者“绳之以法”，如果惩罚信息的发布者，就会招致公众的抨击，认为惩罚没有依据、是相关部门不能公正执法时心虚的体现。在20世纪90年代，美国等国家曾经试图对用户在互联网上的访问行为进行限制(以法案的形式来限制)，但遭到了不少人的反对。事实上，相关的法律已经做到了最大的克制，即将限制的范围缩小至不让色情图片传递到未成年人这一群体之中，从而保护未成年人的身心健康。对这一规定持反对意见的人认为，宪法第一修正案就明确规定，言论自由是神圣不可侵犯的权利，绝对不能对之进行限制，因而这一法案最终被联邦最高法院否定了，理由是违反了宪法第一修正案。

目前，我国尚未出台专门的出版法、新闻法，在这种背景下，主要依靠一些相关的规定来管理新闻出版事业。此外，在相关部门的领导下、在长期的实践中，新闻出版事业形成了一套自我规制措施，即行业自律。因而，当新闻工作者对司法进行干扰时，通常采用行政命令的手段进行惩戒。由此看来，在对司法进行报道和监督的时候，新闻工作者的专业素养和政治素质显得尤为重要，但目前对相关的素养、素质也没有统一的标准，一些新闻工作者有时会受到困扰。毫无疑问，这些都会对媒体与司法关系的构建造成影响。

众所周知，各国都对境外信息特别是涉及意识形态的信息持谨慎态度，在对相关的案件进行审判时，司法部门往往会遇到很多敏感性问题，因而审判起来颇为不易。这个时候，信息公开就成为一个特别需要注意的问题。令司法部门头疼的是，不仅信息公开的尺度需要细心把握，还要防范媒体、公众的随意曝光。在今天，新媒体技术已经覆盖了绝大多数的公众，所有媒体的工作人员又都能够利用新媒体技术开展报道活动。可以说，在新媒体技术的赋权下，信息传播的国界越来越模糊，但由于国情、价值观等存在着这样那样的区别，因而在面对来自四面八方的信息时，各个国家和地区都持谨慎态度，一旦遇到跨境案件，比如盗版、私自携带信息等，司法部门就需要发挥浑身解数才能逐步推进案件，而假如媒体为了所谓的独家新闻、所谓的第一时间引发公众关注，抢先将相关的信息报道出去，就往往会在短时间之内生成特定的舆论，对司法的程序造成巨大影响。

可见，信息公开的尺度的大小，会造成新媒体舆论与司法的冲突。

(二)信息公开边界的冲突

实事求是地说，很多国家是不反对庭审公开的，庭审可以对公众开放。不过由于所有的法庭都受到场地的限制，不可能在开庭审判的时候让公众蜂拥而入，参加所谓的旁听。因此，很多公众想要了解庭审的情况，就不得不借助各种大众传播媒体。然而由于各个媒体在传播信息时都具有难以克服的缺点，比如报纸的时效性相对较差，不能满足公众需要及时、全面地了解庭审活动的情况；广播又只有声音，不能看到现场发生了什么；电视直播又让庭审现场变得更为复杂；网络等新媒体的视频直播，又往往具有煽动性，容易引发公众的非理性情绪。正因为如此，在开展审判活动时，每个国家和地区都在不断思考、实践庭审公开的边界问题。

近年来比较流行的庭审直播形式，深受公正的欢迎，但其实直播庭审是借鉴其他国家的经验而来的，在20世纪就实施庭审直播的美国，因对在场的新闻媒体没有进行有效的规制，使得庭审受到了新闻媒体的严重干扰，因而直到目前，美国、英国等西方国家都对庭审的公开持谨慎态度，尤其是在通过视频的形式进行庭审直播时，这些国家更是小心翼翼。由此可知，尽管很多国家都在采用庭审直播这一手段，但庭审直播的发展却始终困难重重，甚至在不少国家和地区，人们都将庭审直播看成是一种扰乱司法秩序的行为，认为庭审直播会给公正审判带来负面效应。正因为如此，在开展审判活动时，很多国家和地区都禁止照相或录像。

但禁止拍照和录像，显然不能得到公众的谅解。因为受到庭审场地的限制，公众难以到现场旁听，庭审对很多人来说是在封闭的状态下进行的，如果不让新闻工作人员拍照和录像，公众就难以对庭审产生身临其境的感觉，因而也总觉得缺少了点什么，特别是在新媒体技术高度发达的今天，带有封闭性质的审判，显然与司法公正的理想背道而驰，阻止新闻工作者的入场或者阻止他们开展有图有真相的报道活动，显然不能让媒体和公众信服。正因为如此，诸如英国等国家，就相继对庭审直播进行了“松绑”，由法官“自由裁量”，看能否向大众传播媒体开放，或者直接让一些公众进入庭审现场。

随着新媒体的崛起，一些国家逐渐采用文字的形式来直播庭审，允许用绘画或者文字的形式来记录、传播庭审现场的情况。对于具有社交性的新媒体来说，通过文字直播庭审现场，也可以为媒体与公众的互动提供一种有效的手段，且减少了对庭审现场的干扰，甚至可以做到对内容进行预先审查后再进行报道，确保司法部门依程序、依规矩进行审判。在这种情况下，以绘画、文字等形式来记录和传播庭审现场的情况，已成为一种比较常见的方式。

可见，信息公开的边界问题，会造成新媒体舆论与司法的冲突。

(三)社交媒体平台上名人个人账号的双重信息传播行为与司法的冲突

社交媒体对司法公正的影响也是比较深远的，尤其是在美国等媒体较为发达的国家，这种情况更为明显。一般认为，社交媒体只有作为一个公共平台来传播信息时，才具有媒体的性质。如新浪网，私人的微博账户是个人的东西，属于私人地盘，只有新闻、财经、体育、娱乐、军事、科技、视频、美图、房产、股票、汽车、小说、星座、健康等栏目，才是公共空间。但随着新媒体技术的不断普及和应用，那些由名人或公职人员等主体申请的私人账号，由于吸引了不少人围观，并引发了特定的社会效应，因而也有部分媒体的性质，也需要承担相应的责任。以“奈特诉特朗普案”为例，美国前总统特朗普被称为“推特治国”的人，原因是他发推特的频率极高，由于其特立独行，因而推特账号经常被攻击，很多人都对其施政纲领提出了反对意见。面对攻击自己的人，特朗普习惯利用推特的屏蔽功能将它们拉黑，让他们无法再看到自己推出的信息。这种做法被视为“双重信息传播行为”。特朗普的“拉黑”举动，被不少人认为是违法的。2017 年，哥伦比亚大学奈特研究所将特朗普告上了法庭(诉至纽约南区地区法院)，特朗普也成为了第一个因为屏蔽某些访问者而被起诉的自媒体人。

对于这件事情，不少人认为，作为一种社交媒体的推特是一个互动化的信息传播平台，作为美国总统的特朗普是典型的公众人物，他在推特上发布的“治国言论”，与社会大众的利益有着十分密切的关系，因而其推特具有公共论坛的性质，是公众空间。根据美国的宪法第一修正案的精神，作为公众人物的特朗普，无权阻止他人访问其推特账号。纽约南区地区法院布赫瓦尔德法官对此案进行了审理。此案审理起来也比较复杂，需要考虑宪法第一修正案是否适用于个人的推特账号将一些访问者拉黑的情况，对于民众的诉求，作为美国总统的特朗普，是不是有条件不予理睬。经过再三权衡，布赫瓦尔德在2018年5月23日宣布，特朗普的行为违反了宪法第一修正案，原因是特朗普的推特不是“个人账户”，而是“总统账户”，将他人拉黑，就侵犯了他们参与“公共论坛”的权利。因此，特朗普可以利用推特的静音功能来将那些他不想看到的评论、攻击屏蔽掉，但不能屏蔽别人访问他的推特账号的权利。

的确，作为美国总统的特朗普，由于经常在推特上发布与国家内政、外交密切相关的信息，允许那些支持他的人访问和评论，对于持反对意见者，特朗普则将它们屏蔽起来，这是相当不公平的。此外，作为美国的总统，特朗普的推特已是典型的“公共论坛”，这个公共论坛应该与其他的公共论坛一样，允许有不同的声音，屏蔽他人访问和评论，违反了美国有关言论自由的规定。就司法来说，其最基本的要求是“法律面前人人平等”，不存在游走于法律之外的人，虽然作为美国的总统，但是特朗普在法律面前并没有特权。

奈特诉特朗普一案，不仅事关司法的公正性，还涉及民众对美国第一修正案中所提及的言论自由的理解。同时，该案还有一个影响极为深远的地方，那就是作为自媒体的推特账号，因为申请人身份的区别，其也存在着私人地盘与公共领域的区别。公众人物的自媒体账号属于公共论坛，具有媒体的某些属性，大众传播媒体的一些规则对其来说是适用的。其在信息推送过程中所作的双重化处理，显然违背了法律的规定，因而应该受到相应的处理，这也从另外一个层面反映了媒体与司法间的冲突问题。

综上所述，新媒体舆论与司法的冲突，主要在于新媒体舆论的监督对司法具有“侵犯性”，而司法一直以客观、公正作为自身的审判标尺，对于媒体的干扰或干涉，司法是较为排斥和反感的。也就是说，司法审判有着严格的程序和法理要求，对当事人的处理是有板有眼的，在作出最终裁决之前，司法部门都希望对相关的信息进行保密，依法办案。而新媒体舆论的监督则需要充分发挥自己的主观能动性，及时披露信息，以获得公众的青睐。正因为如此，新媒体舆论与司法在程序保障、关注焦点、利益诉求、判断标尺等方面存在着这样那样的差别，使他们对案件的看法存在着一定的偏差，从而引发双方的冲突。

第二节 新媒体舆论与司法关系的调适

在新媒体时代，世界各国都进入了信息化建设阶段。要促进经济社会的发展，就要不断提升我国的信息化水平。同时，我国致力于建设网络强国和数字强国，而这也需要信息化的支撑。对于今天的司法来说，离开了信息高速公路，其公信力、权威性也会受到冲击，原因是只有得到人民发自内心的信仰和拥护，法律才具有真正的权威性。而在今天，公众都期望通过覆盖面极广、使用极为方便的新媒体来获知相关案件的审判信息，因而作为信息时代极具代表性的技术，新媒体已经对司法的舆论引导产生了巨大的影响。在这种情况下，司法必须要及时回应社会的关切，且要处理好与大众传播媒体尤其是新兴媒体的关系，自觉接受媒体的监督并规范媒体的报道，否则与司法相关的舆论就很容易产生蝴蝶效应。2019 年 7 月 11 日，《关于防范化解重大风险提供司法服务和保障的意见》发布，这是最高人民法院为了建立舆情应对机制而推出的，目的在于有效地处理大众传播媒体的舆论监督与司法之间的关系，积极完善司法的舆论引导机制，从而实现舆论监督与司法的良性互动。毫无疑问，这是推进依法治国的重要举措之一。

新媒体时代，必须调适舆论与司法间的关系，具体措施如下：

一、捋顺新媒体舆论与司法之间的关系

从根本上来说，新媒体的舆论监督与司法审判之间是存在着千丝万缕的联系的，但在很多时候，两者之间也有着各种各样的冲突。然而在实施依法治国、促进社会民主的过程中，新媒体的舆论监督和司法这两个法宝都是极为重要的，不能偏废。新媒体舆论监督能够促使真相早日浮出水面，但其中也不乏情绪化、非理性化以致影响司法公正审判的因素。虽然存在这样那样的冲突，但新媒体的舆论监督与司法之间并没有不可逾越的沟壑，因为它们两者均有着共同的目的，即将违法乱纪者绳之以法，还无辜者清白，惩罚横行霸道者、扶持受害者，以维护社会的稳定。新媒体通过各种舆论来唤起公众参与到监督司法的活动之中，使公众更加关注司法的进程及其合理性。在司法的过程中，相关部门必须考虑法律效果与社会效果的统一，这也说明司法也要考虑社会舆论，将舆论监督与公正司法统一起来。这体现了新媒体舆论监督与司法的联系。而新媒体舆论监督与司法之间的冲突着主要体现在舆论监督对司法审判造成了干扰，甚至在不少时候，舆论监督还干涉了司法的审判程序。社会需要新媒体发挥其舆论监督作用，但在新媒体空间中，各种舆论主体“喧哗不断”，使整个舆论环境存在着诸多的不确定因素，舆论监督众口难调，对之进行监管，难度也特别大。每每发生重大法律案件时，舆论监督都会如期出现。以“于欢故意伤害案”为例，2016 年 4 月 14 日，于欢因为其母亲苏银霞遭到催债人吴学占指使的十几个闲散人员的侮辱，且自己也受到推搡的情况下，拿起自己在工厂接待室的桌子上摸到的水果刀乱捅，致使杜志浩等 4 人被捅伤。其中，杜志浩因未及时就医而失血性休克并死亡，另外两人重伤，一人轻伤。案件发生后，很多新媒体立即进行报道，其中不少媒体将标题定为“辱母杀人案”，侧重于陈述苏银霞受辱的情节，迅速激发了公众的不满情绪。在一波波舆论的影响下，山东聊城市中级人民法院经过深入调查并反复对细节进行研究，最后宣判于欢无罪，社会舆论才逐渐平复下来。可以说，在于欢案件中，新媒体舆论起到了较为积极的监督作用，但在法律案件频发的今天，诸如“彭宇案”“李天一案”“药家鑫案”以及“赵宇案”等，无不敲响了新媒体舆论监督与司法公正的紧张关系的钟声。舆论的介入，给司法机关造成了巨大的困惑，因为部分舆论生成和传播者居心不良，他们扛着道德的旗帜，恶意绑架社会的道德，影响公众的正确判断，诱发了“舆论审判”“道德审判”，

使司法的独立性、权威性受到了极大的挑战，将司法推向泛道德化、片面化的道路。

正因为新媒体舆论监督与司法之间存在着根本性的联系，又有着诸多的冲突，所以有必要彻底捋顺两者之间的关系。一方面，司法要积极接受舆论的监督，让正义在公众看得见的地方得以伸张，从而提升公众对司法的信仰。另一方面，相关部门也要对舆论监督进行规制。倘能如此，就能实现一个全社会都容易接受的目标，即在赋予新媒体舆论监督的权利的同时，保持司法的独立性。但要实现这一目标，就需要做以下几点：一是及时公开审判信息、破除司法的神秘感；二是完善信息反馈机制，有针对性地开展舆论引导工作；三是畅通司法部门与民意的沟通机制；四是实现各级司法部门与媒体的联动机制，共同开展舆论引导工作。

二、让新媒体舆论与司法在长期的磨合中实现协作共生

相互间的指责有些时候会对社会造成较大的负面影响，其实两者都是社会所需要的，因而新媒体舆论与司法不应该老是在到底是谁干涉了谁的圈子里打转，两者都在促进社会的善治中起着特殊的作用，都对社会的发展贡献了自身的力量。所以，新媒体舆论和司法应该携手共进，充分发挥各自在社会发展中的监督、规范和促进作用。

但实事求是地说，新媒体舆论参与社会治理和“法治”的结合，尚有较长的磨合期。只有经过长期的磨合，才能从根本上改变世人的观念，真正看清两者结合的重大价值，并自觉地找到助推二者融合的纽带，理清它们各自的职责和共同目标，并由此较为自然地接受它们的制约、享受它们为社会带来的价值。从这个方面来说，新媒体舆论参与社会治理，更类似于“权利监督权力”的形式，是“法治”的一个重要组成部分，或者说是作为”法治”的一种不可缺少的补充性元素。此处以“唐慧案”为例，从治理的视角来说，在舆论的动员下，法律及时地对案件进行了裁定，让犯罪分子受到了该有的惩处。与此同时，对于唐慧在事件处理过程中的不合法行为(为了替女儿讨回公道，唐慧曾经到派出所吵闹，扰乱了派出所正常的办公秩序)，法律也进行了处罚。因此可以说，舆论监督确实在“唐慧案”的解决过程中发挥了特定的作用，但这并不意味着只要有媒体曝光、只要及时进行舆论监督，法律就会屈服于强大的舆论攻势，就会向着媒体的意愿去偏袒涉事的某一方。法律不会任凭媒体的指挥来行事，它有着自己特定的程序和明确的处罚规定。事实上，如果法律真的根据媒体的舆论走势来作出处罚，社会的治理未必能够向着善治的方向行进。因为如果依据舆论来对当事人进行处罚，就意味着法律不需要讲求公正，只需要在一浪高过一浪的声援声、声讨声中随波逐流，这无疑会造成巨大的负面影响，因为公众会根据自身的利益需求、根据自己的认知水平对事件进行评判，他们很多时候是带着情绪、带着非理性的思维来发表意见的，很难保证他们的诉求都是客观公正、合理合法的，如果法律带有情绪化和非理性的因素，那对整个社会来说无疑是灾难性的。

不过这也不能否认新媒体舆论监督的价值。事实上，在社会的治理中，新媒体舆论功不可没。因为新媒体已经渗透到了社会的每一个角落，它能像阳光一样照亮社会的各个阴暗面，使民意得以充分表达，使阴谋得以暴露，使正义得以伸张，使罪犯受到处罚。我们

也看到，不少事情是在媒介的及时介入和监督下才得以有效解决的，如“黄晓燕案”就是如此。2004 年，黄晓燕在通过执业助理医师考试以后获得了相应的资格证，但极为令人不解的是，因为河南省中医药管理局的失误，黄晓燕的性别被填成了“男”，这种不负责任的操作，给黄晓燕带来了极大的麻烦——因为性别不合，她只能卖药而不能行医。为了改变这种状况，黄晓燕先后 8 次到相关部门申请更改性别，但看似极为简单的事情却特别难解决，时间过去 8 年，但黄晓燕的申诉依然无果。处于“变性”阴影下的黄晓燕万般无奈，不得不向媒体求助。对此有人评论说，当一个公民在更正一个细微的错误时历尽磨难、费尽周章、历时 8 年仍然没有结果，说明了某些行政体制存在着较大的弊端，而这些弊端又凸显了法律的不完善性。黄晓燕在对“法治”感到失望以后，转而求助于舆论的监督功能，确实是迫不得已之举。这种评论虽然有以个案来判定整体的嫌疑，不过它却反映了“法治”的不完善性、滞后性。在这种情况下，方便、快捷的舆论监督就成为了很多人解决问题的有效手段。

三、为新媒体的舆论监督设立边界

及时出台有关法律法规，明确司法审判中舆论可以进行监督的范围和尺度。法律不徇私情，无论是谁，只要触犯了法律，都要受到相应的惩罚。这是法治国家的基本要求。因此，在对新媒体舆论的监督进行规制时，需要制定相关的法律法规，明确司法审判中媒体可传播的内容，在保证媒体的言论自由的同时，规范言论的秩序。

需要特别指出的是，在规定舆论的监督范围时，必须明确舆论监督的对象和监督主体的权利及义务。新媒体舆论监督的对象不是单一的，包括司法部门、案件当事人以及案件审判的各个环节，因而在实施舆论监督时，必须明确相关部门和案件当事人的义务，明确他们在案件审理中的所具有的权利，明确案件审理的各个环节中哪些信息是可以公开的、哪些是不能公开的。舆论监督的主体也不是单一的，包括各类大众传播媒体，甚至也包括自媒体人、明星等，当然，还包括广大公众。在开展舆论监督时，应该明确各监督主体的权利和义务，明确规定什么事情能做、什么事情不能做，倘若违背了法律的规定，会受到何种惩罚。对于舆论监督的主体来说，大众传播媒体尤其是其中的新兴媒体的影响力是尤为巨大的，其对信息的报道和对舆论的引导，往往能够激发出不少舆论漩涡，因此其在报道中必须谨慎地筛选、过滤信息，避免负面信息的影响。

由此可知，为新媒体的舆论监督设立边界，实际上就是要依法规制新闻报道与司法之间的关系。我国致力于推进依法治国，因而各行各业均应该依据法律法规来行事，各类媒体都不是局外人，其在报道司法审判的相关信息的过程中，必须明确自己报道的边界，依法依规开展报道活动。因此，在实施舆论监督的时候，新媒体除了要遵守宪法和国家的各项法律法规外，还要遵守一些专门针对信息传播活动的法律法规。我们讲言论自由，并非是没有边界的自由，所有的言论自由都要在遵守相关法律法规的基础上，从法律法规的规范性尺度中获得。新媒体舆论是集合式的意见，它是在众多主体的参与下建构出来的，因而个体的言论不仅不能成为公共舆论，还要受到法律法规的制约。这是可以理解的，因为如果不对个体的言论加以制约，任由其随意地、无意识地发表言论，必然给社会带来舆论分化且难以统合的后果，对相关部门的舆论引导造成巨大困惑。正因为如此，各舆论监督主体对法律法规的敬畏、信仰与尊重，是新媒体空间中信息交流活动有序推进的前提条件，也是良性舆论形成的前提条件。如果信息传播不能在既定的框架内运行，就会出现谩骂、攻击等行为，就会误导舆论，使言论自由变成了恶意攻击他人的武器，与实施言论自由的初衷和价值取向背道而驰。有鉴于此，必须对新媒体舆论监督实施法律监管，以有效引导舆论。2015 年 8 月 29 日，第十二届全国人大常委会第十六次会议通过了《中华人民共和国刑法修正案(九)》，这个修正案增加了很多与信息传播有关的条款，明确禁止在各类媒体上捏造和传播信息，对扰乱社会秩序的相关言论，必须进行惩罚。这其实也是对新媒体舆论监督边界的一种规范。毫无疑问，用法律法规的手段来明确新媒体信息传播的行为，是一种极为有效的手段。相关的规制包括以下几个方面：

第一，新媒体的舆论监督必须依法进行，要以司法公正为皈依，倘若违法了法律法规对言论自由的规定，新媒体平台必须承担相应的责任。

第二，对于那些会对司法公正产生重大影响的案件，新媒体应该及时予以报道，以消除大众的疑虑，但相关的报道必须考虑可能带来的负面影响。因而在对案件的报道中，新媒体必须保持客观公正的态度，绝不能为了博得观众的掌声而编造信息，绝对不能煽动仇恨，绝不能炒作具体的犯罪细节(炒作往往会引发模仿)，从而对司法公正产生影响。

第三，自觉割离与案件当事人员和司法部门的利益关系，不能搞有偿新闻。

从这三条要求可以知道，司法对新媒体舆论监督设立边界，实际上包括宏观和微观两个方面。从宏观方面来说，主要是以信息公开、诽谤法等法律来对新媒体的报道活动进行规制，在宏观上明确新媒体舆论监督的准则；从微观方面来说，是指对具体的案件进行具体的规定，明确个案的特殊性和容易引发的争议点，限制新媒体在报道具体案件时的言论。这也说明，法律并不禁止新媒体开展舆论监督，而是要其在实施舆论监督的过程中遵守审判规制、遵守司法管理的制度。

四、加强新媒体在舆论监督中的自律性

在开展舆论监督的过程中，除了需要遵守外部的法律法规以外，新媒体也要学会自律。作为当今的一种极为有效的信息传播、舆论监督工具，新媒体对司法审判的报道和监督，会带来巨大的舆论飓风。所以说，新媒体加强自律，以社会规范和自我规范约束自己，使新闻报道、舆论监督能够更为有序地开展，使舆论监督和司法之间的关系更为和谐，并由此为社会发展营造和谐向善的舆论氛围。新媒体舆论监督的自律，并不只是单个媒体、单个新闻工作者的自律，而是整个新闻行业、整个新闻机构的自律，因为单靠个体的自律不可能形成真正的秩序，只有建立行业自律，方能对个体起到规范作用。在建立其行业自律以后，当新媒体的舆论监督对司法的审判程序产生干扰以后，除可以根据有关的法律法规来惩罚外，还可以通过广大新闻工作者的谴责来及时制止相关的行动。需要指出的是，这并不是不让新闻媒体监督司法审判，而是要让新闻媒体产生这样的观念：对于司

法审判的不公、不恰当之处，可以及时向相关部门提出自己的意见，而不是首先想着制造舆论压力。

在当前，为了提升媒体的自律性，中国记者协会、各地方的记者协会都会组织评审新闻奖，以对新闻行业及其从业人员进行引导。这样的举措对于培养新闻工作者的自律意识有着不小的帮助，但如果从更高层次的标准来说，这种规制措施的力度是不够的，因为无论是从强制力方面还是从约束力方面来说，相关的措施都无法彻底发挥作用，对于自媒体人来说更是如此。在这种情况下，成立囊括大众传播媒体和自媒体，聚焦司法领域的行业协会是极为必要的，其可以对大众传播媒体的从业者进行约束，将他们的从业资格与行业自律挂钩。对于数量更为庞大的自媒体而言，相关的行业协会可以对其账号进行认证和管理，并对其发表的言论进行整体引导，避免大众传播媒体平台上的信息出现鱼目混珠、泥沙俱下的情况，进而起到净化传播生态的效果。

相关的自律包括以下几个方面：首先是专业方面的自律。这又包括两个部分，第一是记者的知识储备，要能够对事件进行专业性的解读，而不是泛泛而谈；第二是要能够坚守新闻专业主义，对案件进行客观、公正的报道，避免因主观判断带来的恶劣影响。其次是职业伦理方面的自律。在开展舆论监督时，新媒体要坚决维护司法的尊严，要依据法律法规来开展报道，做到不干涉司法审判，不预先对案件进行定性和对罪犯进行定罪，待法院做出审判后再对事件下结论。

五、充分发挥主流媒体的舆论引领作用

主流媒体具有极大的影响力和权威性，公众一般都比较信任它们。因此，在调适新媒体舆论与司法关系的过程中，要以主流媒体为抓手，积极营造良好的舆论氛围，使司法公正深入人心，促使执法者公正执法，让公众信任执法者。在我国，除了中央有着众多的主流媒体（报纸、广播、电视、新媒体）以外，各级政府也有自己的主流媒体（报纸、广播、电视、新媒体），且每个传统的主流媒体都积极开辟了自己的新媒体阵地。一般来说，主流媒体具备如下特征：第一，拥有极大的影响力和权威性，能够较好地发挥耳目喉舌的作用；第二，能够始终以社会主义意识形态为引领，能够坚持社会主义核心价值观；第三，对党极为忠诚，能够客观地报道国内外发生的事情，为百姓提供反映国内外政治、经济、社会、生态及文化领域的重要信息；第四，具有较大的传播力和公信力；第五，具有民生情怀，能够反映真实的社情民意。

在新闻报道中，我国媒体应该坚持正面宣传为主的方针，主流媒体更应该以正面宣传为己任，在选题策划、议题设置方面要坚持前沿性和重要性，在新闻报道中要掌握分寸，不能片面化、简单化和绝对化。就对司法审判的监督来说，主流媒体要做到准确、迅速、及时、客观、公正，并自觉与司法部门一起营造良好的舆论空间，而不是抓住某些细节不放。在发现一些媒体尤其是自媒体在报道涉法案件的过程中存在着违背司法公正原则时，主流媒体必须及时予以纠正，及时引领舆论航向，决不能置之不理。同时，在发生舆论反转时，主流媒体要及时澄清真相。

在新闻报道中，主流媒体要敢于凸显自己在司法舆论引导中的地位，与司法机关通力合作，客观公正地报道涉法新闻信息，全面反映事件的面貌，理性地发表意见，公平地支持相关群体的利益诉求，竭力维护司法公正，不断提高司法效率，巧妙地整合司法程序和公众的诉求，及时化解经济社会发展中的各类矛盾，让舆论始终在正确的轨道上运行。当然，在有关法律案件的处理中，媒体和司法的关系最多是竞争性的，绝不是敌对的，案件的有效解决需要双方之间的精诚团结、积极互动，因而司法机关需要积极配合主流媒体的舆论引导工作，让公众了解案件的真相、明白司法推进的程序和惩处依据，从而自觉维护司法的权威。也就是说，在与主流媒体打交道的过程中，司法部门不能一味地采取边界限制和舆情监管的手段，更不能对主流媒体的报道动辄采取"删除""堵塞"等手段，简单化、武断化地处理舆论，往往会事与愿违。因为这种处理方式不但不利于案件审判的推进，还会引发众多的次生舆论灾害。在新媒体强势崛起和蓬勃发展的今天，司法机关需要吸取教训，在监管媒体时要充分看清复杂的舆论情势，变"管治舆论"为"引导舆论"。如果要做得更好，则司法机关不仅要合理把握主流媒体舆论监督的界限，还要有意识地为舆论监督提供相应的法律保障，使主流舆论监督具有施展拳脚的空间，司法机关要给主流媒体留足发现问题、探索问题、解决问题的余地，以之为镜子，使司法工作不断向着公正、公平的道路迈进。因此，对于敢于揭露黑幕、敢于报道事实、敢讲真话的媒体，司法机关要予以支持和保护，使之不受攻击、不受伤害，与其一起营造风清气正的舆论环境。

因此，司法机关必须要有接纳主流媒体意见的宽广胸怀，因为很多时候，媒体的意见就是社情民意，而司法的最终目的是为人民服务的，司法公正是人民之福。在敞开胸怀、广听民意的过程中，司法机关就能够切实了解民众所想、所需。由于大众传播媒体尤其是主流媒体是司法机关了解社情民意的重要渠道，司法部门就要与之进行合作，了解公众对事件、对司法部门的态度，从而有效地做出审判。需要特别指出的是，司法机关开诚布公地接纳各类媒体尤其是主流媒体的建议，并不等于处在舆论的浪潮中而无法自拔，以致被舆论所左右，而是要有效地辨别舆论对司法公正、对案件审判带来的有利和不利因素，防止被媒体带偏了审判的方向，从而造成审判的不公，进而损害司法的权威。因此，在案件审判中协调与各类媒体尤其是主流媒体之间的关系，对司法部门来说，无疑是一门艺术，具体来说，可以从以下几个方面进行努力：第一是法律法规的协调。这种协调包括程序和实体两个方面的规则。就程序规则来说，主要是确定解决问题的步骤和方式，依据什么来进行协调等。就实体规则来说，双方的协调在于理清各方的权利和义务，即司法机关拥有什么样的权利，受到什么样的限制。第二，组织机构的协调。无论是司法机关还是新闻媒体，都属于国家的部门或者机构，都在党的统一领导下开展相关的工作。因而可以说，当媒体和司法之间发生争执时，可以由相应级别的法律机构或者新闻机构进行协调。不过无论如何协调，都必须在法律规定的范围内来进行。第三，法律案件舆论监督的协调。在主流媒体开展新闻报道的过程中，必须以依法治国为皈依，向公众宣传"法治"理念，让公众学法、懂法、守法，实现从普法向提高"法治"素养、营造"法治"环境的转变。同时，媒体的报道必须具有"法治"眼光，要熟悉法律的制定、执行的相关知识，做到知法、护法，学会全面而深刻的解读法律，而不是就报道而报道。此外，在新闻报道中，媒体还必须学会维护相关主体的人格尊严，无论是谁，该享有的权利要享有，该承担的义务要承担，不能随意侮辱他人(包括犯罪分子)的人格。一旦发现媒体触犯了法律，司法部门就必须立即予以制止。在具体的法律案件中，司法机关的工作人员应该及时与媒体工作者协调和沟通，妥善解决双方的关系。

总之，在长期的磨合中，大众传播媒体与司法审判之间已经有了诸多的合作基础：首先是具有一系列的法律法规，保障了司法的公正和媒体监督的权利。其次，经过多年的实践，媒体在涉及司法的新闻报道中已经拥有了相应的规制和较高的自律性，使舆论监督与司法审判之间有了协调的因素。最后，媒体的舆论监督与司法审判都有着共同的目的——维护社会稳定、促进社会发展。正因为如此，新媒体舆论监督与司法之间的冲突是可以调适的。

新媒体的舆论监督与司法之间的冲突可以调适，让我们明白一个道理：社会的和谐发展，既需要“法治”，也需要舆论监督，更需要将它们有效地结合起来。因此，媒体要摒弃情绪化、非理性化的倾向，客观公正、合理合法地表达诉求，真正发挥环境监测的功能；司法要公平公正、严格有序地运行，不过也要结合公众的合理诉求，具体问题具体分析，将依法行政与柔性执法有效地结合起来。倘能如此，司法与媒体的舆论就实现了有效磨合，“法治”与舆论监督良性结合的局面也就出现了。

本章小结

本章对新媒体舆论与司法的冲突与调适进行了研究。在冲突方面，首先对新媒体舆论参与社会治理的纠结及其治理中的正面、负面效应进行了探讨，接着从信息公开的尺度、信息公开的边界、社交媒体平台上名人个人账号的双重信息传播行为等方面探讨了新媒体与司法之间的冲突所在。在关系调适方面，主要从捋顺新媒体舆论与司法之间的关系、让新媒体舆论与司法在长期的磨合中实现协作共生、为新媒体的舆论监督设立边界、加强新媒体在舆论监督中的自律性以及充分发挥主流媒体的舆论引领作用等方面进行分析。总的来说，本章较为全面地反映了新媒体舆论与司法审判之间的关系，并针对它们之间的冲突情况，提供了较有价值的调适措施。

思考题：

1. 新媒体舆论与司法之间的冲突体现在哪些方面？
2. 如何调适新媒体舆论与司法之间的关系？

第六编　新媒体舆论的治理

本编主要对新媒体舆论的监测与搜集、分析与研判，以及新媒体舆论的引导等进行研究。新媒体舆论的监测主要涉及技术、机构和机制等，搜集主要包括一般和特殊两个渠道。新媒体舆论分析和研判能够比较全面、直接地反映各种问题，因而能够为国内治理和国际关系的处理提供重要参考。当前，我国在新媒体舆论分析、研判和引导方面尚存在着一些问题，有关部门需要采取一系列的改进措施，以实现对新媒体舆论的有效引导。

第九章　新媒体舆论的监测与搜集

新媒体舆论的影响极大，对新媒体舆论运行的前几个阶段——潜伏阶段、爆发阶段、扩散阶段、变迁阶段，尤其是潜伏阶段和爆发阶段进行监管，及时监测和搜集相关的信息，并对之进行分析，能够有效地判断舆论走势，从而有效地掐灭负面舆论的火苗。新媒体舆论监测和搜集的渠道、手段均是多元化的，需要根据特定的需要来灵活运用。

第一节　新媒体舆论的监测

在我国经济社会快速发展的过程中，一些新的问题和矛盾也逐渐凸显出来。而这些新的问题和矛盾较易引发相关的舆论。作为重要的舆论引导渠道，新媒体需要对相关问题和矛盾的性质、特征、趋势及影响等进行监测，及时构建有效的舆论监测和预警体系，为经济社会发展营造良好的舆论氛围。

一、新媒体舆论监测的必要性

新媒体的快速发展，使之迅速成为公众参与、监督各种社会事务的舆论场，成为公众发表意见的公共领域、政府部门搜集和了解社情民意的重要平台，也成为反映社会舆论动态的晴雨表，对经济社会的发展产生了巨大的影响。在这种情况下，加强对新媒体舆论的监测，对那些可能危及社会稳定、发展的敏感性、苗头性舆论进行分析，并及时发布预警信号，为相关部门及时把握社情民意、有效施政提供科学的参考依据。同时，加强对新媒体舆论的监测，也能够在把握经济社会发展态势和公众关注点的情况下及时营造正向的舆论氛围。

毫无疑问，预防危机远比在危机发生后到处寻找应对方法要好得多。正所谓不去预先考虑未来的问题和机会，我们就会从危机走向危机。对新媒体舆论引导来说，监测和预警也应该成为一项必不可少的工作。可以肯定，随着新媒体的迅速的发展和广泛普及，其在信息生产、传播和消费中的地位将会不断提升，而其所引发的舆论危机也将会越来越常见，加强相关的危机预防，已成为一件极为重大的事情。由此可知，不断完善公关危机中的舆论监测体系和预警机制，可以让相关部门能够对可能发生的舆情、舆论及其走向有一个较为充分的预估，从而提前做好应对工作，以最大限度地降低各种舆论对危机处理所带来的负面影响。

在新媒体时代，不少国家尤其是发达国家能够相对有效地掌控社会舆论热点，以及这些热点可能引发的舆论规模、走向等的一个重要原因就是他们建立或者聘请了较为专业的舆论监测机构。如美国就聘请了兰德公司这一世界闻名的“智囊”，让它参与到国务院、国防部的舆情监测和分析之中。近年来，我国高度重视舆论监测工作，建立了众多的舆情监测系统，但实事求是地说，与发达国家相比，我国在民意调查、舆情监测等方面尚存在着一定的差距。在这种情况下，我国要充分结合自身的实际情况，不断完善自己的舆情监测网络，并打造几家极具实力的新媒体舆情监测和分析机构，保证在公共危机事件发生时，相关部门能够与这些舆情监测和分析机构联动，以充分发挥这些机构在公关危机管理中的作用。

二、新媒体舆论监测的具体措施

(一)建立立体式的监测体系

全媒体时代的媒介生态、舆论格局、传播者、受众以及传播技术等都发生了极为深刻的变化，舆论引导环境变得极为复杂。要有效地做好舆论引导工作，就需要构建立体化的舆论监测体系，形成多家联合、多级联动、全方位共享的舆论监测态势，实现对新媒体舆论的全天候、全网络、立体化监测。在构建起立体化的新媒体舆论监测体系之后，相关部门需要及时对重大事件、重点人群和敏感性的节点展开专项分析，及时研判，做到全面、准确、及时地掌握新媒体舆论动态，把握新媒体舆论的发展规律，并在第一时间思考相应的应对措施。

(二)采取浏览、搜索和介入等方式，全面把握最新的舆情动态

首先是浏览。所谓浏览，就是阅览。浏览是发现舆情、研判舆论的重要方法。目前来说，浏览就是对新媒体平台上的各种网页、呈现等进行阅读，不断地查看，以了解是否会有舆情发生。在开展“浏览”活动时，要重点关注网页、即时通讯、微博、微信、论坛、贴吧、博客个人空间、社交网站等平台，仔细寻找可能引发舆论的信息，并及时归类处理。其次是搜索，即在某种理念、思想的指导下，利用各种搜索引擎搜索可能引发舆论的事件，将敏感性的事件和信息抓取下来，作为开展舆论分析的重要依据。在开展搜索活动时，要巧妙的设置关键词、有效把握事件热度，并将各类易于引发舆论的事件进行排序。最后是介入。所谓介入，就是亲身进入相关的微博、QQ 群、微信群中，成为“圈内人”，以民族志的形式了解公众的诉求，并将获得的信息进行归类。需要指出的是，不少政府部门、企事业单位也会委托相关的舆情监测机构来开展舆情监测活动，并未自己提供有价值的检测报告。

(三)利用全新的技术手段

从技术上来说，主要是利用先进的技术，对可能引发舆论的信息进行跟踪和分类处理，并对相应的舆情进行预警。利用大数据、5G 等技术，可以实时对新媒体平台上的信

息进行追踪、筛选和分析，发现可疑性言论就及时予以处理。不少国家对新媒体舆论监督的技术手段都较为先进，如美国的 Agence Virtuelle 公司就推出了谣言机器人(RumorBot)软件，用它来跟踪谣言，并寻找到谣言的出处，为相关部门的谣言治理提供强有力的帮助。其实，网络实名制等手段，也是一种有效辨识谣言出处的有效措施。

(四)成立专门的舆论监测机构

成立专门的舆论监测机构，派专人负责，全天候地对重点论坛、网站等进行监测，密切关注论坛、网站动态。一旦成立专门的舆论监测机构，就能够在资金、制度、人力等方面对舆论监测进行保驾护航。不过单靠某个单位所设置的舆论监测机构来开展舆论监测工作显然是不够的，相关部门需要实现与其他单位、其他地方的联动，形成互通有无、协同开展舆情信息监测的局面，以此构建起信息灵敏准确、反应及时和主动的舆论监测态势，迅速化解各种负面舆论的影响。

(五)建立健全舆论监测机制

在建立健全舆论监测机制方面，首先要及时建立健全各种新媒体舆论监测制度，正确引导和妥善处理各种舆论。其次是明确相应的职责，做到统一领导、权责一致、迅速反应、协同推进的舆论监测机制，科学监测各种舆论，并在综合判断各种舆论的基础上对之进行归类。

第二节　新媒体舆论的搜集

众所周知，新媒体舆论的监控是要围绕某一主体搜集相关的舆论信息，将它们集中起来，并进行深入的分析，以勾画出相关舆论的走势图，为下一步的舆论处置提供有效的指导措施。因此，搜集与新媒体舆论相关的信息，是新媒体舆论监控和处置的重要环节。

一、新媒体舆论的搜集渠道

对新媒体舆论进行收集，可以从一般渠道和特殊渠道两个方面来展开。一般渠道就是指进入各个新媒体平台进行搜集，特殊渠道就需要通过相关的统计部门来搜集。

(一)新媒体舆论搜集的一般渠道

新媒体舆论搜集的一般渠道就是各类新媒体平台，主要包括网络论坛、博客、播客、维客、微信、QQ、短视频、门户网站、人机互动(SNS)、搜索引擎以及各类 App 等。这其中最常用的就是网络论坛、博客、微信以及门户网站。需要指出的是，上述的搜集渠道，都是依靠互联网作为平台来进行的，属于在互联网类新媒体中来判断、搜集舆论信息。

诸如网络论坛、博客、播客、维客、微信、QQ、短视频、门户网站、人机互动

(SNS)及各类App，操作起来都比较简单，直接进入查看相关信息就可以了。但对于搜索引擎来说，则需要选择有效的关键词，搜索者要能在搜索到的舆论信息中寻找最为相关的信息。同时，搜索引擎中出现的关键词，是相关部门进行舆论管理的有效参考元素，因而此处重点介绍一下搜索引擎。一般来说，搜索引擎可以分为门户搜索引擎、元搜索引擎、集合式搜索引擎、垂直搜索引擎、目录索引、全文索引以及免费链接列表等，它们是人类基于不同领域的搜索需求而推出的。目前可谓是搜索引擎大爆发的时代，各类搜索引擎层出不穷，其中最具代表性的当数百度和谷歌。由于人们选定了相应的关键词以后就能搜索到相同或相近的信息，且速度特别快，因此搜索引擎的应用极为广泛、用户极多。而且，对于舆论管理部门来说，搜索引擎有一个巨大的贡献，就是可以根据用户搜索的关键词的出现频度来判定相关舆论的热度，判定相关舆论的走势。就中国来说，百度在搜索引擎领域一枝独秀，虽然有360以及搜狗等参与竞争，但自从谷歌退出之后，百度的优势地位就没有哪一家搜索引擎能够撼动，“百度一下，你就知道”这句广告词早已深入人心，折射出在中国的搜索市场上，百度搜索引擎就几乎就等于互联网搜索。需要特别指出的是，百度推出的“百度指数”(一种基于用户搜索的数据产品)是一个以数量极为庞大的用户搜索行为及贡献的关键词数量为基础的数据分享平台，是目前中国最为重要的用户数据的统计和分析平台。根据“百度指数”，人们能够获知相应的关键词在百度搜索引擎上的搜索规模和频率，能够预判相关舆论的变化，为舆论的传播和扩散画像，因而该指数为国内相关舆论的监测和分析做出了巨大的贡献。目前，搜索引擎已成为第二大网络应用(第一为即时通信)，其使用的人数、使用的次数已经特别高。然而，随着网民数量的暴增，搜索引擎的使用率还会进一步增长，其在舆论搜索和分析中的作用将更加突出。

(二)新媒体舆论搜集的特殊渠道

新媒体舆论搜集的特殊渠道就是政府统计部门、专题网站以及互联网管理部门等。要全面地掌握新媒体舆论的态势，除了可以通过上述的一般渠道搜集相关的信息以外，对一些较为特殊的舆论，还可以专门到相关的数据统计部门去获取信息，或者到相关的专题网站去找寻。同时，在新媒体发展极为迅速的今天，各国都成立了专门的互联网管理部门，因而相关的舆情信息也可以从互联网管理部门所获取。

需要特别指出的是，在各类舆论频发的今天，从一般的渠道和特殊的渠道搜集新媒体舆论的相关信息，并没有明确的界限。事实上，最好的办法是从两个渠道去搜集信息，以更为全面地把握舆论走向，进而做出最科学的判断和处置。

二、新媒体舆论的搜集范围

在搜集与特定的舆论相关的信息时，不仅要能够监控到重要的信息，还要能够有效地将其搜集起来。因此在搜集新媒体舆论的相关信息时，需要明确搜集的范围。总的来说，新媒体舆论搜集的范围，主要包括案例、观点、热词等方面。

（一）案例的搜集

在今天，很多热点事情发生以后，都会引起公众的关注，迅速形成相应的舆论。在各主体的博弈与合作之中，很多事态最终得以平息。然而，在一些事态平息的过程中，会形成对相关部门有着极大启发的经验，为相关部门的舆论处置提供特定参考价值。由此可知，很多热点事件由于其自身的敏感性、新奇性等特征，加之特定的处置方式，使其成为了经典的案例。舆论案例能够为相关的主体了解舆论的生成和传播特征、演化路径、发展规律等提供生动的素材。在舆论监测和研判的过程中，相关部门能够依据舆论监测系统中的"按热度排列"这一功能，迅速撷取热度较高、影响较大的事件，以此确定想要搜集的案例。在确定所要搜索的案例之后，就可以按照相关事件所涉及的领域，分别设置专项的舆论事件，将监测系统所搜集到的与特定事件相关的信息汇集在一起，并积极搜集相应的数据信息。

案例搜索是对热点事件进行分析和研判的重要手段，因而需要搜集和储存好下列信息：一是与舆论相关信息的来源，即信息来自哪些平台。如网络论坛、微博、微信、门户网站等，目的是弄清信息来源的结构，以便采取有效的应对措施，比如说来自哪一种（或哪一家）新媒体平台的信息最多，就有针对性地到相应的平台去开展舆论引导工作。二是热门信息，即相关的舆论事件在新媒体平台上传播频度较高、传播总量较大的那些信息。抓住了热门信息，就能够知晓舆论事件的主要矛盾所在，因而也就抓住了舆论分析和研判的核心。三是热门的观点或评论，即公众认可性最大的观点或评论，这些观点和评论往往不是由某一个主体提出来的，它可能由政府部门的工作人员提出，也可能由相关领域的专家或媒介评论家提出，也可能由普通的公众提出，提出这些观点和评论的人，就是所谓的意见领袖。当然，热门的观点和评论也可能不是由单个人提出来的，它们往往是在大家的交流和探讨中逐渐清晰和明朗起来的。四是舆论的态势，即舆论如何发展而来，又即将走向何处。几乎所有的舆论监测系统都能够在呈现相关数据的同时将舆论态势呈现出来，供人们了解舆论的走向。

（二）观点的搜集

舆论信息的搜集，需要重点关注那些蕴含着观点尤其是蕴含着代表性观点的信息。蕴含着特定观点的信息，会有规律地聚合在一起，因此，对舆论事件中包含着特定观点的信息搜集，可以从以下几个方面来进行：一是到各种能够吸引公众就相关事件发表观点的新媒体平台如网络论坛、门户网站、微博等空间中去搜集信息。在今天，一旦发生热点事件，公众都会习惯于到新媒体平台上去获取信息、发表观点。最吸引人的新媒体平台当属各种网络论坛、门户网站、名人的微博等，这些新媒体平台通常能够将新闻页面和相关的互动平台有效地连接起来，公众的关注度高、点击量大，他们会在相关的新闻信息后面展开评论，并进行交流和互动。因此，相关部门可以将这些站点列入舆论监控系统扫描的范围之内，通过"来源检索"这一功能，可以轻松找到相关平台对热点事件的报道和公众热议的话题，公众的互动(含点赞、顶、踩、支持、反对以及其他表明态度的表情等)越多，证明相关的话题越热门。同时，公众的互动或者评论可以作为判断他们对相关的事件所持的社会观点的依据。需要特别指出的是，有不少知名的微博已经成为公众讨论各种舆论事件的主要平台，在博主发声以后，公众会聚集在其微博账号下面，积极地发表自己的意见和看法。因而通过“专项事件”这一功能，相关部门能够搜集到较为集中的观点。此外，对于公众观点的搜集，还有一种比较常见的方法，那就是在线问卷调查的方法，它是一个快速、有效搜集公众意见的渠道。在发生热点事件时，需要获知公众的观点，相关部门可以自己在线开展调查活动，也可以与相关的媒体平台合作开展在线调查。不过不管是哪一种在线调查方式，都要抓住一个调查的根本所在，那就是参与调查的公众必须达到一定的规模，且要呈现出多元化的特征，因而在调查的过程中要广泛动员处于不同群体之中的受众参与进来。

观点的搜集，除了要搜集公众的观点以外，也要搜集媒体的观点。这是因为，媒体也是一个主要的舆论场——大众传播媒体向来是舆论生产、传播和引导的主要平台，其所发布的观点对公众有着极大的影响。由于各种原因(如利益诉求、追求社会地位、社会责任感的缺失)等，在发生热点事件之后，大众传播媒体会及时展开报道，对于较为重大的事件，一些媒体还会发表评论。事实上，媒体发布的消息、评论往往就是媒体对事件所持的观点所在，因而对相关信息的搜集，相关部门能够较好地把握舆论走向。对媒体观点的搜集，相关部门需要重点关注传播量较大、传播频度较高的文章，因为这样的文章有着独特的看待问题的角度，或者说它的观点得到了众多人的支持，所以形成舆论的可能性是最大的。同时，关注知名的媒体也是相关部门在搜集相应的观点时的一个较为重要的战略，因为媒体的知名度越高，说明其影响力越大，越能得到公众的认可。对知名媒体上有代表性的观点进行搜集和整理，要有耐心，不要出现遗漏。此外，在搜集媒体的观点时，相关部门一定要甄选那些有价值的信息，即选取那些既有信息作铺垫，也提供了独到的解决之策的文章。

(三)热词搜集

在引发舆论的事件的发展之中，总会有一些词语是被人们经常提及的，这些词语就是所谓的热词。在围绕舆论事件所做的新闻报道及各主体的交流和评论中，热词反复出现的次数，就是大家常说的词频。在开展舆论研判工作时，相关部门经常用热词出现的次数来衡量问题的突出程度、重要程度，或者说以热词出现的次数来体现热点事件的某些特征。

对于热词的搜集，可以从新闻报道的标题和各主体发表评论的信息中去搜集，也可以从新闻报道、新闻评论的信息中去搜集。将这两种渠道中搜集到的热词及其出现的次数进行对比分析，可以知晓各主体的关注点所在，并能够在舆论引导中采取有效的策略。热词的抓取是通过舆论监控平台中的数据抓取软件来捕获的，相关人员还可以直接输入一个词汇，让系统抓取其出现的频率，或者输入几个热门词汇，让系统对它们进行排序，以此开展舆论走势分析工作。

需要指出的是，新媒体舆论是动态性的，且可能在某个拐点上出现新的舆情，进而引发次生舆论。因此，在搜集新媒体舆论的相关信息的过程中，除了要加大既有案例、观点和热词的搜集外，还要根据事态的发展随时调整搜集的范围，抓取新的观点，助力舆论的分析和引导。

三、新媒体舆论的搜集策略

新媒体舆论的相关信息的搜集，主要有两种策略，一是主动搜集，二是接受相关舆情服务商的信息推送。

（一）主动搜集

在新媒体舆论的相关信息的搜集中，相关部门不能有偷懒思维，一定要积极主动地出击，搭建起相应的信息搜集平台，或者及时到相应的平台去搜集。在具体的工作中，需要科学地设定信息采集的站点和相应的关键词。

由于是积极出击，因而主动搜集具有自主性，能够把握信息搜集的主动权，能够依据自身的需求随时调整搜集的方向及范围。同时，因为每个搜集的站点都是经过精心挑选的，因而能够搜集到较为精准的信息，节约数据库的储存空间。在这种情况下，相关部门所搜集到的信息绝大部分都能够派上用场，为自己的舆论分析提供较为精准的服务。

但是，主动搜集也面临着不少需要解决的问题。首先是为了能够主动搜集信息，相关部门都会建立起能够有效搜集信息的系统，在这个系统中设置相应的搜集站点并让所搜集到的信息有效地整合起来，是一项技术活，也是一项较为繁琐的体力活，因而必须培养一支技术素养和专业素养都比较高的队伍，这除了需要花费较长的时间外，还需要较多的经济投入。其次是舆情搜集系统的打造需要相应的硬件设备做支撑。随着公众对社会公共事务关注范围的扩大，公共舆论的生成和传播范围不断扩大，相关部门需要回应的事情和需要服务的对象都在不断扩大，因而其所需要搜集的站点也就会不断增加。在这种情况下，相关部门就需要增加更多的硬件设备，并需要对原有的硬件进行升级改造，舆情搜集系统的建设需要更多的人力、物力的投入。最后是所搜集到的数据总是满足不了舆论走势研判的需要。众所周知，靠自己的舆论搜集系统来搜集相关的信息，无论怎么扩大搜索的站点范围，无论怎么升级硬软件设备，所获取的信息总是有限的，很难应对新媒体空间中瞬息万变的舆论情况，也就很难回应公众对相关信息的关切。

（二）接受相关舆情服务商的信息推送

接受相关平台的信息推送是指相关部门在靠主动搜集不能应对变化万端的舆论情况时，向专业平台购买相关信息的情况。众所周知，一些服务商打造了信息搜索能力较强的舆情监控系统，通过对成千上万的站点进行不间断的扫描，不断将新的有价值的信息存储到相应的信息库之中，由此拥有较为丰富的、实用性较强的信息，并随时推送给用户。舆论监控和引导的相关部门，在接收到服务商推送的信息后，可以依据相关的信息来对舆论的走势情况进行分析和研判，因而这种情况被称为接受相关舆情服务商的信息推送。

开展舆论监控和引导工作的相关部门选择以相关服务商推送的信息作为舆论研判的信息来源，能够大大节省舆论监控系统的建设和维护成本，可以集中精力地开展舆论走向分析。而且，不少实力较强的服务商所推送的信息，其站点来源都较为广泛，涉及的领域也极多——几乎涵盖了政治、经济、文化、科技、军事、国防等所有领域，且配置较为均匀。可以说，这样的信息能够拓展相关部门开展舆论研判的广度和深度，使其舆论研判更为科学、经济和高效。不过需要指出的是，开展舆论监控和引导工作的相关部门采用信息推送的形式来进行舆论研判，并不意味着他们被动地被相关服务商牵着鼻子走。在信息推送中，相关的服务商会不断扩大信息搜集的站点，当相关部门需要新的站点时，可以把站点名称以及相应的网址提供给服务商，服务商就将其设置为新的信息搜集点，并会对站点的信息进行扫描且将相关的信息推送出去。在这种情况下，新站点的信息采集就能够造福于相关部门和服务商——服务商的信息搜集站点逐渐增加，使信息来源更为多样化；相关部门能搜集到更多的、更有针对性的信息，提升了自己舆论研判的科学性。

四、新媒体舆论的搜集过程

舆论监测的目标是要有效利用各种监测系统来抓取有效的信息，并根据相应的标准和规则，将抓取到的信息进行归类，以形成一个舆情数据库，以此为相应的舆论分析和引导提供参考性意见。就目前来说，新媒体空间中的信息搜集，一般是综合利用垂直搜索引擎的网络爬虫、任务与索引系统以及分词系统等技术来实现的。利用这些技术，对新媒体空间中浩如烟海的信息进行搜集，在搜集到相应的信息以后，就对之进行分拣和加工，最后将之运用到相应的舆论研判工作之中去，以专业化、效果最大化地引导舆论。

在新媒体舆论的搜集中，网络爬虫技术是使用极为广泛的一种技术，其原理是利用新媒体的超链接优势，通过网页的链接地址来寻找网页，也就是从指定网站的特定一面(一般是网站的首页)开始，逐步读取网页的内容，在找到网页中相应的链接地址以后寻找下一个网页，如此循环往复，直至将指定网站的所有网页都抓取下来。由此可知，如果把某个新媒体平台视为一个网站，网络爬虫技术就可以在新媒体平台的相关网页中不断的“爬”下去，将新媒体平台的所有网页都抓取下进来，从而搜集到特定数量的舆论信息。因此，新媒体舆论的搜集，是可以利用网络爬虫技术的。实际上，现在很多舆论监控系统都常常使用网络爬虫技术来抓取数据。在搜集新媒体舆论的信息时，网络爬虫的工作原理如图 9-1 所示。

由图 9-1 可知，在抓取新媒体舆论的相关信息时，网络爬虫技术是有着一套紧密联系的运行程序的。可以肯定的是，新媒体舆论的搜集技术将会随着新媒体的发展而不断拓展其功能，以充分获取相应的信息，包括分布式的信息搜集、规模更大的数据抓取、支持对各种内容表现形式(文字、图片、音频、视频、动画)的信息搜集。此外，新媒体舆论的搜集技术能够及时过滤无关的信息，并实现相关数据的互换和共享。

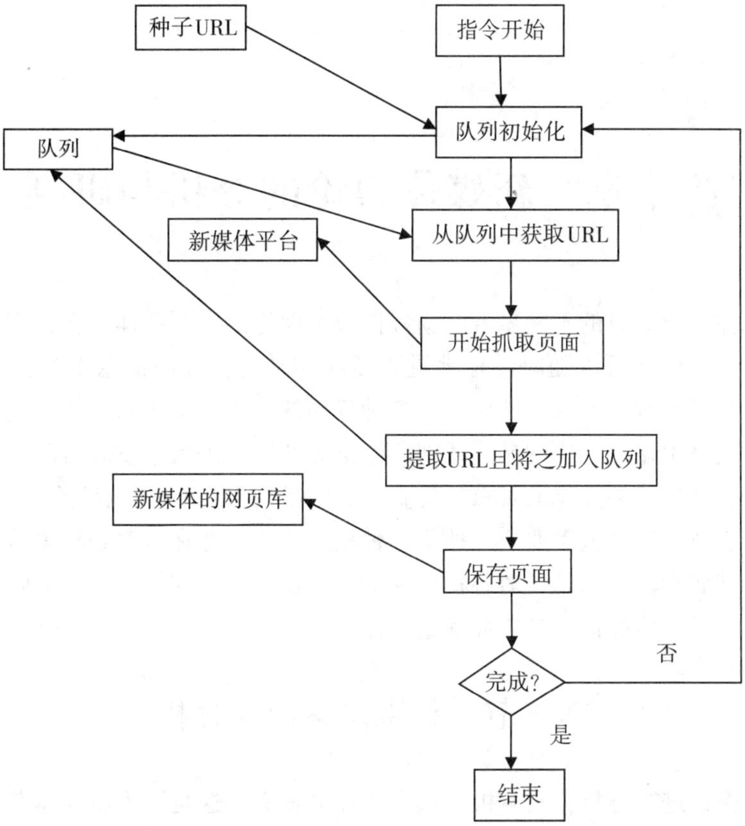

图 9-1 网络爬虫抓取新媒体舆论相关信息的示意图

本章小结

本章对新媒体舆论的监测和搜集进行了研究。就监测来说，需要从监测体系、介入手段、技术、机构和机制方面下功夫。就搜集来说，需要从搜集的策略、范围、渠道以及过程等方面来进行思考。

思考题：

1. 新媒体舆论监测的具体措施有哪些？
2. 新媒体舆论的搜集渠道有哪些？
3. 新媒体舆论的搜集范围有哪些？
4. 新媒体舆论的搜集策略有哪些？

第十章　新媒体舆论的分析与研判

随着新媒体用户数量的不断攀升，新媒体成了舆论的主要载体。在社交化媒体的应用日益深入的今天，公众可以随时随地地进入新媒体平台，开展信息生产、传播及消费活动，充分表达自己的观点，并由此生成了各种各样的舆论。由于新媒体舆论场的主体比较多，他们通过网络论坛、门户网站、微博、微信等新媒体平台来发表自己的意见，并与他人进行互动时，会形成多元化的观点，使整个舆论呈现出“喧闹不断”的态势。这就说明，要正确引导新媒体舆论，就需要主动搜集各种相关信息，并在搜集到相关信息以后对之进行科学的分析和研判。所以说，对各种舆论信息进行充分的挖掘、分析和研判，切实弄清其扩散路径，是新媒体舆论引导方面的重要任务。

第一节　新媒体舆论的分析

对新媒体舆论进行分析，具有极为重大的社会意义，这是因为新媒体舆论能够较为全面地反映出社情民意的走向，对社会发展有着巨大的影响。实事求是地说，新媒体舆论分析能够比较全面、直接地反映社会现实问题，对社情民意的监测、预警、反馈等具有极为重大的意义，能够为相关部门提供若干有利于监测社会环境、把握发展全局的参考措施。一般来说，新媒体舆论分析主要围绕两个方面来进行：一是舆论的生成和演变过程的分析，目的是要找到舆论生成和变化的原因。二是舆论的态势分析，目的是对舆论的发展走向进行分析，并在分析中对舆论走势进行画像，以此为舆论的应对提供相应的方案。

一、新媒体舆论分析的维度

(一)舆论的热度分析

舆论的热度主要是从四个方面来界定的：一是指某个新媒体平台对某个舆论事件的讨论所达到的峰值；二是指一定时期之内对舆论事件讨论的平均值；三是舆论事件对新媒体平台的常规数据的变化所带来的影响；四是其他新媒体平台的转发报道数量的多少。因此，舆论热度指数是从各种新媒体平台(如网络论坛、门户网站、微博、微信等)中搜集到数量极为庞大的信息，然后根据特定的类型对信息进行分类，并对相关的信息进行标准化计算后所获得的指数。

对新媒体舆论的热度进行分析，目的是要还原新媒体舆论产生和变迁的过程，以找出新媒体舆论发展的动因和舆论扩散的速度、严重程度。相关部门在对舆论热度展开分析时，既可以利用自己监测到的数据进行分析，也可以利用服务商抓取到的数据进行分析。

在提取到舆论热度指数以后，就可以得出公众对相应事件的关注情况，哪一个方面的热度较高，说明相关的信息受到的关注程度就较高。例如“云南女导游责骂游客购物少”的视频传开以后，立即受到了众多人的关注，其中关于女导游骂游客的舆论热度最高，一句“来到咱们云南你抱着什么心态，骗吃骗喝骗玩嘛？”在某微博中的转发量达到了 11900 余次。在强大的舆论压力下，相关的旅行社和导游都受到了处罚。而“@ 央视新闻”2019 年 5 月 3 日发布的消息：“今日，云南省旅游局表示，辱骂游客的导游和其旅行社已找到，正接受调查”，在短短 4 个多小时的时间里，转发量就达到了 3035 次。舆论热度指数在政治、经济、文化等各个领域的广泛应用，使政府部门、企业、社会组织和个人都能够快速地了解事态的发展情况，并能够根据相关的热度采取相关的应对措施。

对于微博、微视频等“微媒体”来说，它们能够通过自身的专业技术，在整个网络中检索和爬取相关数据，在海量信息的支持下、在公众信任度越来越高的情况下，这些“微媒体”能够拥有更可靠的舆情数据，能够确保舆论热度指数的精确性。利用微媒体的相应功能，输入特定的关键词，就可以立即形成可视化的热度指数图，让人们能够及时了解特定时间之内舆论的热度指数变化情况。以“滴滴事件”为例，所谓的“滴滴事件”不是一个具体的事件，而是指很多女性因为利用滴滴打车平台打车，后被滴滴司机性侵、杀害等事件，如 2018 年就发生两起滴滴事件——当年 5 月 5 日 21 岁空姐乘顺风车被害事件和 8 月 24 日乐清女子滴滴打车遇害事件。在短时间之内发生多次“滴滴事件”，因而引起社会的震动，笔者曾在中国人民大学匡文波教授的指导下，分别对微博和头条有关“滴滴事件”的热词进行分析，得出热评图，如图 10-1、图 10-2 所示。

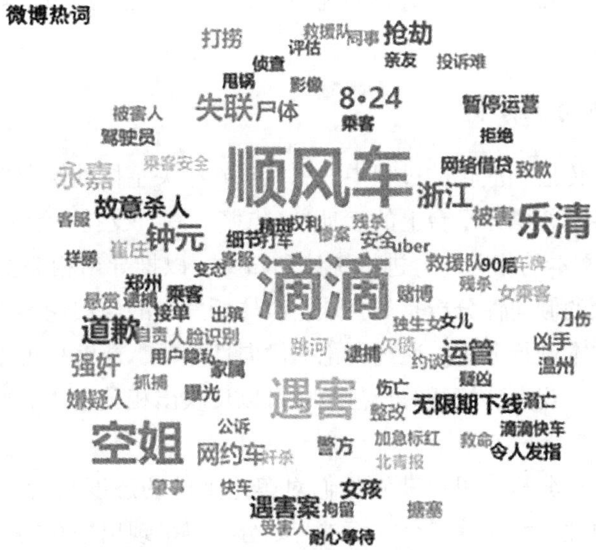

图 10-1 “滴滴事件”的微博热评图

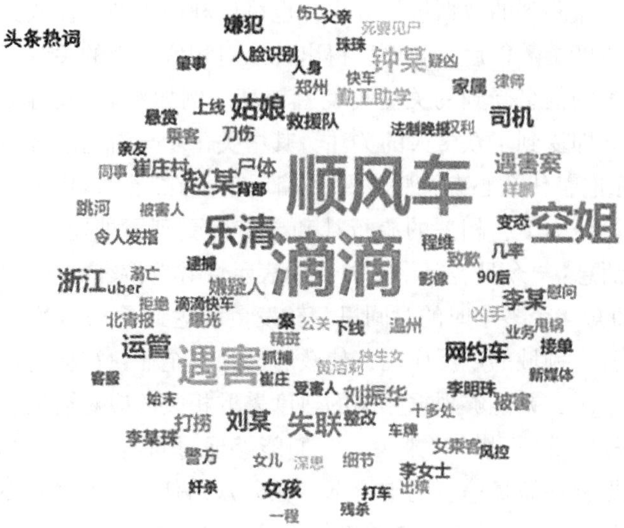

图 10-2 “滴滴事件”的头条热评图

从图 10-1、图 10-2 的热评图可以看出，相关的舆情主要集中在滴滴平台、犯罪分子、被害人等三个方面，其中指向最多的是滴滴平台的不作为、监管问题以及犯罪分子的惨无人道等方面。大家对事件本身的分析都比较少，且没有对舆论的发展态势、应对方法等进行较多的讨论，使整个舆论呈现出明显的“中心化”特征。

众所周知，当某个热点信息从出现到发酵，从发酵到人尽皆知，是有一个特定的运行轨迹的。要想达到相应的传播效果，新媒体就要紧跟事态的发展来调整传播策略。而呈现事件的发展态势，正是热度分析所具备的优势，因而有效地运用舆论热度指数，能够达到事半功倍的传播效果。

(二)舆论的倾向性分析

在舆论的生成、传播和演化的过程中，总能找到相关主体的倾向性的蛛丝马迹。舆论的倾向性分析是对各种新媒体平台上的互动性(点赞、踩、支持、反对以及其他表明态度的表情等)、评论性文本的相关内容进行统计和归类，以推导出相关主体的意见或者态度的过程。当前，舆论的倾向性分析是对公众、媒体所发布的与舆论事件相关的各种文本尤其是公众所发布的文本进行分析。通过舆论的倾向性分析，能够呈现出相关主体对舆论事件所持的立场、态度、观点、情感等，甚至还可以反映出相关主体的特定诉求。

1. 情感分析

对公众的情感进行分析，可以获知他们对舆论事件的态度与看法。对情感进行分析时，可以从正面、中性、负面等三个方面进行划分，以呈现出公众的支持、反对、冷漠等态度。如果进一步细化的话，情感可以分为喜悦、愤怒、恐惧、哀伤、惊奇、冷漠、中性等多个方面。在进行情感分析时，可以依据情感属性，对公众进行分类，分析持某种情感的人数的多少，分析各个情感类型的人群之间的交锋情况，能够洞察各群体之间相互博弈的关系网络。

2. 公众的倾向性分析

舆论是特定时空之中，公众对社会公共事务所持的大抵一致的意见或态度，因而从舆论主体的角度来说，舆论的倾向性分析应该将公众在某一时间段内对特定的舆论事件所持的态度和情感作为重点。公众的态度和情感倾向是舆论的温度计和风向标，是社情民意的重要体现，其对舆论的走势有着重要的影响。公众的倾向性分析也可以利用爬虫技术来进行，通过爬取新媒体上的相关信息，获取公众的态度和情感，以此调整、把握舆论的航向。

3. 媒体的倾向性分析

舆论是公众集合性的意见或态度，但公众在表达自己的意见时，通常都是通过各类媒体来进行的。由于传统媒体使用起来极不方便且缺乏有效的互动渠道，因此公众主要是通过开放性极高、互动性极强的新媒体来发表意见。公众利用各种媒体尤其是新媒体来发表意见，往往会对大众传播媒体所持的观点予以关注，因而其观点容易受媒体的影响。实事求是地说，媒体对公众的影响是极为强大的，媒体的议程设置会让公众针对不同的议题进行探讨，并由此产生不同的倾向。就算抛开媒体对公众的影响不说，作为新媒体舆论场中极为重要的一个主体，其意见倾向也会对相关政府部门的施政行为产生巨大的影响。因此，在舆论引导的过程中，特别需要对媒体对特定的舆论事件所持的态度和情感进行分析，为拨正舆论的航向奠定基础。

（三）舆论的态势分析

舆论的态势分析，亦即从现有的舆论情况着手，对舆论场中的各种主体的博弈情况进行分析，研究舆论的演化情况，进而预估其可能的走向，为相关部门的舆论引导提供决策依据。此外，对舆论的态势展开分析，可以发现舆论中隐藏着的危机，能为防止次生舆论灾害提供参考意见。由此可知，舆论的态势分析是做好舆情处置的重要条件。就目前来说，相关部门和很多舆论监测公司常常以建模的方式来对新媒体舆论的发展走向进行分析。舆论的态势分析，可从以下几个方面来进行：

1. 舆论的演化特征分析

舆论的态势分析，重点是分析舆论的演化模式，以把握其下一步的走向。众所周知，绝大多数舆论会经历生成、扩散、鼎盛、衰退和消亡等几个阶段，这是舆论的生命历程。在自己的生命历程中，舆论会发生较有规律性的演变，在不同的生命阶段呈现出不同的特征，而各个阶段的特征又为相关部门的舆论处置工作提供了相应的依据。正因为如此，对舆论在各个阶段的演化特征进行分析，能够为舆论事件的管理提供参考意见。

在舆论变迁的每一个阶段，都可以根据公众的发帖量、热词的频度及变化幅度、热度指数等来作出判断，预测舆论的回落和可能被激发的情况。

2. 舆论的传播路径分析

除了有一个整体生命周期的发展路径以外，舆论在消亡之前的各个阶段，都会有一个独特的传播路径，对每个阶段的扩散路径展开分析，就是舆论的传播路径分析。舆论的传播路径分析也主要是找到相应的热词、情感倾向等，预测舆论在特定阶段的扩散路径。

3. 节点动态分析

舆论的发展变化都是建立在相应的节点变化的基础上的，在传播的过程中，舆论会出现中心节点发生变化的情况。正是舆论节点的变化才导致舆论走势的变化。每个重要节点的变化，都说明舆情到了另外一个生命阶段。不过需要指出的是，舆论的节点变化并非按照生命历程的安排来进行的，事实上，舆论节点的变化是动态的，有时会反复出现。就算在一个特定的周期之内，舆论的节点也会多次出现拐点，由此促使舆论走向下一个生命阶段或者发生反转，在发生反转时，往往夹杂着次生舆论灾害。

4. 意见领袖及“中坚分子”分析

在舆论的生成、传播和演变中，意见领袖和“中坚分子”起着较为巨大的作用。在舆论的生命历程中，意见领袖、“中坚分子”通常由政府工作人员、专家学者、知名媒体人、大 V 等来扮演。在新媒体时代，普通大众因为率先发布某个热点话题或者对之进行较有见地的评论，也会成为意见领袖。“中坚分子”具有态度坚决、意志坚定等特征。意见领袖往往引领舆论的走向，中坚分子则始终坚持自己之前的观点，因而意见领袖将舆论推向新的方向，而“中间分子”则会让舆论发生反转。在新媒体舆论的生命历程中，意见领袖和“中坚分子”并不是截然分开的，当坚持自己的立场，并成功吸引数量庞大的公众，由此改变舆论格局时，“中间分子”也就成了意见领袖。

无论是意见领袖还是“中坚分子”，都会影响舆论的走势，因而在进行舆论分析时，就需要对这两者进行分析。

二、新媒体舆论分析的基本程序

新媒体舆论的分析、研判是一项较为复杂的工程，有其基本的步骤，且每一步都需要认真对待，步骤与步骤之间又要做到有效衔接。一般来说，舆论分析和研判的基本步骤有：信息筛选—信息汇总与归类—分析与研判—提出相应的应对措施—总结某一舆论运作的规律—对相关的舆论处理手段进行纠正。这些步骤一般是按顺序推进的，当然也有几步同时开展的情况。

（一）信息筛选

相关部门在通过舆论监测系统搜集到相关信息以后，不能眉毛胡子一把抓地加以运用，因为新媒体舆论场域中的观点是极为复杂和多元的，在“众声喧哗”的舆论场中，很多信息是鱼目混珠的，甚至会存在着不少的谣言，还有不少是网络水军灌水的帖子。从表象上来看，无论是水军的帖子，还是大 V 制造的谣言，抑或是居心叵测者发布的具有煽动性的言论，都披着“正义”的外衣，看起来都是为了普通大众利益而发声的，都在抨击所谓的“强势群体”。在这种情况下，“弱势群体”和“强势群体”之间的话语冲突就较为明显，两者之间的话语体系的对立，有割裂社会的危险。因此，在信息筛选时，一定要看清楚哪些是事实，哪些是谣言，哪些是灌水。

对于谣言的传播，全社会都要予以阻断，不能为其提供土壤。谣言不等于流言，流言是信息来源不清楚，难以确认其真假。从传播学的角度来说，流言多发生在正规的传播渠道受阻、社会环境的变化又具有较大的不确定性的时期，而谣言就是造谣，是不真实的。在奥尔波特等人看来，谣言有一个公式，即 $R=IA$，其中 R 代表谣言的流量，I 代表事件的重要性，A 代表证据的暧昧程度。一般来说，事件越重要，证据越模糊，谣言的流量也就越大，反之就越小。我们常说，谣言止于真相，但在真相没有浮出水面之前，要弄清楚是不是谣言，公众就要有特定的判断力，因而克罗斯在奥尔波特等人的谣言流量的公式后面加了一个重要因素，即公众的判断力。这个时候，谣言的流量的公式就变为：谣言=事件的重要性×证据的暧昧程度×公众的判断力。在新媒体时代，谣言的传播极为快速，对社会的危害也更大。如有人传言喝洗手液能治疗新型冠状病毒性肺炎，居然有很多人去喝，短时间之内就有不少人因为喝洗手液引发疾病而被送到医院。又有传言说对着鸡蛋吹三口气，然后在鸡蛋上写上自己的名字，煮熟了吃，可以治疗新型冠状病毒性肺炎。这些都是谣言，但因为它们是在新型冠状病毒性肺炎扩散得比较快、感染人数比较多的时期制造出来的，所以很多人抱着“宁可信其有、不可信其无”的心态去做了。

众所周知，有的人专靠制造谣言来获取利益。如很多网络推手就不停地在各类新媒体空间中炮制谣言，如制造了雷锋生活其实不勤俭、张海迪有日本国籍、温州动车事故发生后中国向外国游客赔偿2亿元等一系列谣言，煽动了公众的情绪，抹黑了政府和先进人物，确实令人所不齿。法律是公正的，诸如秦火火、立二拆四这样的人，后来都陆续被处罚了，但新媒体空间并非已经清朗，仍然有不少人在制造谣言、在乱扔石头，“众声喧哗”的情况依然十分明显。

正因为如此，相关部门在对舆论进行监测、搜集相关信息时，要擦亮双眼，彻底将谣言从所搜集的信息中剔除掉。

客观地说，谣言的可辨识度还是比较高的。然而，相关部门在对所搜集到的信息进行筛选时，却存在着一种最难辨别的信息，那就是某些为了特定利益的人进行精心策划、又以热点舆论事件为依托的信息。如在郭美美炫富事件发生后，有人发布了地方公务员必须向红十字会捐款的信息，并雇佣了大量的网络水军，让他们发帖诽谤、攻击红十字会，并攻击地方政府无能。网络水军被称为“网络黑社会”，他们受雇于专门的公司，为了获取特定的经济利益，他们及时加入灌水的行列之中，及时发帖、跟帖和转帖，制造虚假舆情并使其在短时间之内迅速发酵，产生蝴蝶效应，使雇用公司在短时间之内达到自己的目的。可以说，这是新媒体时代某些人社会良知、社会道德沦丧的重要体现。雇用公司瞄准热点事件，故意混淆视听，精心策划“发力点”，让舆论发生转向，让不明真相的公众认为事实就是这样。只要雇佣公司一声令下，隐藏于各新媒体空间中的水军就一拥而上，针对雇佣公司推出的话题评头论足，打击、诋毁雇佣公司想要“扳倒”的对象，偏激而又无耻地传播极具煽动性、极易带偏舆论的信息。在精心策划和发动“水军战”的情况下，很多雇用公司能够达到自己的目的，如一些公司为了扩大流量，以达到更大的变现目标，会派水军到同类型的网站、博客等去发表攻击性言论，并顺带带入自己公司的信息，达到吸引公众眼球进而引入流量的目的。雇佣公司的策划与煽动，让水军在短时间之内就制造大量的虚假信息，形成想要的舆情，并引发了舆论，就算最后舆论发生了反转，雇用公司已经赚得盆满钵满，不明真相而被带偏的公众再怎么辱骂，也难以改变现实。因此，在对舆论进行监测时，相关部门必须分清楚真实的舆情和虚假的舆情，及时提供有效的信息，让公众不被别有用心的人利用下去。

打击这些在新媒体空间中“为非作歹”的人，除了需要相关部门及时甄别舆情、及时开展舆论引导以外，还需要对那些恶意破坏新媒体舆论环境的人予以严厉的打击。正因为如此，我国在 2013 年就推出了相关的法律法规，如 2013 年 9 月 9 日，最高人民法院、最高人民检察院就出台了《关于办理利用信息网络实施诽谤等刑事案件适用法律若干问题的解释》，在相关法律法规的震慑下，一些自媒体人、网路大 V 在发表言论时，都变得谨慎多了。但新媒体空间中的“噪音”并没有因此完全消失，因而舆论监测中的信息甄别仍然任重而道远。

（二）信息汇总与归类

在搜集到相关的信息并对之进行精心的筛选以后，就得到需要重点分析的信息。对于甄别出来的信息，相关部门需要进行汇总。为了统一格式以方便分析，在汇总的过程中需要将信息转化成某种常用的格式，需要对数据进行清理和统计，以过滤无关信息。

在汇总完信息后，就要对之进行归类。归类的目的在于将同一种舆情信息放在一起，以便针对不同的信息思考不同的应对方式。信息的归类需要按照一定的标准，如地域、行业、身份、态度等。在舆论分析的过程中，有时会把几种信息合在一起进行分析，以呈现事件发展变化的全貌。同时，信息的归类也是动态的，不是说某一种信息就永远属于某个类别，如舆论反转后，之前被公众所支持的，也可能变成被反对的，之前被公众反对的，也可能变成被支持的。为了便于对相关的信息进行管理和分析，相关部门可以建立相应的数据库，再遇到相关的事件尤其是重大突发性事件的时候，就可以依据之前的研判经验来对之进行分析，以便及时引导舆论。

（三）分析与研判

在对数据进行归类以后，就可以对其实施分析与研判。这一环节是舆论分析的核心环节，因为后续的舆论引导策略都是以此为基础的。在分析和研判中，应重点把握好几个问题：事件的焦点在哪里？交锋后可能引发什么样的社会矛盾？舆论的控制点在哪里？是否会引发线下的群体活动？好事者会怎么做？国外媒体是否会介入进来？对每个问题该怎么应对，均需要相关部门进行有针对性的思考。

在对相关的问题进行回答时，要做好几件事情：一是舆论热点和社会热点的契合点何在。一般来说，舆论爆发以后，公众尤其是意见领袖，都会将之与社会热点结合起来，呼吁解决社会热点问题，如某个地方发生了大桥坍塌，人们就会联想到豆腐渣工程，因而也就马上会想到贪污腐化；一看到偏远山区小学生拉着铁索走路上学的信息，就会联想到教育不公平；一看到农民工讨薪的报道，就会想到弱势群体的“待遇”；一看到拉横幅在医院讨说法，就会联想到医生无能、医院不负责任……公众有这些联想，如果被好事者所煽动，就会在情绪的感染下加入声讨的队伍。正因为如此，相关部门要及时告知公众真相，如病人在医院逝世，家属拉横幅讨说法，究竟是医生水平低下，用错了药造成的，还是医院不作为，未给予及时抢救造成的，抑或是家属不同意医院的治疗方案，阻止医生及时治疗造成的。如果是前两者，该怎么惩罚医院就怎么惩罚，以及时平复舆论，如果是后者，则让家属承担相应的责任。二是舆论正经历着什么样的生命历程，呈现出什么样的特征。舆论的生命周期包含着生成、扩散、鼎盛、衰退和消亡等几个阶段，在每一个阶段，舆论都会呈现出相应的特征。对这些特征进行分析，能够较好地把握舆论的走势。三是公众的态度和情绪状况。新媒体舆论是公众的集合性意见，是公众基于自身对社会的认知来针对舆论事件所发表的观点和表现出来的态度，因而相关部门在对舆论进行分析和研判时，不仅需要对自己搜集到的信息文本本身进行分析和研判，也需要对公众的态度和情绪等进行研判。需要指出的是，在新媒体空间中，公众可以较为自由和自主地发表言论，且会掺杂大量的主观感受和情感因素，因而不少言论所反映的并不是事件的真相，相关部门需要看清公众的态度和情绪状况后，对他们的行为进行有效的引导。四是舆论将走向何方。在对舆论可能会与什么样的社会热点相结合、舆论正处在什么样的生命阶段、公众的态度和情感如何等问题进行分析和研判的基础上，就要对舆论的可能性走向进行预判。判断舆论事件是不是还会持续发酵、公众的关注点是否已经开始转移、公众可能会有什么样的行动等，分析清楚这些因素，把握舆论潮的涨落，以及时平息舆论。

（四）提出相应的应对措施

对舆论的走势进行分析和研判以后，就要及时提出相应的应对措施。需要指出的是，相关的应对措施必须是可行的，要能够及时平复舆论。因此，所提的应对措施应该包括在什么时候发布信息、发布什么样的信息、由谁来发布、通过哪家（哪些）媒体来发布等内容。

及时、有效地发布相关信息，目的是对危机进行公关，对潜在的危险进行预警，尤其是那些可能引发公众大肆喧哗甚至引发线下群体活动的舆论事件，更要及时发布预警信号，以便相关部门及时采取补救、预防等措施。因此，预警的主要功能是及时发现危机的苗头、妥善应对负面舆论的冲击、及早做好引导准备。

（五）总结某一舆论运作的规律

在对舆论进行分析的过程中，会发现很多带有规律性的东西，对这些规律进行总结，找到舆论发生、发展的时间规律和空间规律，并建立舆论管理的资料库。如果发生类似的舆论事件，相关部门就可以直接从资料库里找出相关的舆论案例，依据之前的分析和研判的经验来提供解决措施。需要指出的是，新媒体舆论是动态性的，依据案例库的应对措施来引导舆论时，一定要紧跟舆论发展的态势来做文章，而不是教条化地予以采用，否则不仅达不到效果，还有可能激发负面效应。

（六）对相关的舆论处理手段进行纠正

在对舆论进行研判的过程中，发现有应对上的失误，就要及时予以纠正。从这个方面来说，纠正是贯穿舆论发生、发展的每一个环节之中的。众所周知，在舆论分析的过程中，由于不同的人、不同的系统具有其特殊性，因而在分析时可能会出现这样那些的偏差，需要及时予以矫正。新媒体舆情的分析和研判会出现偏差，还存在着时间短和舆论走势不确定性较大等因素。众所周知，舆论应对存在着其黄金时期，一般是 4 个小时之内就要解决。一面是黄金时间的要求，一面是复杂的信息搜集和分析，因而难免会有疏漏。同时，新媒体舆论场中的主体众多，事件的发展也具有难控性，因而新媒体舆论在其生命历程中会有诸多的不确定性因素，这些因素给舆论研判带来了诸多的干扰。正因为如此，相关部门不要有一劳永逸的思想，也不要盲目自信，要紧跟舆论的态势，及时研判，不断地纠正舆论应对方法。

三、新媒体舆论分析的指标体系

新媒体舆论分析需要投入众多的人力和物力，原因是在分析的过程中存在着诸多的不稳定因素。这是由新媒体自身的媒体特性所引发的。众所周知，新媒体具有开放性、即时性、分众化、信息承载量大、使用门槛和成本均比较低、个性化强、可检索性、匿名性等特征，这些特征既是新媒体的优势，又是造成其信息极为庞杂的原因。有鉴于此，在对新媒体舆论进行分析时，必须要建立一套切实可行的指标体系。

建立新媒体舆论分析的指标体系，目的是对新媒体舆论的研判提供相应的标准和依据。新媒体舆论分析的指标体系必须是一个有机整体，各种指标之间不是孤立的，而是相互助力、协调共生的。每个指标都能够对应特定的舆论信息，都能够从一个侧面反映舆论的某种趋势和规律，同时又和其他指标一起勾勒出舆论的整体态势，使整个舆论研判体现出系统性、科学性的特征。因而，建构新媒体舆论的指标体系并在具体的事件中开展有效的分析，能有效地对相关的事件发出预警，对相关的舆论引导提供依据。

新媒体舆论的指标体系显得如此重要，因而在构建这些指标时，就要把握好几个问题：一是指标要具有科学性。新媒体舆论分析的任何一个指标，都要能对舆论的某个重要方面进行测量，而且整个指标体系之间是环环相扣的，一定要能够在整体上反映出舆论的全貌。二是可行性，即舆论分析的指标要是可行的，最好是具有普适性，能够满足不同监测系统、不同舆论处置部门的人员分析需求。同时，无论是对何种类型的舆论，都能够运用相关的指标来进行分析。三是有效性，即可以在很高的水准上测出舆论动向。也就是说，相关的指标要能够较好地反映舆论的运行规律，能够及时测出舆论的峰值、波动性、公众的情绪和态度等。四是典型性，即舆论分析指标要抓住舆论生成、传播与演变的关键性因素，利用这些因素，能够测出舆论的整体趋势。

由图 10-3 可知，新媒体舆论分析指标体系是较为复杂的，包含信息发布者，舆论受众、新媒体平台、信息文本，还包括各种社会矛盾。这些指标体系分别对舆论的某一个侧面进行测量，又从整体上刻画出舆论的整体面貌。需要指出的是，舆论的受众不是被动地接收信息，被动地被引导的，他们还积极参与相关信息的生成、传播和消费，在舆论的生成、传播和演变中发挥着巨大的作用。

四、新媒体舆论分析的工具

新媒体舆论分析的工具较多，既有不少的专业性的软件，如 Tableau、R 语言等，也有一些较为常见的、基础性的分析软件，如 Excel、Word、PowerPoint、Access、Bandicam 等。这里主要介绍几款较为专业的数字可视化分析软件。

众所周知，在搜集到数量极为庞大、种类极为繁多的新媒体舆论相关的数据以后，如何将数据转化成比较直观、可视化的舆论走势图，让公众一看便知道舆论的生成、扩散和演变的情况，是一项极具挑战性的任务，但对于新媒体舆论的分析来说，却是一件非做不可的事情。这是因为，普通社会大众往往很难弄清楚舆论发展演变的情况，他们对舆论监测系统的复杂性不感兴趣，只关心舆论的走向如何、舆论是不是可控、舆论的破坏性在哪里、相关部门如何应对。因此，在这种情况下，利用可视化技术，让舆论显现的、隐藏的意义都得以呈现，让复杂的信息瞬间变得清晰、明了，使人一看就能从中获得与其所关注的舆论相关的信息。当然，并非只有社会大众需要可视化的舆论图，舆论管理部门的工作人员也需要这样的图示。可视化有广义和狭义之分。广义的可视化包括科学可视化、信息可视化以及数据可视化等多个方面的可视化；狭义的可视化在不同的学科中存在着或多或少的区别，在舆论学这一学科领域，可视化应该包括信息的可视化和数据的可视化两个部分。

数据可视化在计算机领域的应用比较广泛，该技术起源于 20 世纪 50 年代初，其雏形是计算机图形学，从视觉呈现方面来对数据展开研究。在数据可视化技术的作用下，那些隐藏在枯燥的数据中的信息，得以比较直观地呈现在世人面前，人们能够看清楚信息的属性，能够看清楚复杂的数据和信息背后所隐含着的意义。数据可视化技术能够将艺术学等学科中的视觉传达思维与计算机科学中的理性思维结合起来。因此，将艺术学、心理学、计算机和统计学囊括进来的数据可视化由于大数据时代的来临更加焕发出自己的活力，原因是大数据的挖掘和分析必须借助数据可视化技术才能直观地展现信息之间的关系。数据可视化技术将舆论的各种数据、信息进行处理，能够以各种图形(柱状图、条形图、散点图以及饼图、折线图、面积图)的形式，将数据和信息呈现出来。不过要在一个图形中呈现大量的数据，是一件比较困难的事情，因而在舆论的分析中，常常通过多个图形来展示。然而相比以前用手工绘制各种各样的可视图来说，计算机自动绘图显然更为规范和明晰，因而在舆论分析方面，手工绘图基本退出了历史舞台，被数据可视化技术的自动绘图程序所取代。在新媒体时代，交互式技术与数据可视化技术较好地融合在一起，可以更为容易、更为形象地对相关信息进行诠释。

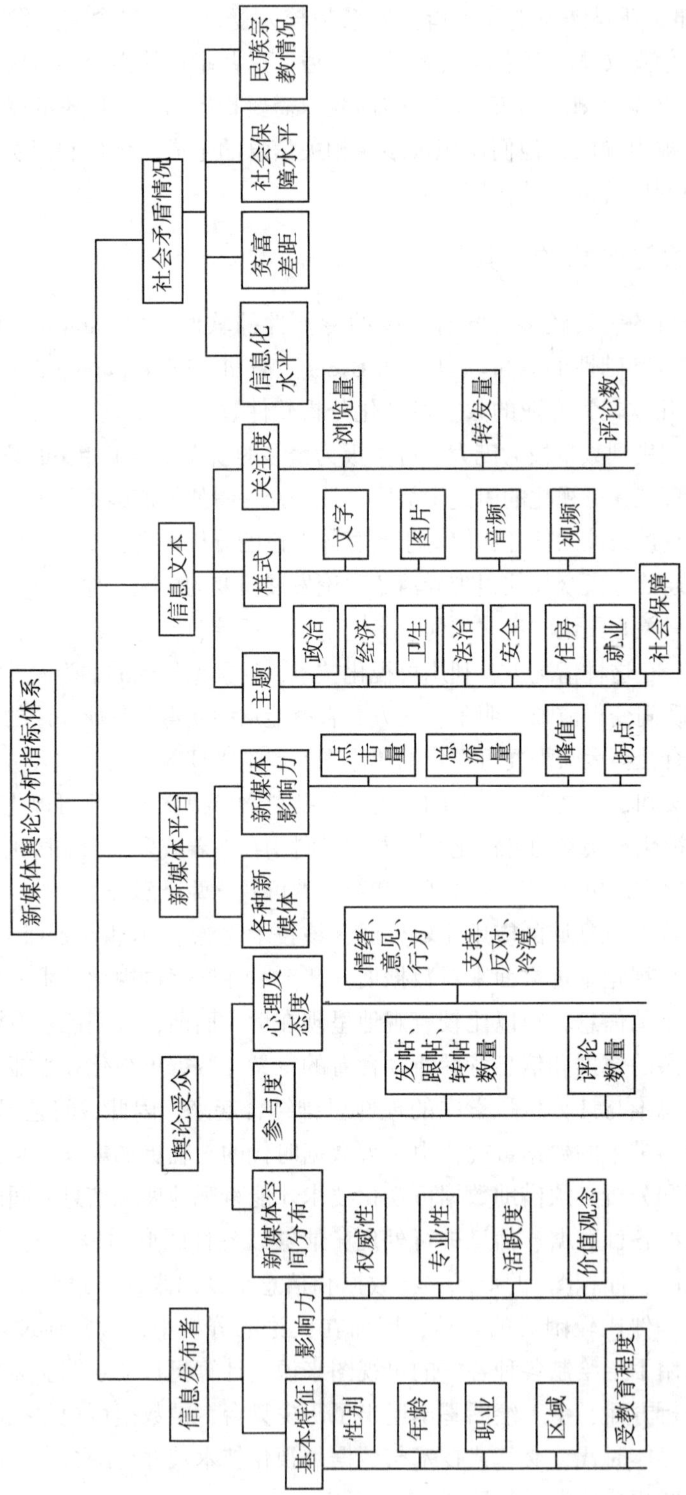

图10-3　新媒体舆论分析指标体系图

可视化技术与信息传播的方式是密切相关的，也与舆论的显性和隐性密切相关。对于那些显性的舆论，可以用解释性可视化来呈现，即利用可视化技术将公众已知的信息和知识传播出去。对于那些隐性的舆论，则可以用探索性可视化技术，将不明了的信息运行特征、趋势及其出现的异常状态传递出来，这其实是将数据所隐含的信息传递给那些从事可视化工作的人员的过程。

目前，常见的数据可视化分析工具主要有以下几种：

一是 Tableau。Tableau 是一家公司的名称，这家公司开发出来的软件也以公司的名字作为前缀来命名。Tableau 公司位于美国的西雅图市，是一件专门开展商业智能服务的公司，其致力于让人们较为便捷地使用 Tableau 软件来分析数据，并在此基础上看清数据、看懂信息，然后快速地分享信息。目前，Tableau 开发的产品主要有 Tableau Reader、Tableau Digital、Tableau Desktop、Tableau Public 以及 Tableau Server 等，这些产品都具有处理快捷、输出方便、易于学习等特征，因而广受大众的欢迎。

二是 R 语言。R 语言可以用于统计计算领域，也可以用于数据处理领域，还可以用于绘制的图表领域。特别值得一提的是，R 语言可以绘制出充满设计感、冲击力的图表，其绘制的图表既具有可定制属性，也具有默认属性。在绘制图表时，使用者可以方便、快捷地使用其默认属性，也可以有个性化地使用其定制属性。由于 R 语言在数据和信息的可视化处理方面具有强大的功能，因而其应用较为广泛。

三是 Processing。早在 2001 年的时候，本·弗莱等人就开发出来一款比较知名的数据可视化处理工具——Processing 软件。该工具较为高级，既可以绘制图表，也可以创作动画，已成为数据可视化处理领域的最为常见、使用最为频繁的工具之一。在其著作《数据可视化》之中，弗莱还专门详细地介绍了 Processing 这一工具。

四是 D3. js。这款数字化处理工具是由迈克·保斯托所开发出来的，该工具能够将文档对象模型与数据结合起来，并由此实现对文档的数据驱动。D3. js 能够更好地把 SVG、HTML 以及 CSS 等基础技术利用起来，并能够支持大数据集，其功能较为强大，因而应用也极为广泛。

以上就是四款较为专业的数据可视化分析工具。其实，Excel 这种较为基础性的工具，在新媒体舆论分析中的使用也较为广泛。Excel 是一款电子表格软件，是由微软公司开发的，可以用于 Windows 和 Apple Macintosh 操作系统之中。Excel 的界面较为直观，能够绘制图表，还兼具计算功能，因而在全世界很多国家和地区都受到欢迎，使用的人数极多。

五、新媒体舆论分析的流程

在确定对某个舆论进行分析和研判并搜集到相关的数据以后，就可以开始分析了。新媒体舆论数据的分析，主要包括以下几个步骤：文本清洗和预处理—切割词语—关键词提取和高频词过滤—语义网络分析—情感分析。

(一)文本清洗和预处理

新媒体是一个极具开放性的空间，包括公众在内的各种主体，都能够随时随地进入新媒体空间中开展信息生产、传播和消费活动，并及时地与他人进行互动。同时，由于新媒体的信息传播方式极为丰富，包括文字、图片、音频以及视频等，而且，在文字表达中，很多年轻人都会使用数字、英文、字母以及各种表情符号来传播和交流信息。在新媒体空间中，人们的表达比较随意，经常使用不完整的句子来交流，为了表达某种特定的含义，还会大量使用各种短语短句，如么么哒、好好好好好厉害、棒棒棒、郁闷 ing、太太太太差劲了等，不一而足。因此，在对舆论的数据进行分析之前，必须把这些噪声清洗掉。目前常用的清洗软件主要有 ROST、Octopus 等，如 ROST 的“文本处理”功能就能够对相关的文本进行清洗。

在对文本进行清洗以后，还要对相关的数据进行编码，使提法较为一致。如在对“女导游大骂游客事件”相关的舆情中，人们在辱骂那位女导游时，将其称为母老虎、女巫、疯婆子、女汉子、女导游等，为了方便分析相关舆论，就需要作统一编码处理，如“女导游大骂游客事件”中，可以将骂人者全部统一为“女导游”，这在舆论分析中是十分必要的。这是一种对文本进行预处理的方法。

(二)切割词语

在舆论分析中，有时需要把一段话切割成若干个单独的词，因而有人也把这种处理方式称为分词。由于中文的书写很难找到分隔符，再加上中文的表达手法极为多样，如正话反说、打比方等，还有很多言外之意，因而要恰当地进行切割实属不易。比如说“贵州省长顺县”，由于长是多音字(chang 和 zhang)，和省、市、区、县、乡、村的词语结合在一起，很容易被误读为“zhang”音，但在“贵州省长顺县”这一短句中，“长”的正确读音是“chang”。这就意味着在进行舆论分析时，“贵州省长顺县”的表达带有一定的歧义，利用分析工具进行切割词语时，可能是“贵州省/长顺县”，也有可能是“贵州/省长/顺县”。如果用人工来处理，我们肯定会采用“贵州省/长顺县”这种说法，但如果用软件来处理，就有可能两种说法都会出现，毕竟两种说法在语法规则、中文结构上都是说得过去的。这也说明在“切割词语”这个环节，可能会出现一些不符合逻辑的情况，因而很多时候需要不断地改进，以提高软件“切割词语”的准确性。当然，软件是比较机械的东西，很多时候还是要依靠人工来检查，而这是相当浪费时间的。

(三)关键词提取和高频词过滤

热词分析是舆论分析的重要维度之一，因而在对新媒体舆论进行分析的过程中，需要提取出现次数较多的关键词(热词)，因为关键词代表着舆论最突出的部分。需要特别指出的是，并不是出现得越多的词语，就一定越有分析的价值，如在对文本进行分析时，很多时候会提取到“的”“啊”“是”等字词，其中“的”的出现频率是特别高的，但这个字或者词却没有分析的必要。所以，以出现次数来判断词的热度和重要性，也是需要深思的，毕竟软件比较机械，只会照着指令办。

一般来说，在对舆论进行分析时，都会采用向上凸起的抛物线来呈现，只有在抛物线中间区域的词，才是在所提取的文本中出现的频率最高的词，才是关键词，才是具有代表性的词。而位于抛物线两端的词，都是需要过滤的，这些词通常是无用的，如“的”“啊”“了”“是”等。在过滤的时候，经常会用到停用词表，可以在网上下载相关的词库。在展开分析时，可以在词库中删除或者添加词语，以使整个分析更具针对性、更为有效。无论是对词语的“切割”，还是进行过滤，都可以通过 ROST 这一工具来完成。

在关键词分析中，经过提取和过滤关键词，就能够把排名靠前的关键词提出来，将之作为舆论分析的核心词，紧紧抓住它们作分析，能抓到舆论分析的精华，用它们来反映公众的态度、情感和心理倾向性等。2018 年，舆情频发的“滴滴事件”对社会造成了极大的负面影响，通过头条的关键词提取和高频词过滤，得出“滴滴事件”的热词图(见图 10-4)。

图 10-4　“滴滴事件”的热词图

由图 10-4 可知，顺风车、快车、遇害等词热度最高，这也与事件的主角——“滴滴司机”在短时间之内杀害几个女乘客相吻合。

(四)语义网络分析

在统计出关键词以后，就可以关键词两两之间的共现关系为依托，将它们之间的关系进行数值化处理，然后再用相应的图形来呈现它们之间的关系。这就得出了一个语义关系图，通过这个图，可以看出各个关键词之间的层级关系以及亲疏程度。语义网络分析的基本原理是：对文本中的短语、词汇两两之间共现的次数进行统计，然后进行聚类研究，勾画出关键词之间的相互关系，审视其关系的亲疏远近，以此对所分析的舆论进行研判。语义网络分析是分析关键词之间的亲疏程度，即使两个关联词之间的联系极为紧密，也不能认为它们之间存在着因果联系。语义网络分析也可以通过 ROST 这一工具中的语义分析来完成。

(五)情感分析

对新媒体舆论中的情感因素展开分析，主要是分析文本中带有感情色彩的词语的情感倾向(正向、负向、中心)及其强烈程度，然后利用相关的工具，计算出每个语句的总值，并以此总结出其相应的情感类别。此外，分析人员还可以对所有文本中的语句、对舆论中的整体情感倾向进行判断。情感分析同样可以通过 ROST 这一工具来完成。

在对新媒体舆论进行分析以后，就进入了对整个舆论的走势进行判断的环节。在判定舆论的走势后，就可以有针对性地提出相应的舆论预防和引导策略了。

第二节　新媒体舆论的研判

客观地说，一些政府部门因未能对新媒体舆论展开有效的研判，导致不能有效地处置网络舆论，进而使自身的公信力受到损害。从根本上来说，新媒体舆论的处置需要对相关的舆论进行科学的研判，并在与广大用户的不断沟通中有效开展相关工作。

一、新媒体舆论研判中需要重点关注的几个要素

(一)新媒体舆论的价值

对舆论的价值展开研判，是舆论研判的第一步。一般来说，对新媒体舆论的价值进行研判，需要从以下几个方面进行考量：首先，要判断相关的舆论是正面的还是负面的。如果属于正面的舆论，就可以因势利导地加大宣传力度，不断扩大舆论的传播面；如果属于负面的舆论，就需要及时化解危机，迅速消除负面舆论的影响。其次，需要详细了解相关舆论价值的大小。对于价值较大的舆论，要在第一时间予以处置；对于价值较小的舆论，也需要判断其是否会因为某些其他的事件而不断扩大的可能性，并根据特定的情况采取特定的措施。再次，需要对舆论发生的时机进行研判，这就是所谓的舆论的时间价值，对其展开研判，需要考虑舆论的时效性和连续性等因素，其中最重要的是连续性，即随着时间的推移，新媒体舆论不断呈现出来的舆论态势。最后，需要弄清舆论的内容是否准确和完整。从准确方面来说，在新媒体舆论爆发后，需要第一时间弄清其是否客观、真实，是否存在着冗余信息的情况。从完整性方面来说，就是已掌握的信息是否完整、舆论发展演变的路径是否明确，避免因信息的片面性而误导相关的决策。

(二)新媒体舆论的类别及危害程度

就类别来说，需要判断新媒体舆论是否属于当前社会的热点、敏感性问题，如涉及官

员腐败、征地拆迁、公共卫生、社会保障等领域，就属于热点和敏感性问题，因为这些领域的问题，往往会引发官民关系、维权纠纷、贫富差距等核心议题的探究和传播，如果处置不当，就会引发维权、上访等行为，甚至引发群体性事件。对爆发的舆论进行分类，只是舆论引导的一个前提，要有效地引导舆论，还需要对舆论的危害性进行研究，分析其演变成群体性事件的可能性，以及其可能造成的经济损失、社会影响等。

(三)新媒体舆论爆发的社会背景和存在的社会情境

新媒体舆论的生成、传播能够突破时空的限制，能够随时随地地在不同的群体之间传播。这就需要考虑新媒体舆论生成和传播的多维的地域空间、历史环境、社会情境等因素，弄清新媒体舆论在时间、地点方面的敏感程度，以及其处在什么样的扩散情景之中。以2013年发生的几次征地纠纷为例，2013年3月27日至4月3日，仅一个星期左右的时间，就在河南中牟、湖北巴东、四川西昌等地相继发生了因征地纠纷而有农民被碾死的事件。[①] 在这几起事件中，农民的死状都比较惨烈，因而在网络等新媒体空间中，用户的责骂和悲愤情绪随处可见，几乎所有的用户都相信，这样的事情在不久后还会发生。客观地说，从地点来看，中牟、巴东和西昌都没有关联性，且地点都不是在那些极具影响力的大城市，但新媒体传播的超时空性，使得相关的事件得以迅速传播。而与这几起事件相关的舆论之所以能够在顷刻之间就达到顶峰，除了新媒体传播的超时空特性外，还在于这些事件具有特定的社会背景、都存在于特定的社会情境之中，即拆迁成为常态、拆迁纠纷频发、官商勾结、弱势群体吃亏等。同时，事件均发生在清明节前几天，清明节这一背景更容易引发人们的哀悼情绪。

(四)新媒体舆论的来源及扩散情况

舆论是社会公众大抵一致的意见或态度，一旦形成，就能够通过不同的渠道迅速传播。在新媒体时代，舆论能够通过新闻网站、博客、论坛、微博、微信等迅速扩散。对新媒体舆论进行研判，就需要及时弄清新媒体舆论的来源，以便能够及时从源头上开展治理工作。此外，还需要全方位把握新媒体舆论的扩散情况，及时、全面地收集用户的敏感性、倾向性、苗头性意见，并深入分析其发展走向，为舆论的回应、引导提供有价值的参考意见。

二、新媒体舆论研判的具体措施

(一)对新媒体舆论的相关要素进行充分挖掘

一是对新媒体舆论的主体(公众)展开充分的挖掘。舆论是公众的集合性意见，它之

---

① 徐恒杰. 农民的权益和生命尊严不容践踏. http://cpc.people.com/cn/pinglu/n/2013/0408/C78779-21056672.html.

所以能够迅速传播，是因为其蕴含的价值众多的人密切相关。因此，在对新媒体舆论进行研判时，需要弄清其与哪些社会成员的关系较为密切。这一点在大数据时代是很容易做到的，因为借助过大数据技术的交叉复现优势，可以极为容易地勾勒出与舆论相关的主体，并对他们进行画像。这样一来，就能够了解他们关心什么问题、他们之间如何沟通和营造舆论氛围等，并能够依据具体情况采取具体的措施。二是对舆论的本体（公众意见）展开充分的挖掘。就舆论这一集合性的意见来说，其是数量众多的公众集体表达出来的，是公众对相关事件和环境的认知、情感和意志的公开表达。因此，对舆论的本体（公众意见）进行挖掘，需要对公众的观点和情感进行挖掘，以把握舆论主体的真正意图和倾向性。三是对舆论的客体（社会公共事务，更多地体现为“各种问题”）展开充分的挖掘。从舆论呈现是否明显、清晰来划分，舆论分为显性舆论和隐形舆论两种类型，因而舆论所意涵的问题也包括显性和隐性两类问题。对于显性问题的挖掘，可以通过相关的舆论监测平台来进行。对于显性问题的挖掘，可以通过分析新媒体空间中各种数据的手段来实现，如通过用户的检索词语来了解其关注点，在统计用户的检索词的词频后，可以把握新媒体舆论的实际情况，并能够对其未来走向进行研判。

（二）建立新媒体舆论研判机制

在今天，公众习惯于利用各种新媒体获取信息、参与到社会公共事务的讨论之中。一旦发生热点和敏感性事件，公众就会以极大的热情参与相关话题的交流、探讨，出现自媒体平台、大众传播媒体平台交叉引发、传播舆论的局面。在众声喧哗中，各种观点和情感等均会如病毒般扩散出去。面对这种情况，相关部门必须建立和完善新媒体舆论研判机制，实现对重点区域、重点人群、重点信息的实时监测和分析，实现对新媒体舆论的规范、高效、便捷式研判，从而提高相关部门对新媒体舆论的响应和引导水平。需要特别指出的是，要建立有效的研判机制，需要构建完备的舆情研判系统，实现对事实、时间、地点、参与者、媒体报道、评论转发、网民反应、影响力、影响范围、外媒关注度等要素的全方位监测和研判。

（三）重点关注高回帖率的事件，把握公众的倾向性意见

所谓回帖率，就是热点、敏感性事件发生时，公众对相关新媒体报道的关注度，包括浏览量、参与评论人数、实际评论人数、转发及评论数等指标。如果公众对某个事件极为关注，他们对相关报道的浏览量和评论数就会急剧上升，相关报道的回帖率就会很高。公众的关注体现了新媒体空间中舆论的演变逻辑，也体现了公众的意见倾向。因此，对高回帖率的事件进行重点关注，并对公众的意见进行研判，就能总结出公众的主要意见和态度，为接下来的舆论引导提供重要的参考意见。

（四）科学预测新媒体舆论的走势

对舆论引导来说，除了要总结、归纳当前的舆论状况外，还需要对舆论的发展、演化

趋势进行重点关注。这就需要摒弃只关注公众数量而忽视质量，只注意频次而忽略效度的情况，要对事件和社情民意展开深入的分析，以抓取到更加准确和有效的信息，从而掌握相关事件的核心内容，揭示相关事舆论的变化规律。这样一来，就能够准确预测公众的意见、态度和情感走向，实现对舆论事件的后续发展趋势的科学掌控，并能够及时采取有效的应对措施。

(五)建立新媒体舆论热点事件案例和数据库

积极建立新媒体舆论热点事件的数据库和案例库，有效收集近年来发生的各类热点、敏感性事件，并依据事件的性质或主体责任，对相关的事件、舆论进行分类。在分类以后，需要对相关事件、舆论的发酵和演变规律、公众情绪和相关部门的应对措施及效果进行总结，为将来发生类似事件时提供有效的参考。

本章小结

本章对新媒体舆论的分析和研判进行了较为深入的研究。就分析来说，需要从维度、基本程序、指标体系、工具与类型以及流程等方面来进行考量。就研判来说，需要从新媒体舆论的要素、机制、回帖率、走势、案例库等方面去努力。

思考题：

1. 新媒体舆论分析的基本程序是什么？
2. 新媒体舆论分析的指标体系、工具、流程分别有哪些？
3. 新媒体舆论研判的具体措施有哪些？

第十一章　新媒体舆论的引导

新媒体已成为信息生产、传播和消费的主要场所。在发生各类热点事件时，公众都喜欢到新媒体空间中发布和传播信息，使新媒体成了舆论生成和扩散的重要空间。在“众声喧哗”的舆论场中，如果不予以及时、正确的引导，经济社会的发展就会受到巨大的影响。当前，相关部门在开展舆论引导的过程中，存在着若干需要改进的地方，因此需要根据实际需要采取有针对性的引导措施。

第一节　新媒体舆论引导的必要性

世界各国发展的经验已经证明，舆论导向是否正确，对一个国家和社会的发展有着巨大的影响。对我国来说，坚持正确的舆论导向，既是社会主义意识形态建设的需要，也是维护社会和谐、促进民族振兴的需要。正如习近平总书记所强调的那样：“建设具有强大凝聚力和引领力的社会主义意识形态，使全体人民在理想信念、价值理念、道德观念上紧紧团结在一起。”①

一、利用新媒体来开展舆论引导工作是提升中国国际话语权的重要手段

社会大众已习惯于通过新媒体来获取信息、发表意见，因而利用新媒体开展舆论引导，是坚持正确的舆论导向，让世界各国更好地了解我国的一个重要手段。众所周知，新中国成立以来尤其是改革开放以来，我国的经济社会发展取得了举世瞩目的成就，综合国力不断增强。不过客观地说，在积极利用新媒体提升国际话语权方面，我国依然面临着比较严峻的形势。西方国家的一些政客以及国内的一小撮另类分子，积极利用各种新媒体尤其是新媒体来抹黑中国，对中国经济社会发展取得的重大成就和对世界的贡献视而不见，四处造谣诽谤、丑化矮化中国。

面对敌对势力的妖魔化操作，我国的媒体及时进行了还击和澄清。切实提升我国大众传播媒体的传播力和舆论引导力，以在经济全球化的浪潮中占领舆论高地、抢夺舆论话语权，更好地阐明我国政府的立场和主张，更好地回应世界各国的关切，更好地应对敌对势力的渗透，维护我国的社会主义核心价值观，展示中国良好的精神风貌，纠正外国人眼中

---

①　习近平．决胜全面建成小康社会　夺取新时代中国特色社会主义伟大胜利——在中国共产党第十九次全国人民代表大会上的报告．北京：人民出版社，2017：41.

的偏差，塑造负责任的大国形象，是一件十分紧迫的事情。同时，开展舆论引导工作，也是构建国际传播新秩序的重要策略。这是因为，随着新媒体技术的迅猛发展和不断普及，信息传播全球化已成为一种比较明显的现象。只要发生热点事件，新媒体就会以超越时空的能力，将信息传播给世界各地的社会大众。为了其传播的霸权，西方在信息传播方面有着绝对控制权的国家，会继续利用新媒体来强化其传播能力，以保持自身在传播领域的霸主地位。需要指出的是，新媒体在赋予西方发达国家强大的传播能力的同时，也赋予了中国等发展中国家后发赶超的机遇，因为新媒体技术能够弥合很多的鸿沟，能够让发展中国家实现弯道超车。只要及时将最新的技术植入传播业务，发展中国家就能够大幅度提升其国际传播力和舆论引导力，从而不断改变现有的不合理的国际传播格局。

由此可知，要提升中国在国际社会中的话语权、改善中国的形象，中国必须积极利用新媒体来传播信息，及时粉碎敌对势力的谎言，让世界更加了解中国。

二、利用新媒体来开展舆论引导工作是化解经济社会转型时期各种矛盾的现实需要

随着改革不断向纵深推进，我国面临着深刻的社会转型，社会需求日渐多元化，社会参与日渐复杂化。在各类新媒体的普及下，各阶层都通过新媒体来表达自己的诉求，发表自己对经济社会发展的看法。在这种情况下，相关部门应该立足于“网来网去”的观念，积极通过互联网等新媒体来引导各利益群体开展广泛的协商与沟通活动，以找到各种利益的交汇点，积极化解各类社会矛盾，促进社会的发展。从客观上来说，这一目标是可以实现的，因为我国的新媒体普及率已经比较高，且公众对新媒体的使用率也比较高，他们参与公共事务的意识和能力都越来越强。同时，就社会转型来说，它是由政府主导的经济改革所推动的。政府一直是改革的倡导者、组织者，其将丰厚的社会资源运用于经济发展的各个领域之中，在改革中占据着主导地位，在推动经济转型的过程中推动了社会的转型。经过多年的改革，我国已经拥有了比较成熟和完善的社会主义市场经济制度，社会资源的配置方式发生了巨大的变化，政府的职能也发生了变化，因而整个社会的治理水平已经有了巨大的提升。可以说，中国的经济社会的发展都处于快车道，但由于我国的改革开放是一个伟大的创举，是一项极为复杂的工程，因而很难在短时间之内满足各个群体的利益需求，各群体之间的磨合还需要一定的时间。此外，当今世界正处于经济全球化的浪潮之中，国际局势变幻多端，我国除了要加快自身的改革步伐以外，还要主动适应全球化的浪潮。从这个方面来说，中国的社会转型是一个体制性和结构性相互交织的过程。正如袁方所说：“中国社会转型中的结构转型和体制转型同步进行，使转型中出现的结构冲突、机制冲突、规范冲突、利益冲突、角色冲突和观念冲突更加复杂，也使转型和发展中的稳定机制、协调机制和创新机制变得更加重要。”①

众所周知，经济的快速发展并非都会使社会始终处于稳定之中。事实上，只有公平的

---

① 袁方. 社会学家的眼光：中国社会结构转型. 北京：中国社会出版社，1998：4.

经济增长，方能促进社会的和谐发展。如果经济发展不具备公平性，社会的和谐性就很难得到保障，甚至会引发较大的动荡。这也是我国在再分配中更加注重公平的原因。在今天，一件不太起眼的小事，往往引发公众的激烈的交锋，让原本“置身事外”的公众也加入鞭挞或点赞的队伍。倘若事件涉及敏感话题，如贪污腐化、民工讨薪、医疗纠纷等，则更容易引发民众心中的怒火，甚至会引发群体性事件。由此可知，当社会大众感觉到不公正时，哪怕是一些小事情，他们也会较为激动地参与相关的交锋，让舆论不断传播和扩散，甚至在短时间之内达到高潮。对媒体来说，它们面对种种不公正的现象，更加容易以正义之化身的身份出现，迫切希望推进相关领域的改革。在这种情况下，相关部门更需要较好地利用各种媒体尤其是新媒体来引导社会舆论，使其处于正确的运行轨道之上，避免负面舆论引发社会危机。

三、利用新媒体来开展舆论引导工作是加强社会文化建设的有效法宝

开展社会文化建设，培育中华民族的优秀文化，是满足公众文化需求的重要保证，而开展社会文化建设，离不开新媒体的舆论引导。此外，与西方敌对的文化思潮做斗争，也需要新媒体舆论的引导。实事求是地说，在数字传播时代，传统意义上绝对的文化权威正在逐步消失，文化的发展呈现出多样化的态势。可以说，文化的多元化趋势已特别明显。然而，无论是哪一个国家，都不能一味强调文化的多样性而忽视主流文化的建设和发展。以我国来说，我们尊重全球文化的多元化现象，但我们也在矢志不渝地开展有中国特色的社会主义文化建设，坚持以社会主义核心价值观来引领公众的思想，而社会主义核心价值观的培育和践行无疑需要新媒体来加强相关的舆论引导工作。我国是社会主义国家，必须始终坚持社会主义的意识形态，必须积极开展社会主义先进文化的建设，以大力培育各种先进的文化，不断提升我国的文化软实力。

当前，我国尚处于并将长期处于社会主义初级阶段，社会转型加剧，社会需求多元化，各阶层之间的利益冲突时有发生。如果敌对分子借机传播腐朽、没落的文化，借机宣传错误的思想，就容易将一些不明真相的老百姓鼓动起来，让他们在迷迷糊糊中充当敌对分子对抗政府的棋子。为了防止这种情况的发生，相关部门必须积极利用新媒体来宣传社会主义的先进文化，筑牢社会主义的核心价值体系。由此可知，要使社会的发展永不变质，就要不断宣传其先进的文化价值。在这方面，大众传播媒体的舆论引导无疑是特别重要的，我们要形成有效的舆论引导格局，找到多种文化的有效结合点，以社会主义核心价值体系为引领，带动各种文化的和谐发展，修建起一条助推文化发展的张弛有度的大道。这在任何国家都是适用的，以西方国家为例，凭借强大的传播网络，西方国家构筑了实力雄厚的大众传播体系，他们将意识形态伪装起来，强调文化的多元化，并在世界各地推销各类经过包装后的商业色彩较为浓厚的文化。但无论如何，在其国内，政府部门都是将其核心价值观念置于主体地位的，它们借助大众传播的议程设置功能，积极发挥意见领袖的作用，不断强化其主流意识形态。正因为如此，我国更要注重利用新媒体来传播社会主义核心价值观，弘扬中华民族的民族精神，使之深入每一位中华儿女的心中。

其实，除了宣传社会主义核心价值观念需要积极发挥新媒体的舆论引导功能外，满足公众日益增长的文化消费的需求也需要积极发挥新媒体的舆论引导功能。由于具体情况有差异，公众的文化需求也存在着这样那样的区别。可以说，公众的文化需求是多元而复杂的，因而在文化提供的过程中，既要牢牢地坚持社会主义核心价值观，也要根据公众的文化消费需求提供各种积极健康的文化。但这并不是一件轻易的事情，因为在互联网等新媒体的普及下，全世界已然变成一个地球村，人们被一张无比庞大的新媒体网络所覆盖，被裹挟在各种文化风暴之中，因而坚持社会主义先进文化的建设，就要全面、细致地判断哪些文化是值得吸收的，哪些文化是必须抵制的。这就需要相关部门加强引导，并积极培育相应的意见领袖，以在为公众提供有价值的文化的同时，引导他们学会区分文化的优劣，从而主动放弃接收、宣传对社会发展有害的文化。

四、利用新媒体来开展舆论引导工作是提升网络治理能力的明智之举

在新媒体时代，信息传播极具开放性，多主体之间的传播使信息出现超载现象，海量的冗余信息充斥于新媒体空间之中，其中不乏大量虚假、庸俗、无价值的信息。更有甚者，诸多有损国家安全和社会稳定的信息得以有计划地生产出来并被迅速地传到公众面前，让不明真相的公众产生种种负面情绪，给社会治理带来巨大的困境。可以说，信息含量大、传播迅速、互动性强是新媒体的优势，但也是新媒体容易滋生不健康信息的原因所在。正因为如此，要为社会的建设和发展提供有价值的信息，从而提升社会治理的水平，就需要利用新媒体来开展舆论引导工作。

（一）利用新媒体来开展舆论引导工作，能够有效地治理网络暴力

众所周知，新媒体在赋予公众监督权的同时，又为公众提供了发泄负面情绪的渠道。在网络空间中，我们经常看到公众带着种种情感倾向，对相关的热点事件进行交流和探讨，而这种带有非理性色彩的表达，往往激发大众的仇视心理。由于新媒体空间中的信息传播是多极化的，两极传播被拓展为N级传播，因而很难找到信源的所在，也很难判定特定的信息发布处于哪一个层级之上。在这种情况下，要对造谣者进行追踪和惩处，确实不是一件容易的事情，再加上法不责众的心理的驱使，使更多的人加入非理性的侮辱和攻击之中，产生了各种各样的网络暴力，给个人、组织、政府部门乃至整个社会造成了巨大的影响。在新媒体空间中发酵的事件，应该通过新媒体的渠道来进行解决——严格控制和引导新媒体舆论，防止各种言论越过舆论的范畴而成为网络暴力。众所周知，互联网等新媒体空间中的舆论与网络暴力之间的距离虽然离得很近，但只要不越过舆论的界限去攻击、诽谤、侮辱他人或组织等主体，就不会存在网络暴力。也就是说，新媒体舆论与网络暴力之间存在着一个交界点，只要新媒体对相关事件进行恰当的引导，就能够消除网络暴力。在对网络暴力的治理之中，有一类情况是值得注意的，那就是谣言，谣言本身是其发布者为了达到特定的目的而制造出来的，其一开始就带有不纯的动机，带有煽动大众情绪和行为的元素，一产生就会有大量的网络喷子开始发飙，致使整个新媒体空间充满着牢骚

和恶搞，因此必须对各类谣言进行治理。要有效地治理谣言，就需要把握谣言的种类及产生的原因。就谣言的种类来说，可以依据三种情况来划分：一是从性质来看，主要分为彻头彻尾的谣言(完全是捏造的、无中生有的)、捕风捉影的谣言(将某种言论与关系不大的事件很牵强地捏在一起)、渲染制造的谣言(将小事放大、全力渲染)以及本末倒置的谣言(遮蔽真相、曲解事实)等四种类型。二是从影响和波及范围来看，主要分为新媒体空间中的谣言(谣言只在新媒体空间中传播)和整个媒体中的谣言(谣言在新媒体和传统媒体中都得以扩散)。三是从谣言引发的后果来看，主要分为局部性的谣言(谣言导致的后果处于一般、局部的层面)、较为严重的谣言(谣言引发了较为严重的后果，应该予以惩罚)和特别严重的谣言(谣言对社会造成了特别严重的影响，已经构成犯罪，应该予以严厉的惩罚)。就谣言产生的原因来说，主要是很多公众不明真相，他们不能对发生的事件进行一一验证，很多时候都是通过媒体来获知相关的信息的。在新媒体空间之中，公众也成为了信息的发布者和传播者，加之一些媒体人因为被特定的利益所诱惑而失去了基本的职业操守，散播虚假的信息，致使不明真相也不能对事件进行验证的公众误以为真，也跟着传播相关的谣言。这就是所谓的“拟态环境”，只不过传统媒体时代所说的“拟态环境”中的信息传播主体——媒体，在新媒体时代变成了各种媒体和“公众”(公众也生成和传播信息，制造“拟态环境”)。“拟态环境”与现实的环境是一致的，也有可能存在不一致的情况，因为新媒体时代的传播主体极为多元化，因而其拟态环境更为复杂，这也为各类谣言的滋生提供了温床。的确，“因特网的用户有能力在几分钟内传播上万条错误信息，并在同一过程中不断增加一些虚构的情节。”①新媒体空间中的谣言传播速度极快、影响面极大，相关部门应该积极利用新媒体来开展舆论引导，还公众以真相，及时消除负面影响。

(二)利用新媒体来开展舆论引导工作，能够有效地治理网络喷子

所谓喷子，就是指那些在网络空间中胡乱指责他人的人。网络喷子的言论没有事实依据、没有逻辑性可言。一般来说，在不明真相的情况下进行指责尚可理解，但如果置事实于不顾，将指责变成一种爱好，或者习成一种特有的性格，就是彻头彻尾的喷子。如果是有理有据的指责、批评，大家都能够接受，都不将其视为喷子。因此，网络喷子其实是比较浅薄的，他们完全以讥讽他人为出发点，与很多吐槽者相比，其人品低了很多。一般来说，公众在信息传播中的状态可以归纳为三个阶段，即潜伏、警觉和活跃。不管处于哪一种状态，只要被激活，社会大众的言行都能够对社会造成巨大的冲击。在传统媒体时代，社会大众很难有效参与信息的传播与反馈之中，因而他们会长期处于潜伏状态，很少能够进入后面的两个阶段尤其是活跃阶段。在新媒体时代，大众以一种虚拟的方式存在于各种新媒体空间之中，他们能够全身心地参与新媒体空间中的信息生产、传播及消费活动，只要发生热点事件，他们就能够在短时间之内产生警觉，并在各种心理因素的影响下迅速进入活跃状态，不少人也因此迅速加入网络喷子的队伍，使网络舆论出现了极端主义的情

① 胡泳，等．网络为王．海口：海南出版社，1997：334.

况。可以肯定的是，网络喷子是极端化的、小团体化的，他们会在网络这个虚拟、开放的空间中将自己的主张推向某个边界，增加了社会控制的难度，对社会产生较大的危害。因此，要积极利用新媒体来加强正确的舆论引导，铲除网络喷子生存的土壤。

(三)利用新媒体来开展舆论引导工作，能够有效地治理“网络黑社会”

在互联网等新媒体空间，网络水军、网络推手、网络打手等，都被视为网络黑社会。早在2005年10月，网名立二拆四、浪兄以及非常阿峰等就创立了所谓的“网络推手”。2005年11月，《解放日报》的记者陈廷雯对“天仙妹妹”这一事件进行采访，也在标题中提到了“网络推手”一词(题目为《“网络推手”打造网络奇迹　川女命运三月间改变》)。网络推手背后有着特定的“网络公关公司”，这些公司会雇佣大量的网络水军，为策划的人员摇旗呐喊，带有某些黑社会性质(造谣、诽谤、侮辱竞争对手，或为某人策划使其成为网红)。在发布信息时，网络推手皆怀有不可告人的秘密，他们借助网络这一虚拟身份，煽动不明真相的公众的情绪，使他们参与特定的信息传播，以此形成舆论洪流，使社会遭到巨大的冲击。

网络推手在互联网等新媒体空间中兴风作浪、妖言惑众，往往是在有计划地思考议题、歪曲甚至虚构事实的基础上进行的，因而在很多情况下，他们都能够操纵民意、左右舆论，以达到其特定的目的。一般来说，网络推手公司都掌握着规模较大的水军队伍，拥有成千上万个论坛地址，只要一声令下，就能够在短时间之内形成集束效应，迅速击倒竞争对手或迅速捧红某一个人或组织。可以说，网络推手的泛滥，暴露了互联网管理中的法律空白，也凸显了不少人社会道德、社会责任沦陷的现实情况。由于网络水军的大量存在，网络推手获得了掌控舆论的能力，将互联网等新媒体空间中的斗争推向更加激烈的状态。在提及网络水军的危害时，赵启正指出：“网络推手有时会制造假民意，左右舆论，误导受众，甚至影响政府决策，值得注意与警惕。”①在这种情况下，除了要利用法律对网络推手进行严惩以外，还要提升新媒体的舆论引导能力，使之能够及时揭露网络推手的目的，及时还公众以真相，避免负面舆论的影响。

(四)利用新媒体来开展舆论引导工作，能够加强网络道德自律

在主体多元化、信息传播开放度高的网络空间，经常发生很多没有道德底线的事情，人们呼吁用法律惩处那些道德沦丧之人。除用法律的手段来进行惩罚以外，其实还可以用加强公众的网络道德自律的方法来消除互联网等新媒体空间中的种种乱象。

在互联网等新媒体空间中，所谓的道德缺失主要包括公众的道德失范和媒体的道德失范两个方面。首先是公众利用各种新媒体发布各种谣言，攻击谩骂他人，没有社会责任感；其次是媒体为了特定的利益，不惜以降低自身的公信力和权威性为代价，传播、转载

① 赵启正：“网络水军”或“网络推手”值得警惕. http：//news. sina. com. cn/c/2011-03-02/155222040479. shtml.

具有煽情性、猎奇性的信息。相对于媒体来说，公众不负责任地在新媒体空间中发布和传播信息的现象更为常见，原因是新媒体已经成了各种主体较为自主、自由地发表言论的平台，只要有某种情绪需要发泄，他们都可以在新媒体空间中完成，且能够对自己所攻击的对象带来巨大的舆论压力。以“河北容城艾滋病女”事件为例，2009 年 10 月，一则有关“河北容城艾滋病女”的信息在众多网站转载，甚至不少境外网站也进行了传播。该帖子的发帖人为杨某，他提供了与“河北容城艾滋病女”卖淫相关的 279 名“嫖客”的电话号码，在“有依有据”的操作下，帖子立即引起公众的关注，并掀起了轩然大波。在帖子发出几天后，杨某所说的“艾滋女”主动前往河北省容城县疾控中心，申请做 HIV 抗体的检查。容城县疾控中心采集了“艾滋女”的两份样本并进行检查。检查发现，“艾滋女”为 HIV 抗体阴性，不存在所谓的艾滋病。3 日后，容城县公安局将信息的最初发布者杨某抓获，并以涉嫌诽谤罪将杨某拘留。经过进一步的调查，警方发现，杨某帖子中所谓的“艾滋女”其实是在 2008 年便与其相识的闫某，两人早在 2008 年 3 月就同居了。在同居期间，犯罪嫌疑人杨某拍摄了两人的性爱录像和闫某的裸照。在 2009 年 6 月，闫某提出分手，遭到杨某的拒绝。为了报复闫某，杨某便将之前拍摄的录像和照片上传至 QQ 空间、新浪微博以及百度贴吧等新媒体空间，谎称闫某曾被继父强奸、患有艾滋病等。捏造这些信息，杨某觉得还不过瘾，因而又将闫某及其大哥手机上的 279 名联系人的电话号码一并公布出来，谎称这 279 个电话号码的主人均是闫某的“嫖客”，并将加工过的淫秽视频上传至相关平台。在查明真相以后，容城县人民法院依据诽谤罪，判处杨某有期徒刑 3 年。由此案件可知，一些人为了特定的诉求，将道德抛置脑后，肆意侮辱、诽谤他人，不仅毫无社会责任感，还毫无法律意识。众所周知，“道德的普遍目的就是在社会联系中建立起一种秩序。”①没有道德底线的言行就是对秩序的破坏，也是没有价值观念的体现。

今天的新媒体空间，充斥着野性、肉欲、媚态等不健康的东西，玷污了新媒体的环境。猎奇性、反智化、色情性的传播随处可见，这必然会影响青少年的身心健康。同时，在报道很多事件时，不少媒体都将其作为一种娱乐、戏耍的对象，缺乏应有的理性和人文关怀，一心只为博取眼球。道德失范会拉低公众的道德水准，降低媒体的公信力。因此，加强网络等新媒体空间的道德自律，已成为一个极为紧迫的任务。新媒体空间中的道德乱象，需要相关部门积极利用新媒体开展舆论引导，还网络一个清朗的空间。

（五）利用新媒体来开展舆论引导，能够提升互联网平台上的内容水准

一句“互联网让我们变得浅薄”，获得众人的点赞。网络让不少人迷失了自我，或捏造和传播虚假信息，或跟风摇旗呐喊，或沉浸在狂欢之中。这说明，互联网平台上的内容的水准已经被拉低，但在阅读这些浅薄的内容的时候，很多人却能乐此不疲，即使那些很有水准的评论，也很难将大家从低水准的内容中拉出来。看到有价值的长篇评论，不少人只能坚持读一会儿就会感觉心神不宁，感觉“索然寡味”，而一旦有段子，即使水平再低，

① 洪谦．逻辑经验主义・下卷．北京：商务印书馆，1989：414.

他们也能一头扎入其中，兴致勃勃地欣赏。这种现象需要引起足够的重视，它说明互联网正在塑造公众“浅薄”的思维模式，为了娱乐而阅读，抛弃精心思考的传统。难怪有人会说，互联网使人由深刻走向浅薄，成为徜徉在各种信息雾霾中的迷茫者。

面对这种情况，相关部门要积极利用各种新媒体设置议题、传播有价值的信息，不断提升互联网等新媒体空间中的内容水准，找寻人类圣洁的精神家园。要做到这一点，就要提升新媒体的舆论引导能力，敢于打破“浅薄”信息的“囚笼”。众所周知，在新媒体空间中，信息已不仅仅是人际交流的纽带，也是人类情感的延伸，因而新媒体已成为人类生活的新空间，成为信息时代公众参与社会事务的重要途径。然而，“浅薄”化的内容的传播，滋生了诸多危害社会发展的言行。这些言行形成于互联网等新媒体空间之中，并在各种新媒体空间中迅速扩大，甚至常常引发大规模的线下活动。对很多人来说，互联网等新媒体空间中的信息已形成一个个屏障，公众被囚禁于其中，每天被四面八方的浅薄信息所围猎，被各种流言、谣言和低俗的内容所羁绊，心甘情愿地堕落于其中。对于媒体来说，不应该像公众一样被各种浅薄的信息所羁绊，应率先打破自己的信息囚笼，并为公众寻到打开信息囚笼的钥匙，积极引导公众的信息消费，共同建设人类美好的信息家园。

第二节　新媒体舆论引导中存在的问题

在新媒体舆论场中，各种信息满天飞，“众声喧哗”的情况尤为突出。面对复杂的舆论环境，新媒体的舆论引导尚有不少需要提升的地方。

一、信息把关较为乏力

新媒体这一新兴的传播平台的崛起，使传统媒体时期经常处于信息接收地位的受众一下子获得了信息活动的主体地位，他们能够较为自由和自主地生产、传播信息和选择信息。在积极参与到社会事务之中以后，公众便成为了一种新型的舆论主体，他们推动形成的民间舆论场，成为与官方舆论场、媒体舆论场相抗衡的新型舆论场。可以说，相对于传统媒体来讲，新媒体凭借自身的优势，在开展舆论监督方面独树一帜，无论在监督范围还是在监督方法上，新媒体都显示出了自身的强大力量。但在较为自由、自主地发表意见的过程中，公众难免会受到各种因素的诱惑或控制，传播诸多虚假的、不健康的信息。这就需要对新媒体空间中的信息进行把关。

然而，面对嘈杂的新媒体舆论场，很多媒体的把关能力被大大拉低，出现了把关乏力的情况，再加上一些媒体为了特定的利益而心甘情愿地被大众牵着鼻子走，使新媒体空间中的信息把关状况更加令人担忧。我们都知道，在传统媒体时代，媒体在信息的收集、选择、加工和修改的过程中，都有明显的把关痕迹，在精心的把关后将信息传递给受众，因而媒体能够较为从容地生产、传播和控制舆论，公共舆论能够在媒体营造的“意见气候”中有效运行。在新媒体时代，舆论场众多，且大量充斥着非理性的、情绪化的信息，加之新媒体信息传播的开放性，使得新媒体难以像传统媒体那样对信息进行层层筛选，很多信息难以找到其来源，存在着把关人缺失的情况。在这种情况下，新媒体的把关就较为松懈，不少负面的舆论得以迅速传播和扩散，甚至超越了舆论的界限，成为了网络暴力，为舆论的引导带来了诸多困境。

二、民意表达负荷较重

在中国，公众表达民意的渠道较多，如信访、人民代表大会的意见征集、政协的意见征集等，但最为便捷的手段就是通过各种媒体尤其是新媒体来表达。通过媒体发表意见，对于发扬民主、维护社会和谐有着巨大的作用。但一个不能忽视的情况就是，由于新媒体在发表意见方面的自由性和及时性，公众倾向于通过各类新媒体来发表意见，导致新媒体承载了众多的民意表达，使其负荷较重。在发达国家，新媒体的应用一般是电子商务排第一，即时通讯排第二，而公共信息的应用才排在第三位。但在我国的网络应用之中，公共信息的应用排名第一，排在第二位的既不是电子商务也不是即时通讯，而是网络游戏，排名第三的才是电子商务。这说明在发达国家，用户将网络等新媒体视为实用性较强的工具，而中国的用户则把新媒体视为意见表达的重要平台。今天，网络等新媒体已经成为信息传播的集散地、成为舆论博弈的重要场域，新媒体民意表达负荷之重前所未有，在“嘈杂”的舆论场域中，舆论引导困难重重。

三、舆论引导中存在着“媒体审判”现象

信息传播的开放性、匿名性、快速性和互动性，使新媒体在舆论引导方面有着巨大的优势。但这也构筑起一个个较为开放的舆论空间，在发表意见的过程中，众多主体之间会存在着这样那样的交锋，一旦占据优势地位，相关的意见会在短时间之内形成舆论，并会迅速引发成蝴蝶效应，使相关的事件的全部或者局部被急剧放大，让不明真相的公众迅速跟风，故而网络暴力和网络冲突层出不穷。由于对特定利益的追求和媒介素养整体偏低等原因，公众“大众狂欢式”的发言更是成为常态。为了显示自身独特的社会地位、吸引公众的注意以提升自己的影响力，不少媒体会加入非理性化的舆论传播之中，它们站在道德、法律的神圣角度，要求司法机关做这做那。原本来说，媒体通过形成和传播舆论来对司法机关进行监督，是政治民主的体现，也是民主监督的一种特殊手段。但在“民意”风暴的席卷下，新媒体往往被非理性的民意所羁绊，出现了“越位”的情况，代表司法机关对案件进行“宣判”、对“犯罪分子”进行惩罚，这就是所谓的“媒介审判”问题，对司法的独立性、公正性带来了巨大的挑战。这不仅不利于事件的解决，还有可能带偏舆论，使社会的发展遭遇各种阻力。

由于我国在相关领域的法律法规还需要进一步完善，公正的媒介素养和媒体的职业水准都还需要进一步提升，因而“媒介审判”在较长的时期之内都会存在。

四、舆论引导中的社会信任度还需进一步提升

信任是媒体充分整合公众资源、提升自身舆论引导力的重要保证。在城镇化进程不断

加快、网络等新媒体虚拟空间的覆盖面不断扩大的今天，传统时期社交中的熟人社会变成了“生人社会”，人们很难依照传统社会中的熟人关系来开展信息交往活动。由此可知，在新媒体时代，虽然每个人都能够轻易地在各个新媒体平台上发布、传播和消费信息，并与他人进行互动，但很多时候，互动的双方都是彼此不相识的，他们只是处于一种虚拟化的交往空间之中，靠自发的连接构筑的人与人之间的信任机制，远不如熟人社会的那样牢靠。在各种各样的新媒体平台上，不少虚假的、情绪化的、非理性的信息传播，更容易破坏新媒体空间中人与人之间的比较脆弱的信任，而当这种趋势逐渐蔓延，对线下的信任造成冲击以后，整个社会的信任就会出现危机。

新媒体空间中人与人的信任如此，媒体与公众之间的信任亦是如此。与传统媒体时期相比，在新媒体时代，公众对媒体的信任度明显低了不少，当新媒体为了特定的目的传播虚假信息后，公众对其信任度更低；而公众的信任度低，就意味着新媒体在舆论引导中的权威性被降低。所以说，如果要进一步提高自身的舆论引导能力，新媒体就需要极力构筑自身与公众之间的信任机制，重获公众对媒体的信任。

五、媒体对虚假信息的辨识力还需不断提高

在新媒体时代，各种信息发布、接收终端的更新换代尤为迅速，信息生产、传播和消费的速度明显加快。在海量的信息中，隐藏着不少的流言和谣言，传播者身份较难辨别、传播的时间和地点较难确定、传播的真伪极难识别。真想进行查证时，浩如烟海的信息又常常叫人不知如何查起。更令人头疼的是，一些新媒体对技术的“双刃剑”的效应估计不足，在信息传播中重视技术所具备的信息携带优势，而对相应的管理没有予以足够的重视，存在着先发展、后规范的思想。在这种情况下，用户习惯于在新媒体空间中较为自由、自主地发布和传播信息，他们很难习惯后来的管理。另一方面，对用户意见表达的管理也会让西方的敌对势力有批评和攻击的借口。其结果就是不少用户不负责任地发布和传播信息，让新媒体空间中的信息呈现出鱼目混珠、真假难辨的情况，这无疑增加了舆论引导的难度。

六、西方敌对势力的操纵增加了新媒体舆论引导的难度

众所周知，西方不少发达国家的种族歧视极为严重、弱势群体所受到的压制也极为突出，在人权方面可谓丑态百出。然而，喜好攻击和批评他人是帝国主义的本性，它们不顾自己国内的人权情况，胡乱地指责中国等国家。事实上，中国早已将言论自由写入宪法，中国共产党成立之初就将全心全意为人民服务作为党的宗旨。但帝国主义国家置事实于不顾，不遗余力地制造事端，歇斯底里地煽动中国民众，试图抹黑中国政府，达到其不可告人的秘密。在西方国家的反华政客的操纵下，一系列经过精心包装，与中国国情极不相符的思想被有计划地输入中国；而国内的一小撮“敌对势力”却心甘情愿地做西方的马前卒，也在各个新媒体空间中散布不利于中国经济社会发展的言论，成为了西方反华的“网络黑社会”。虽然这些反华势力只是萤烛之光，遮盖不了中国政府为百姓谋利益的万丈光芒，

但也应该引起足够的重视。尤其是在少数工作人员的贪污腐化让公众对政府的信任度有所降低的情况下，更要学会合理引导社会舆论。因此，我国的各种媒体尤其是新媒体，应该及时站出来，揭穿西方的反华阴谋，将中国老百姓生产、生活的祥和画面传播到世界各地，全力讲好中国故事和传播好中国的声音。

七、信息的碎片化和娱乐化使新媒体的舆论引导存在着诸多困境

新媒体已经广泛地、深深地嵌入了人们的生产和生活，使人们的生产方式、生活观念和思想状况都发生了较大的变化。要说新媒体对人的影响，目前探讨得最多的就是信息的碎片化、娱乐化等所引发的人类信息消费方式和消费目的的变迁，而这无疑会给新媒体舆论的引导带来诸多的困难。首先是碎片化信息所产生的影响。在新媒体空间中，真实的、虚拟的信息交织在一起，且大多以碎片化的形式存在。不过我们绝对不能小觑这些碎片化的信息，因为每个碎片化的信息，都可能会与某个热点事件进行勾连，借助热点事件得以不断的放大。也就是说，在新媒体舆论场中，公众、媒体等会抓住自己感兴趣或者能够对事件产生重要影响的片段加以改造，“创造”出能够影响事件走向的信息，在这些“创造”出来的信息中，有很多是扭曲的、变味的，但由于是经过设计后推出的，因而很难寻找到其本来的面目，致使信息真假难辨，但公众却沉浸在碎片化的信息之中，开展着各种浅阅读活动。这些都给相关部门的舆论引导制造了较大的麻烦。其次是娱乐化所产生的影响。在新媒体空间中，信息交流较为自由，人们能够根据自身的需求选择相应的信息。当前，购物、资讯和社交等软件在各类软件的下载中名列前茅，这说明了很多新媒体用户都是以获取资讯、娱乐身心为主要的信息接收目的的。为了满足用户娱乐的目的，以获取更多的利益，不少新媒体会根据用户的信息消费习惯推送相关的信息，使用户保持较高的活跃度和注意力，出现了娱乐至上的倾向，加速了用户信息接收中的娱乐化进程。在娱乐观念的支撑下，不少人对相关的信息都失去了理性思考的能力，精神生活逐渐萎靡。这样一来，新媒体的舆论引导也很难将用户从娱乐的“泥潭中”拉出来。相反，为了更为尽兴地娱乐，很多用户都会带着情绪化、非理性化的思想，随意地攻击、批评、恶搞某种事件或某个人物，他们听不进金玉良言，看不懂敌对分子所包藏的“祸心”，容易受骗上当，成为反面舆论的助威者和推动者。令人可笑的是，他们还以“正义”的化身出现，七嘴八舌地喷别人，使新媒体空间中的语言暴力此起彼伏，舆论引导困难重重。

八、“微民”的崛起让新媒体舆论的引导面临着更为严峻的挑战

《中国语言生活状况报告 2010》提出了“微民”一词，该词已通过相关部门的审定。一般来说，“微民”是指使用微博的人。在微信、微视频等兴起以后，“微民”应该也包括使用微信、微视频等微媒体的人。“微民”是一个极为庞大的群体，他们零散地分布在网络等新媒体空间之中，一旦发生重要事件，他们就会迅速聚集在相关的微博、微信之中，发表自己的观点并与他人进行互动。在网络等新媒体空间之中，“微民”处于一种平等交流的平台上，具有诸多的特征，而相应的特征均能对舆论的引导产生影响：

一是分散性。“微民”分属于不同的群体，他们因为有共同感兴趣的话题而聚在一起，形成一个个的圈子。因此，“微民”不是固定不变的，随着话题的消散、圈子的解体，原先聚集的“微民”也就四散而去。吊诡的是，“微民”可以同时存在于数个圈子之中，他们时而被解散、时而被聚集，甚至同时处于分散或聚集状态——相对于处不处于特定的圈子而言，在某个或某些圈子中是聚集的，在其他的圈子中则是分散的。处于某个圈子，是因为兴趣相投，或者彼此相互熟识，或者是关注同样的问题，抑或是支持或反对特定的人或事等，一旦没有共同的关注点，“微民”就会被解散。从这方面来说，“微民”是分散的，他们在网络等新媒体空间中的博弈，是带有“游击战”性质的，而这种情况无疑增加了舆论引导的难度。

二是信息解读的差异性。“微民”是围绕某个共同关注的话题来形成聚集的。当某个“微民”谈论某个话题时，他可能会相信别人会对他所谈的内容感兴趣，但他很难确定其他人是不是真的会加入那个(那些)他所感兴趣的圈子之中，因为面对同一事件，知识水平、利益需求和生活阅历等存在差异的人，会有不同的解读方式和标准，会得出不同的解读情况。正是对同一条微博、微信的信息解读存在着这样那样的差距，才使相关部门在统合公众观点的时候面临着巨大的困难。

三是“微民”间的信息沟通，使诸多具有差异性的观点得以表达出来。在新媒体时代，信息是可以被随时随地分享的；信息的传播可以在非常正式的情境中进行，也可以在非正式的情境中进行；信息的传播既有理性的成分，也有非理性的成分。只要想要表达自己的观点，都可以随时随地地进行，加上微博、微信等媒体所传播的信息都具有短小精悍的特征，能够以小见大地表达相应的观点，因而异质性的观点可以在同一平台上表达出来。虽然与那些能够传播众多信息的媒体相比，微博、微信等微媒体是相对较小的，但其平台上的信息传播依然具有公共性，因而也属于一种公共领域，作为个体的“微民”在相应的公共领域中所发布的信息，会立即进入公众的视野，并由此影响公共舆论的走向，舆论引导自然就变得复杂了。

四是“微民”对某些事件或者议题有着“刻板印象”。在很多时候，“微民”都会选择自己感兴趣的信息，原因是他们对特定的事件或议题有着“刻板印象”，并在种种刻板印象的驱使下有选择性地消费信息。也就是说，“微民”只关注自己感兴趣的观点，他们之所以有时会关注自己不感兴趣的观点，是因为他们想更好地反驳那些持不同意见的人。实际上，就算是“微民”感兴趣的观点，他们也常常关注不过来，因为在微博、微信平台上，每时每刻都会发布和传播着大量的信息，很多信息刚一发布，就马上被淹没在信息的海洋之中。而没有关注更多的信息，就很难了解事件的全貌，就容易产生偏听偏信的情况，且有可能被某些自己特别感兴趣、特别赞同的观点所强化。当思想被强化后，就很难被改变过来，当“微民”的意见与媒体的意见相左时，新媒体的舆论引导的困难就大大增加了。

五是“微民”经常将线上和线下的信息传播有效地连接起来。对于“微民”来说，他们既可以是信息的发布者，也可以是信息的传播者，还可以是信息的消费者，且他们可能同时扮演着信息生产、传播和消费的角色。因此，在发生热点事件时，“微民”之间的互动是极为频繁的。在这种情况下，信息的传播效果得以显著提升。由此可知，借助某一微媒体平台，“微民”便能够被迅速组织起来，成为无组织的组织力量，展开了线上线下的互动活动，这常常会引发相应的暴力事件，给新媒体的舆论引导造成了巨大的麻烦。

第三节　新媒体舆论引导的改进措施

对经济社会的发展来说，新媒体舆论引导是极为必要的。然而，就目前来说，我国的新媒体在开展舆论引导的过程中存在着这样那样的问题。为进一步提升新媒体舆论引导的能力，更好地助力经济社会的发展，在开展舆论引导时，新媒体需要从以下几个方面进行改进。

一、明确舆论引导的目标和原则

(一)明确舆论引导的目标

舆论引导的总体目标是构建社会主义和谐社会，这就需要对网络舆论进行有效的管理。有了相应的目标，相关部门在发挥舆论监督、进行舆论引导时，就不会感到茫然，就能够做到有的放矢。舆论引导以构建社会主义和谐社会为目标，说明我国舆论引导也需要以和谐的手段来完成，要本着以人为本的原则，本着服务经济社会发展的目的，构建起良好的舆论运行秩序。

和谐与新媒体舆论引导是密切相关的，因为新媒体舆论是由官方、媒体和民间三个舆论场组成的，各个主体之间、各主体内部的各部分之间，都存在着整体与部分的关系。按照系统论的观点，一个系统是由若干相互联系、相互影响和相互作用的部分组成的，整体和部分之间存在着密不可分的关系，因而新媒体舆论场这一整体要健康发展，就需要官方、媒体和民间三个舆论场的协调发展。这其中，民间舆论场是在新媒体时代崛起的，其内部包含着众多的个体，且这些个体是分散性地存在的，他们凭自己的兴趣和所关注的利益而聚集，因没有共同的兴趣和利益关注点而消散。由此可知，新媒体舆论的引导，最主要的是要做好民间舆论场的引导，使民间舆论场与其他两个舆论场融合起来，实现子系统与子系统的有效合作，使部分功能之和大于整体功能之和。需要指出的是，处于大众传播生态系统中的舆论引导系统，只是社会这个大系统的一个子系统，因而官方、媒体和民间三个舆论场的融合发展，只实现了系统内部的和谐。而要构建社会主义和谐社会，就需要更好地发挥舆论引导系统与其他系统(如经济、政治、外交、科技、军事、贸易)的关系，共同促进社会的和谐发展。

(二)把握舆论引导的原则

在新媒体舆论监督、引导和发展之中，管理是一条底线，是制定、执行新媒体舆论引导、管理政策及措施的重要准则。因此，在新媒体舆论引导中，必须明确相应的管理原则。当前，不少国家对网络舆论的管理方法是“事后”问责而非“事前”预防，因而相关的管理措施的效果不是很明显。有鉴于此，有一些学者呼吁先制定一系列管理原则，让相关主体没有随意制造谣言、煽动公众情绪的空间。

在舆论引导方面，欧盟主要采用表达自由、比例以及尊重隐私三个原则。所谓比例原则，就是公共权力的行使与其想要达成的目的之间应该存在着合理的比例。简单来讲，就是所使用的手段和想要达到的目的之间要成正比，相关的部门不能过度干预。对于舆论的引导，欧盟极为重视政府与业界的合作，让业界制定信息的分级标准，让用户能够知道不良信息所携带的风险，并自觉规避有害的信息。根据欧盟的舆论引导原则，余秀才认为如不考虑我国网络管理的实际情况，可以在舆论引导中实行有限管理、最大利益和利益平衡等三条原则。① 所谓有限管理，是基于新公共管理理论来说的，该理论认为，政府不是管理的唯一主体，非政府公共组织甚至个人等主体也可以参与到管理之中，政府应该充分利用公共组织和个人来共同管理、引导舆论。当前，网络等新媒体空间之中存在着众多的利益主体，他们都有着特定的利益需求，因而在对相关的舆论进行管理和引导时，应该本着利益最大化的原则，让各方的利益能够实现最大限度的交汇，由此提升舆论的引导效果。需要指出的是，在各种舆论经常发生的今天，相关部门很难同时对所有的舆论开展引导工作，这就需要采用利益均衡原则，先处置那些比较紧迫的舆论，并考虑用柔性的手段来处理非紧迫的舆论，同时要综合考虑各方的利益，尤其是要重点保护老百姓的利益。

二、转变舆论引导的观念

在新媒体时代，公众参与社会事务的主观能动性明显增强，媒体的监督能力也有了显著的提升。当有热点事件发生时，官方、媒体和民间三个舆论场经常会展开激励的舆论交锋，不过三个舆论场之间的合作也是常见的。在这种情况下，我国的政府部门必须转变舆论引导观念，构筑起政府、媒体、公众之间的新型舆论治理关系。

首先，在发生热点事件时，政府要将媒体和公众视为合作者而不是被控制者。客观地说，对媒体、公众进行控制和管理，都给人居高临下的感觉，只有合作才让人容易接受。此外，合作还有信任媒体、公众自律的成分在里面，意味着媒体、公众都是有理性的，这能让媒体和公众感受到政府的诚意，使他们有被重视的感觉，因而往往会带着责任感、带着智慧参与舆论引导。政府没有了动辄不准采访、不准报道、不准炒作的生硬命令，让媒体、公众主动与政府沟通，会避免官方不发声、小道消息满天飞的事情的发生，让政府不至于处于失语状态，而是在及时、有效的发声中引导媒体、公众正确地发表意见。由此可知，政府要转变舆论引导观念，使其与媒体、公众关系由被控制的关系向伙伴关系转变，让媒体、公众成为政府的“知心朋友”。当然，当媒体、公众不能客观公正地发声时，政府要及时予以引导甚至马上予以制止。

实际上，我国的政府并没有将互联网等新媒体视为洪水猛兽。相反，党和国家的领导

① 余秀才．网络舆论：起因、流变与引导．北京：中国社会科学出版社，2012：246.

人还多次强调要把握新媒体的传播规律，积极筑牢互联网这一舆论引导的主阵地，强调要加强新媒体阵地建设，形成舆论引导的新格局。这充分说明，我国政府已经不再只从管理者的角度去对待新媒体和受众，他们鼓励新媒体和受众客观、公正地参与新时期的舆论引导工作。

不过要真正构筑起政府、媒体和公众之间的良性互动关系，政府部门还有不少的事情要做。首先是要与媒体和公众展开诚恳对话，改变自己高高在上的话语方式，在讲道理时也谈情感，并不断展示自身的价值魅力，以此不断提升自己的公信力。由此可知，一味地控制信息，将不利于政府开展舆论引导和社会治理工作。正如刘建明所说："如果一个政府狭隘地控制信息，那么它也会狭隘地操纵政治……政府意见的全面公开化，是政府引导、控制公众意见沿着正确方向传播的关键。"①其次是要有效地将媒体、公众团结起来。新媒体传播速度快、互动性强，能够无限度地拓展和压缩时空，让信息在变化不居的时空中迅速传播；公众数量庞大，能够有效地利用新媒体开展信息交流活动，在比较自由和自主的时间、空间中发表意见，对舆论的生成、传播和演变起着巨大的作用。因此，政府要及时将新媒体和公众团结在自己的周围，使他们和自己站在一个战壕里，与公众一起抵抗敌对分子的舆论压力、共同展示美丽的社会画卷。三是积极开展新媒体问政活动。在新媒体时代，信息能够通过各类新媒体平台走入千家万户，在发生热点事件时，想用捂堵、封的手段来挡住信息、制住舆论，是极不现实的。正因为如此，我国积极推进信息公开、政务公开活动。党的十七大明确指出，要保障人民的知情权、参与权、表达权、监督权，要加强民主监督，发挥好舆论监督作用，增强监督合力和实效。在这种背景下，全国各地陆续出现了"网络问政"的景观。"网络问政"是一种"问计于民"、广集公众智慧的行为，能够让公众对政府和新媒体产生亲近感、信任感。

综上所述，政府需要及时转变舆论引导观念，将媒体和公众视为"朋友"，不断提高信息发布的透明度，不断吸引媒体、公众参与到社会治理之中，以增强自身的宏观调控能力。当然，无论在何种情况下，都必须坚持党管媒体的原则，不能被媒体所左右，只是说在坚持相关原则的基础上，不断改善对媒体、对公众在信息传播、舆论引导方面的管理方式，通过法治化、规范化、情感化的方式来处理政府与其他主体的关系。

三、创新舆论引导的模式和机制

（一）创新舆论引导的模式

今天的舆论引导主要存在政府主导型和政府指导下的行业自律型两种模式。政府主导型模式主要存在于澳大利亚、德国及新加坡等国家，其强调政府在舆论管理中的主体作用，主张用司法以及各种过滤技术来开展舆论引导工作。政府指导下的行业自律型模式主要存在于美国、加拿大、日本以及英国等国家，其主张新媒体在政府的指导下，依靠行业

① 刘建明．穿越舆论隧道：社会力学的若干定律．北京：中共中央党校出版社，2000：216.

的自律性，自觉对信息进行分级管理。这两种舆论引导模型各有利弊，第一种管理方式能够借助政府的权威来及时引导舆论，但也经常出现多头管理、几个部门推诿扯皮的情况；而第二种模式虽然能够避免“塔西佗陷阱”，但完全科学的信息分类是很难做到的，加之在出现利益冲突时，业界和公众个人均很难科学理性地对待舆论，他们会从各自的角度出发，对相关的事件进行审视，使舆论难以得到统合性的引导。

正因为如此，中国的舆论引导应该充分考虑各相关主体的利益，引导各方共同参与舆论治理，形成舆论治理的“共同体”，使舆论在政府主导、行业、组织和公众积极参与的情况下实现善治。

（二）创新舆论引导的机制

首先是建立新媒体舆论预警机制。舆论治理尤其是新媒体的舆论治理，需要建立起有效的预警机制。唯有如此，相关部门才能提前了解社情民意，才能及早采取相应的舆论处置措施。尤其是在西方反华政客经常煽动中国民众、蓄意抹黑中国政府形象的今天，我国更需要及时建立起新媒体舆论的预警机制。建立新媒体舆论的预警机制，需要确立舆论的级别。在对各种紧急情况进行预警时，许多国家和地区都习惯用红色、橙色、黄色和蓝色四种颜色来预警事件的不同破坏程度。因此，相关部门也可以采用这种预警方式，将新媒体舆论的破坏性分为四种级别——红色（特重，一班用 I 来表示）、橙色（重，一般用 II 来表示）、黄色（中度，一般用 III 来表示）和蓝色（非常态，一般用 IV 来表示）。在发生重大突发性事件时，相关部门就应该立即启动新媒体舆论的预警机制，及时收集与事件相关的各种信息并对之进行有效的分析，以发现可能的舆论爆发点，然后及时发布预警信息，并形成完整的舆情报告，呈给相关管理者，使之能够及时掐灭舆论的火焰，维护社会的稳定。

其次是建立新媒体舆论联动机制。当今社会，各种舆论频发，在公众的参与下，舆论的波及范围远超我们的想象，单靠某一个部门、某一个主体很难有效地处置、引导舆论，这就需要建立起联动机制，使各相关主体在政府的指导下有效地参与舆论的协调治理，让舆论在各方的多元监督、密切合作中朝着有利于社会发展的方向行进。需要特别指出的是，各方的联动不是固定不变的，而是动态性的，根据各主体的便利性、引导力来进行有效的调剂。同时，在经济全球化极为明显的今天，很多舆论都具有“跨国性”的特征，往往需要多个国家形成联动的局面，共同引导舆论，造福各国人民。

再次是构建软性引导机制。对舆论进行硬性引导，很多时候会引起公众的反感，因而在今天的舆论引导中，可以采取软性引导的形式。众所周知，对于一个组织来说，如果能够建立起共同的价值观念，则能够推动组织的有效运行。对于一个社会的运行来说，建立起共同的价值观念也是极为重要的，因为如果公众能够在同一的价值观念的影响下，形成特定的“契约”精神，使公众之间形成相互信任、相互尊重的关系，就能够自觉地遵守相应的处事规则。新媒体是一个包容性极强的媒体，很多观念都可以在其中得到交流和碰撞，如果能够加以引导，就会在一个个的社群中逐渐形成统一的价值规范，处于新媒体空间中的用户就能够顺应价值的呼唤，本着负责任的形态去传播信息。这些规则的形成和传播、信任的构建，所依靠的就是相应的软性机制。

舆论是公众的集合式的意见，在生成和传播的过程中均蕴含着公众特定的心理，而这种特定的心理往往催生了相应的情感。当某个人带着情绪发言，可能会影响到与之同时关注同一个事件的其他人，如果这一事件与特定的社会变动有关，则会激发公众的集体情绪。倘若这种集体情绪是负面的，则其营造的舆论环境就夹杂着众多的愤怒，极易诱发线下的暴力行为。因此可以说，舆论是公众集体心理的指针，反映了社会治理的有效程度。一般来说，社会治理得好，百姓生活得比较好，舆论所引发的情绪就大多是正面的，即使有些负面情绪，也可以予以及时矫正。如果公众感觉社会尚不够公平公正，舆论引发的情绪就大多是负面的，会对社会的稳定带来巨大的冲击。基于此，相关部门要针对不同的社会心态、不同的社会情绪来构建不同的舆论引导机制，达到强化积极情绪、疏解消极情绪的目的。在社会问题日益复杂、各种舆论事件频发的今天，以特定的价值观念来潜移默化地引导公众的思想，构建长期的、软性的舆论引导机制，无疑是一种极为有效的途径。

四、有效设置议程和抢占舆论引导的新高地

（一）有效设置议程

在新媒体时代，议程设置出现了新的特征：主体多元化、各主体能够实现较为平等的对话、不同面向的信息解读使议题容易发生变化、媒体不再是议题的主导者。面对新媒体空间中复杂而多元的舆论态势，相关部门必须及时设置有导向性的议题，并引导媒体有效捕捉有价值的信息，全面追踪和报道事件的重点、热点所在，精确地把握公众的心理诉求，从而有效地调整报道策略。在对待公众方面，相关部门要及时对事件的焦点做出权威的阐释，引导公众不信谣、不传谣。

有效设置议程，能够将公众的注意力吸引过来，提升他们对事件、对舆论环境的认知能力，让他们在人云亦云、莫衷一是的复杂舆论空间中突围出来，避免他们长期跟风，助长消极舆论的气焰，或者在信息的解读中重新设置相应的议题，使舆论环境更为复杂。

无论是政府部门还是媒体，只要能有效设置议程，不仅能够避免公众在“众声喧哗”中胡乱吆喝和无端攻击，还能不断提升自己的影响力、公信力、传播力、引导力和生命力，使面对热点事件时，公众能够倾听政府和媒体的声音，而不被敌对势力和不法分子所利用。

要有效地设置议程，就要树立责任意识和大局意识，从整体上把握事件的情况，弄清事物发展变化的规律，找到各方利益的交汇点，以理性、健康的声音引导舆论，不断安抚公众的情绪，迅速、稳妥地处置舆论，维护社会和谐。其实，议程设置与信息把关是紧密相连的。把关是大众传播媒体的重要职责，尤其是在新媒体迅速普及和应用不断深入的今天，把关更成了大众传播媒体的重大而紧迫的任务。对大众传播媒体来说，只要巧妙地设置了议程并想方设法地引导公众围绕议程进行探讨，就能够改变被公众的议程所影响的局

面。相应地，设置了能够左右舆论走势的议程，就能够比较轻松地对相关的信息进行把关，及时引导公众摒弃负面的信息，传播正面的信息。在这种情况下，大众传播媒体的把关已经不只是传统意义上的把关——判断哪些信息可以传播、哪些信息不能传播，而是在判断信息能否传播的同时巧妙地为公众指路，引导他们避开负面信息的雷区。倘能如此，把关人的作用就不是被弱化，而是被强化了，因为他们在设置议程的同时还能巧妙地引导公众的信息传播与消费，起到了在“异常嘈杂”“真假难辨”“扑朔迷离”的舆论场中为公众指点迷津的作用。这也告诉我们，只要能够与媒体建立良好的关系，并充分利用他们设置议题和指点迷津的功能，政府部门就能够有效地引导舆论。需要指出的是，新媒体空间中的把关人呈现出多元化的态势，除了媒体这一职业的把关人以外，还存在着不少的意见领袖，甚至每个公众都成了把关人(每个公众都有责任对新媒体空间中的信息发布、传播进行把关，不跟着别人吆喝、不传播没有经过证实或容易引发负面效应的信息)。这其中最需要注意的是各类意见领袖，尤其是那些有着庞大粉丝群体的意见领袖，因为在某些时候，他们只要振臂一呼，就会有不少的跟随者，随着跟随者的增多，舆论的风向标就有可能发生转向。如果意见领袖与政府站在同一立场之上，那政府的舆论引导就比较顺畅，但如果意见领袖对政府的意见持反对态度，则会使政府的舆论引导面临巨大的挑战。

(二)抢占舆论引导的新高地

在新媒体空间中，信息传播具有典型的碎片化特征，公众都习惯于浅阅读。在这种情况下，长篇大论的报道已没有市场，而短小的报道和评论则能够紧紧抓住公众的心。正因为如此，各种微媒体(如微博、微信、微视频)等纷纷出现，且迅速抓住了公众的“芳心”，成为生成和传播舆论的主要平台，被称为舆论引导的新高地。在这种背景下，不少政府部门都纷纷开辟了自己的微博、微信、微视频等平台。政务微媒体的开通，为信息公开、政民互动提供了新渠道，也为政府部门的舆论引导提供了新的手段。不过需要指出的是，政务微媒体脱离了传统媒体时代信息生产、传播的诸多把关环节，通常由指定的人来操作整个流程，出现了一人代表一个部门发布信息的情况，致使一些信息没有经过认真审核、把关就被发布出来。虽然信息是通过微博、微信等微媒体来发布的，但在公众看来，这些信息也是政府发布的，也是极具权威性的。

公众如此信任政务微媒体，就要求信息的发布者具有“慎独”精神，将政务微媒体变成谣言粉碎机。有人说，通过各类微媒体来制造谣言，成本很低，传播又快。但技术对任何人来说都是一样的，不存在专门照顾谁的问题，用微媒体来辟谣，成本也不高。政府部门要积极抢占微媒体这一舆论引导的新高地，开辟辟谣专区，迅速传播真相，及时过滤各类谣言，及时引领舆论航向。

五、激发社会大众的参与潜能

激发社会大众在舆论引导中的潜能，需要做好三个方面的工作：

首先是调适社会大众的心态。

新媒体舆论虽然存在于网络这一虚拟的空间，但它却是现实社会中公众的心理表达，如果放任不管，就会影响政府的公信力，且会引发线下的暴力活动，而当线上和线下的行动与言论交织在一起时，整个舆论场就会变得更为复杂。如果能够及时调适社会大众的心态，让他们感觉到舒心、顺心，就能够及时消除舆论的负面影响。由此可知，社会大众的心态是检验舆论引导效果的重要指标。需要指出的是，社会大众的心态并不等同于公众的心理，其包含着公众对社会的认知感受、价值观念及行为意向等多个方面，社会大众的整体心态折射了社会的实际情况。

对于舆论引导来说，要想方设法地了解社情民意，以把握社会大众的整体心态，然后有效地予以调适。社会大众的心态不是在霎时间之内形成的，其生产往往需要较长的时间，是社会问题长期在社会大众心中复现而引发的。正是某些社会问题长期得不到解决，才让社会大众产生一系列的社会心理，比如说官员腐败、贫富悬殊、相关工作人员的不作为等，就容易让社会大众产生仇富和仇官心理，产生结构性怨恨和不信任感等。这种心态极大地制约了舆论引导的效果——如果事件的当事人牵涉官员和老百姓，或者牵涉穷人和富人，不管真相如何，社会大众首先就会从刻板印象出发，指责官员和富人等所谓的强者，认为老百姓和穷人是被迫卷入事件中的，因而舆论往往出现一边倒的情况。哪怕最后发生了反转，仍然还有一些人不愿相信真相，还在骂骂咧咧地攻击在他们看来处于强势地位的人。在社会大众广泛参与到信息生产、传播和消费的今天，民间舆论场不断发展壮大，社会大众的心态也在舆论生成、传播和演变中得到了较为全面的体现。总的来说，社会大众的心态主要包括以下几种类型：

第一，是仇富和仇官心态。我国是社会主义国家，社会主义的本质是解放生产力，发展生产力，消灭剥削，消除两极分化，最终达到共同富裕。但我国处于并将长期处于社会主义初级阶段，人民日益增长的美好生活需要和不平衡不充分的发展之间的矛盾是社会的主要矛盾，国家鼓励一部分人先富起来，先富带后富，最终达到共同富裕，因而在现阶段，我国民众之间的收入会存在着差距，低收入的群体会对高收入的群体产生仇富心理，尤其是一些所谓的富二代到处炫富，更是引发低收入群体的仇富心理。此外，近年来，我国决意整顿政府官员的作风，反腐力度之大可谓前所未有，一个个不能坚持初心的腐败分子成了阶下囚，法制的力量得到了应有的彰显。不过一小撮腐败分子仍然执迷不悟，依然在干着各种见不得人的勾当，加之一些政府工作人员没有转变管理观念，在处理事情时态度粗暴、不作为或者乱作为，使公众的仇官心态尚未彻底消失。正因为有着仇富和仇官的心态，所以不少人还相信所谓的阴谋论，还相信有“强势群体”在作威作福，这就让那些涉及“弱势群体”和“强势群体”的舆论很难得到有效的引导。在于建嵘看来，仇富和仇官情绪的诱因有三：一是社会不公平，二是司法不公平，三是机会不公平①。由此可知，只有建设起公平公正、公开透明的社会环境，方能较为彻底地改善公众的社会心态。

---

① 于建嵘．仇富和仇官是因不公平底层百姓看不到前途．南方人物周刊，2011-06-17，http：//finance. ifeng. com/opinion/mssd/20110617/4165979shtml.

第二，结构性怨恨。在很多国家都存在着一种现象，就是发展效能较低的群体，往往对社会表现出一种不满的心理，他们总喜欢批评各种社会现象和问题，并将各种负面情绪发泄到新媒体空间。这些群体呈现出的“对体制和社会的结构性批判，背后其实掺杂着对社会抱怨、不满乃至怨恨等复杂心态。”①一般来说，结构性怨恨是比较负面的心态，但是这样的心态也能够反映出特定的社会问题，相关部门可以在对这种心态形成的原因及过程进行深入分析的基础上，采取有效措施改善社会治理。在舆论引导中，结构性怨恨极易产生群体极化现象，大大地增加了舆论引导的难度。吊诡的是，如果不正面引导，这些负面情绪就会迅速蔓延，影响到更多的公众，如果予以正面引导，有些时候反而会加深相关群体的怨恨程度，使他们产生更多的逆反心理，引发次生的舆论灾害。因此，对怀有结构性怨恨心态的群体来说，要根据实际情况来开展舆论引导工作。

第三，信任度不高。信任是开展社会建设的底线，如果出现了信任危机，就会对社会发展造成较为严重的影响。在诸多的信任中，最重要的类型就是社会大众对政府的信任。早在古罗马时期，就有政治学家提出了“塔西佗陷阱”一词。所谓“塔西佗陷阱”，就是政府的权威性、公信力打了折扣，无论政府做什么，社会大众都认为它们做得不好，无论政府说什么，社会大众都认为它们是在说假话。倘若社会大众对政府的信任度不高，一旦发生热点事件，哪怕政府发布的是真实的信息，讲的是真话，社会大众都不相信，都怀疑政府没有披露实情。也就是说，社会大众对政府不信任，导致他们对政府所发布的信息也不信任，这就是对公权部门缺乏信任的心态。在发生信任危机的情况下，相关部门就很难有效地引导社会舆论，原因是社会大众要么怀疑政府工作人员在舆论引导中的动机，不愿跟政府工作人员站在同一个阵地上，还经常发布批评性言论；要么持冷漠态度，认为什么都是浮云，一副事不关己的样子。其实，冷漠也是社会大众的一种社会心态，它凸显了一群人不问世事、麻木不仁的心理。这些人可能是因为在现实生活中遭遇不少挫折，对改变现实有一种无力感，也可能是因为对社会持悲观态度、持无所谓的态度。在舆论引导中，这群人的心态最难琢磨，他们对事件的关注方式就是点赞，无论他们感觉好不好，反正就是点赞，让相关部门在引导舆论时产生“错觉感”，从而对舆论情势做出误判。

在这种情况下，相关部门应该积极调适公众的心态，以此探寻更为有效的舆论引导路径。要调适社会大众的社会心态，就需要对社会大众的社会心理结构进行科学的判断，了解他们对社会问题、社会矛盾的真实态度，从而与他们进行真诚的沟通，以优化舆论的引导策略。此外，调适社会大众的社会心态，不能老是采取临时化的方式，即发生了特定的事件以后，为了及时引导舆论才去了解公众的心态，而是要建立起长效的调适机制，在了解社会大众最为关心的社会问题、社会矛盾的基础上思考长远的调适策略，以此逐渐改变社会大众的群体性失衡的心态，扭转社会大众在舆论生成和传播过程中的偏向，凝聚社会大众的社会共识，从而有针对性地开展舆论引导工作。

其次是与社会大众展开理性互动。

---

① 张志安．新媒体与舆论　十二个关键问题．北京：中国传媒大学出版社，2016：167.

与社会大众展开理性互动，是新媒体时代舆论引导的一种新战略。在主体多元化的舆论场中，舆论场的声音也呈现出多元化的特征，因而新媒体舆论场在一定的程度上出现了失真、失序的特征，如果不能够在各舆论主体之间达成默契，舆论引导就很难收到实际效果。正因为如此，相关部门要改变传统媒体时期的舆论引导观念，不能将社会大众视为信息的被动接受者，而应该将他们视为舆论生成、扩散和演变的主动参与者，要心平气和地与他们进行沟通，以改变长期重视短期的信息调控的舆论引导方式，走上注重长时间的调适社会大众心态的道路，使舆论的引导更符合实际，更加科学。在与社会大众展开理性的互动方面，相关部门可以采取以下几个措施：

第一，积极设置比较重大的、稳定性的议题。社会大众的社会心态来源于其长时间对社会问题、社会矛盾的认知。一般来说，比较重大的问题，如反腐、生态、科技、外交、公共卫生、社会保障、教育、就业、住房等，都是公众长期关注的问题，有规划性地对这些问题设置议题，引导公众进行探讨，以达成共识。这样设置议题，能够改变长期依靠热点事件驱动议题的局面，做到让事件服务于议题而不是议题服务于事件。我们已经看到，各种新媒体往往围绕热点事件来对某些社会问题展开讨论，在各种事件频发的今天，议题也随着热点事件的发生、发展而变动，很难形成具有稳定性的议题，这无疑为相关部门的舆论引导增加了困难，因为根据事件来设置议题，相关部门所搜集到的信息，有不少是碎片化、情绪化、非理性化的，受到事件本身的羁绊，公众很难对事件背后的原因和社会影响进行深刻的反思。更有甚者，在娱乐化气息较为严重的今天，不少人在面对热点事件时，总是从娱乐的视角来对事件进行解析，或者基于娱乐的心理来消费相关的舆情事件，所表达的观点大多没有可取之处。因此，要形成有效的舆论引导局面，相关部门必须主动出击，有规划性地设置具有重大性、稳定性特征的议题，让公众形成关注公共议题的习惯，促进公共议程、媒介议程、公众议程的融合，凝聚社会共识，改变社会大众的心态，有效引导舆论。

第二，引导社会大众抛弃情绪化的表达倾向，打造理性沟通的平台。新媒体是一个开放性的空间，任何人都可以进入其中发表意见，再加上可匿名这一特征，使人们都喜欢用新媒体来发表对社会的看法。由此可知，在进行社会动员方面，新媒体有着传统媒体不可比拟的优势，但由于相关的法律尚不完善、社会大众的媒介素养又整体偏低，因而在表达意见时，公众往往会带有特定的情感倾向，很难理性地对事件进行深层次的思考，各种攻击性、侮辱性言语屡见不鲜。虽然一些新媒体推行了实名制，但仍然无法消除社会大众在意见表达中的情绪化倾向。有鉴于此，相关部门应该积极搭建与社会大众进行理性沟通的平台，与他们展开平等的沟通，让他们抛弃情绪化的倾向，以负责任的心态来发表言论。

第三，超越非此即彼的舆论引导思维。在舆论引导中，相关部门容易采取非此即彼的观念来引导舆论，认为舆论要么就是正面的、要么就是负面的，往往采用简单的道德判断的方式来处置舆论，没有较为全面地剖析问题，认识不到现实社会和新媒体舆论场的复杂性。事实上，很多问题并不是黑白分明的，单向性的解读难以抓到其本质性的东西，需要进行较为全面的审视才具有说服力，如果采取非此即彼的思维模式，往往会显得比较牵强，并因此遭到社会大众的围攻。

最后是高度重视民间舆论场的声音。

舆论是公众对社会公共事务所发表的基本一致的意见，因而公众是推动舆论形成和发展的重要力量。正因为如此，相关部门在对新媒体舆论进行引导的过程中，要高度重视民间舆论场的声音——谨慎判断来自民间舆论场的舆论，哪些是非理性的、情绪化的，哪些是理性的、合理的，哪些代表大多数人的利益，哪些是不法分子的声音或者属于少数人的诉求，哪些需要及时解决，都要做到心中有数。对民间的舆论，不能只看表象的东西，而要深入挖掘其背后的本质因素。

重视民间舆论场的声音，其实是尊重公众知情权、表达权的一种重要体现。在参与社会事务的热情越来越高的今天，公众需要不断获取各种信息来对自己的参与做出选择，以有效地保护自己的合法权益。相关部门在了解公众的需求后，及时发布信息，能够在很大程度上铲除谣言滋生的土壤。

六、构建舆论引导工作体系和建立健全舆论引导工作制度

(一)构建舆论引导工作体系

工作体系是舆论引导有组织地开展的重要保证。在舆论引导中，需要投入大量的人力物力，需要有明确的工作分工，需要加强组织建设。那些舆论频发、舆论引导工作较为繁重的部门，如安全生产、司法、医疗卫生等部门，应该及时成立舆论工作领导小组，打造专门的舆论信息搜集队伍、舆论研判队伍以及舆论应对队伍，专门对相关领域的舆情进行研判，及时开展舆论引导工作。一个完整的舆论引导工作体系，可以用图 11-1 表示。

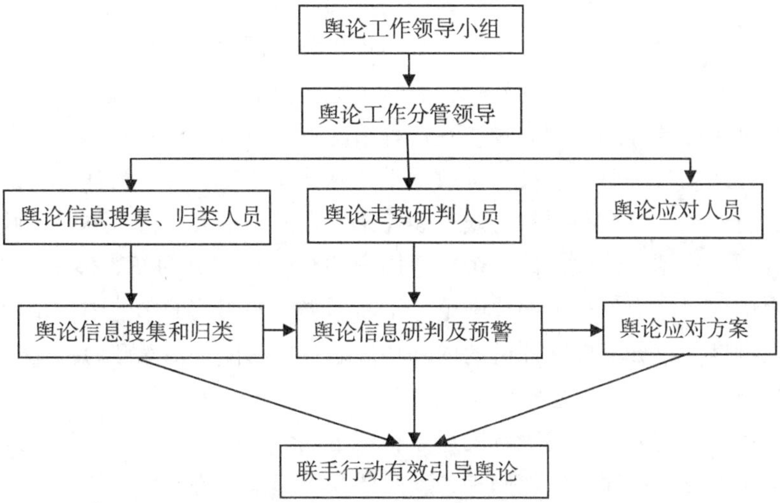

图 11-1 新媒体舆论引导工作体系图

在建立起舆论引导工作体系以后，还需要建立相应的工作制度。当前，我国已经有了一套舆论引导公众制度，但尚需进一步完善。具体来说，需要在以下几个方面进行加强和完善：

（二）建立健全舆论引导工作制度

1. 建立和完善新闻发言人制度

新闻发言人制度是相关部门或单位对外发布信息、阐明自己的立场、解答公众所关心的问题的一种新闻发布制度。建立新闻发言人制度，能够及时向全社会披露相关的信息，满足公众的知情权，因而能够较为有效地引导舆论。目前，我国众多的政府部门和企事业单位都建立了新闻发言人制度，不过不少基层政府尤其是县级、乡（镇）级政府尚未形成制度。在新媒体时代，只要发生了热点事件，不管地点在哪里，均容易引发舆论风暴，因而基层政府也不能置身事外，也要及时形成新闻发言人制度，确立专门的新闻发言人。对于涉及多个职能部门的舆论，要形成横向的沟通机制，统一宣传口径，由政府新闻发言人统一对外发布信息，避免出现各自为政、各说各话从而让公众无所适从的情况。

2. 建立健全舆情信息审核制度

在我国，相关的部门如宣传部、工信部等应该制定新媒体舆情信息审核制度，明确新媒体的职责，对其如何屏蔽、过滤和剔除虚假言论、暴力语言予以明确的规定，严格禁止造谣诽谤、恶意攻击、煽动破坏等言论，对于那些有规不依、有令不行的新媒体平台，可以采用限时整改或者直接取缔的手段进行处理。出台舆情信息审查制度以后，加强与各新媒体平台的沟通，了解它们执行有关制度的情况。对于主流的新媒体，要大力支持它们做大做强，提升它们在舆论引导方面的权威性和公信力。

3. 建立和完善阅评员制度

政府部门的工作比较繁忙，加之在新闻文本的撰写中难免会有一些纰漏，有时即使信息的发布者进行了认真的把关，也没能完全纠正相关的谬误（如错别字、病句、歧义等）。政府的信息发布是一个较为严肃的问题，公众也觉得政府发布的信息是比较权威的，且不能容忍相关的文本有这样那样的问题。在这种情况下，政府部门、媒体应该积极建立和完善阅评员制度，从高校等单位选拔一批政治觉悟高、文字功底好、责任心强的人，对相关的新闻文本进行阅读，并在必要的时候发表评论。在发生重大舆论事件时，政府部门应该积极发挥阅评员的作用，让他们以一个普通用户的身份在相关的新媒体平台上发表评论，并参与到公众的探讨之中，积极引导舆论，不断增强正面舆论的影响力。由此可知，建立和完善阅评员制度，充分发挥阅评员的内外功能——内功能是指对政府部门来说，阅评员具有舆论评论员、引导员、形象宣传员和公关人员等身份；外功能是指对公众来说，阅评员是他们同一个阵营的人，其代表着民意。有鉴于此，各部门尤其是舆论频发的部门，应该积极建立健全阅评员制度，使他们和各新媒体联合起来，协同引导舆论。

4. 积极落实实名制

新媒体舆论场存在着众多的噪音，与其开放性和匿名性有着莫大的关系。从开放性来说，无论是谁，都可以随时随地地进入新媒体空间中开展信息传播活动，使舆论生成和传播的主体呈现出多元化的情况，而多元化的主体必然带来多元化的声音。在这些声音中，有不少是情绪化的，是需要谨慎对待的。从匿名性来说，不少用户怀着别人不知道我是谁的心理，在各个新媒体空间中大肆造谣、煽动、侮辱他人，制造了诸多的噪声。由此可知，新媒体的开放性和匿名性，使其舆论场出现了"众声喧哗"的现象。但实事求是地说，开放性只是为多元化的意见表达打开了方便之门，发表什么样的言论，主要与会不会受到惩罚的心理有关。如果公众觉得自己在发表言论时处于一种被保护状态，没有人知晓他(她)是谁，就会肆无忌惮地发布和传播信息，而新媒体的匿名性正给了公众这样的避风港。有鉴于此，各新媒体平台应该积极落实实名制，让公众在理性、负责的状态下发表言论。

5. 建立舆论善后制度

在发生重大舆论事件以后，相关部门要积极引导舆论，当舆论逐渐平息以后，相关部门则要及时采取善后措施。因而建立舆论善后制度，是消除舆论危机的重要一环。众所周知，舆论爆发以后，会对社会造成这样那样的冲击，故而在舆论消退后，相关部门要及时将秩序恢复到正常状态，要对处置后的社会状态进行管理与引导，并认真总结自己在舆论引导中的得与失，以不断提升自己的舆论引导能力。在舆论善后方面，相关部门要切实做好以下几个工作：第一，及时恢复被舆论破坏的秩序；第二积极总结、反思自己在舆论引导中的经验和教训；第三，针对自己的不足，思考相应的改进措施；第四，及时评估自己应对舆论的体制机制，搭建一套较为完备的舆论处置体系。

6. 完善责任追究制度

在舆论爆发后，要对相关人员的过错行为进行追责。舆论事件的追责主要体现在两个方面：一是要追究事故中的相关责任人的责任，如发生爆炸、毒气泄漏等事件，就要追究分管领导的责任。二是要对舆论引导中的失职、失责人进行追究，如该发声时不出来发声、在具体引导中不考虑实际情况、与新闻工作者发生冲突、不考虑公众的诉求只顾自说自话等，因为舆论引导无力，事件没有及时得到有效控制，引发了更多的负面效应。在这种情况下，就需要对舆论引导的失职者进行追责。完善责任追究制度，是政府平息公众愤怒的有效措施，可以避免次生舆论灾害的发生。同时，对相关的责任人进行追责，是政府对民众、对社会负责的具体体现，让责任人引咎辞职，是政府部门提升其权威性、公信力的重要手段。有鉴于此，相关部门需要把责任追究上升到制度的层面，制定相关的追责依据。

7. 完善重大突发事件的应对机制

新媒体舆论具有突发性，原因是不少新媒体舆论都是在突发性事件的带动下出现的。在新媒体舆论中存在着一个定律，就是每遇重大突发性事件，必然会引发舆论。要有效应对舆论，就要能有效应对重大突发性事件，相关部门应该以《中华人民共和国突发事件应对法》《国家突发公共事件总体应急预案》等法律法规为依据，紧密结合地方和部门的实际情况，积极出台重大突发性事件的应对方案。应对方案可以从信息发布、媒体沟通、相关责任人、舆论引导策略等方面进行思考，要根据舆论发生、发展的特定阶段制定好舆论的疏导和善后预案。

七、加强舆论引导队伍建设和提升公众的新媒介素养

（一）加强舆论引导队伍建设

在舆论引导中，队伍建设是一个极为关键的环节。这是因为舆论引导不是一蹴而就的事情，而是一件政策性极强且充满挑战性的工作，参与舆论引导的人员必须具备较高的政治素养、较强的社会责任心、较为宽广的知识面、熟悉各种媒体技术、具有丰富的应急经验。因此，目前我国的舆论工作人员极为匮乏，而这已经成为制约舆论引导效果的主要瓶颈。政府部门必须从社会稳定、和谐发展的战略高度，对舆论引导队伍进行科学的规划和培养，力争及时建立起一支思想水平高、业务能力强的舆论引导队伍。也就是说，在各种舆论频发的今天，政府要积极打造自己的新闻发言人队伍、舆论信息收集队伍、舆论研判和预警队伍、舆论处置队伍、舆论善后队伍，要对相关的人员开展定期的培训活动。此外，政府部门还要及时建立起由学者、媒体人士组成的人才库，邀请这些专家对工作人员进行培训，且参与到舆情的具体应对工作之中。

舆论引导队伍的建设包括两个方面：一是常规性舆论引导队伍的建设。政府部门要按照舆论引导工作者的素质要求，积极选拔和培养能够有效应对舆论危机的队伍，使他们能够有效搜集、整理、分析相关的舆论信息，对舆论的走向作出科学的判断，能够针对舆论的特征进行恰当的发言，并能够做好相应的善后工作。二是非常规性舆论引导队伍的建设。众所周知，新媒体用户是极为多元化的，由于年龄、地域、职业、身份、知识水平和经历存在着这样那样的差别，因而用户所关注的话题也存在着这样那样的区别。在这种情况下，舆论引导就呈现出了多元化、分散性等特征，使舆论引导很难按照常规的方式来处理。有鉴于此，政府部门就需要加强非常规性的舆论引导队伍的建设，与一些专家、学者、明星等进行沟通，使他们作为意见领袖来发表言论，依据自身的特长和影响力来引导舆论。

需要特别指出的是，常规性舆论引导队伍和非常规性舆论引导队伍并不是毫无关联的，相关部门应该让他们联动起来，携手引导舆论，建立起引导主体多元、信息传播及时、政治敏感度和新闻敏感性均较强的舆论引导队伍，及时消解负面舆论、强化正面引导。为了达到这一目的，政府部门需要提高选人的标准，严格把关，确保入选人员政治过硬、作风优良、业务精湛、创新能力强。同时，为了激发舆论引导公众人员的积极性，政府部门还可以建立科学的考核制度，对相关的人员进行年度考核，并建立相关的激励机制，对在舆论引导工作中表现突出的集体和个人进行表彰，且可以给予一定的物质奖励。

（二）提升公众的新媒介素养

公众借助各类新媒体平台积极参与到热点事件的探讨之中，使民间舆论场迅速崛起。

但由于公众的素养参差不齐，因而所发布的信息也存在鱼目混珠的情况。在新媒体舆论场中，公众围绕热点事件频频发声，你来我往，好不热闹，使整个舆论场交织着各种各样的观点，让舆论引导面临着巨大的挑战。一般来说，公众的参与是政治民主的重要体现，其折射了社会的包容性，从充分了解社情民意的角度来说，是一件好事。不过由于公众的媒介素养整体偏低，加之利益诉求的差异，他们的不少言论都存在着情绪化、非理性的特征，且不少人还经常制造谣言、经常攻击和诽谤他人，致使新媒体空间中信息沉渣泛起，嘈杂不堪。对于舆论引导来说，这又是十分不利的。基于搜集社情民意和有效引导舆论的需要，就需要大力提升公众的新媒介素养，使他们保持对热点事件关注的激情、形成理性思考的习惯、树立社会责任心，客观公正地发表意见，不把新媒体当成出气筒，以此培育健康的舆论引导环境。

此外，相关部门还要积极普及一些基本的新闻知识，让公众对大众传播媒介和信息传播有更多的认知；要让公众坚持社会主义核心价值观，树立健康的审美观，自觉抵制各种不道德的、低俗的信息，不盲目跟风，严防落入别有用心的人精心设计的“信息陷阱”之中。

八、提升新媒体对舆论的传播力和吸引力

在新媒体时代，信息、观点的传播无远弗届，官方、媒体和民间舆论场之间的边界日益淡化，三个舆论场逐渐走向融合。舆论引导的最佳效果就是三个舆论场形成共振效应，这其中媒体的作用是较为巨大的，因为它们是政府和民众进行沟通的桥梁，发挥着上传下达的功能。国家的一些重大方针、政策能够通过媒体及时传到公众面前，公众也能够基于自身的实际情况，利用媒体对相关的方针、政策发表自己的意见，这些意见成为公共舆论的重要组成部分。政府和公众能否实现有效的沟通，很大程度上取决于媒体能不能较好地将相关的信息传播出去，而这与媒体的传播力有着巨大的关系。在舆论引导方面，新媒体要大力提升自己的传播力，及时、公正地传播信息，不能为了特定的利益而带偏了舆论的航向，要遵循新媒体的传播规律，及时开展舆论监督，迅速纠正非理性的传播倾向，营造健康的意见气候。

此外，在新媒体时代，公众能够广泛地参与到信息的生产、传播之中，一些草根能够采取公众喜闻乐见的形式来传播信息，将公众吸引过去。在这种情况下，如果媒体在信息传播中不能提升自己的吸引力，就会被受众抛弃。要提升自己的吸引力，新媒体就要跳出一些坑——语调生硬、内容乏味、表达单一，无论是内容还是传播形式都离受众的需求有着不小的距离，因而新媒体尤其是主流媒体，需要改变长篇大论的习惯，以短小但极有见地的评论打动公众，以全媒体式的表达获取芳心。如央视在抖音平台上推出了《主播说联播》的视频，不仅主持人有魅力、内容多彩，传播手段也较为多样化，在轻松的氛围中将新闻信息推送给了公众，在舆论引导中起到了潜移默化的作用。由此可知，在公众信息消费环境走向轻松、愉悦的今天，要提升自己在信息传播中的吸引力进而提升舆论的引导力，新媒体就应该在软性引导方面做文章。有人说，在新媒体时代，媒介技术引发了传播

生态的深刻变迁，出现了“传播个人主义”的媒介革命动向，信息传播呈现出“民众化”的转向。在这种情况下，新媒体就成了形塑社会关系、凸显公众身份的重要力量。通过对各种新媒体的使用，公众在虚拟的空间中形成了或紧密、或松散的关系，构建起了异常复杂的连接网络，形成了独特的信息传播景观，且在舆论场域中成了一个不可忽视的力量。新媒体在舆论方面的软性引导是指以政府行为的内隐为根本，顺应新媒体时代的个性化、分众化传播的趋势，采用群众喜闻乐见的方式来引导舆论，塑造良好的舆论环境，实现社会的善治。具体来说，新媒体的软性舆论引导可以采用以下的方式来进行：一是巧设议程引领舆论的发展方向；二是积极发挥意见领袖尤其是草根意见领袖的作用；三是对公众生成和传播的正向舆论进行支持；四是在舆论的平复期重建公众的信任。

九、完善舆论引导法律法规

对新媒体舆论引导的法律法规进行完善，是我国依法治国的重要组成部分，能够加速网络治理的法制化进程。实事求是地说，我国在新媒体舆论治理方面的法律法规相对滞后，如对制造谣言、实施网络暴力的人的惩罚较轻，尤其是对实施网络暴力的人，如何惩罚缺乏比较明确的规定。在这种情况下，很多发生在新媒体空间中的违法行为没有得到应有的惩罚，致使各种信息沉渣泛起，舆论噪音此起彼伏，因而相关部门应该根据新媒体舆论的实际情况，制定相应的法律法规，还社会一个晴朗的新媒体舆论空间。

本章小结

本章主要对新媒体舆论的引导进行了研究。详细分析了加强新媒体舆论引导的必要性，深入剖析了新媒体舆论引导面临的挑战，并提出了若干有价值的应对措施，有利于突破舆论引导的困境，营造有利于经济社会发展的舆论环境。

思考题：

1. 为什么要对新媒体舆论进行引导？
2. 当前的新媒体舆论引导中存在着哪些问题？
3. 新媒体舆论的引导有哪些改进措施？

参考文献

一、中文著作类

[1]比尔·盖茨．未来之路．北京：北京大学出版社，1996.
[2]波斯特．信息方式：后结构主义与社会语境．范静哗，译．北京：商务印书馆，2000.
[3]布尔．用户3.0："互联网+"时代的用户思维是核心．余冰，译．长春：北方妇女儿童出版社，2015.
[4]陈力丹．舆论学——舆论导向研究．北京：中国广播电视出版社，1999.
[5]程洁．网络传播学．苏州：苏州大学出版社，2013.
[6]大卫·菲利普斯．网络公关．陈刚，译．北京：北京大学出版社，2005.
[7]丁建华．侵权纠纷案例答疑．北京：中国法制出版社，2008.
[8]冯建三．传媒公共性与市场．上海：华东师范大学出版社，2015.
[9]宫承波．新媒体概论．北京：中国广播电视出版社，2007.
[10]郭庆光．传播学教程．北京：中国人民大学出版社，2010.
[11]虢亚冰，黄升民，王兰柱．中国数字新媒体发展报告．北京：中国传媒大学出版社，2006.
[12]哈贝马斯．公共领域的结构转型．曹卫东，译．上海：学林出版社，1999.
[13]洪谦．逻辑经验主义·下卷．北京：商务印书馆，1989.
[14]胡泳，等．网络为王．海口：海南出版社，1997.
[15]胡正荣．新媒体前沿2012．北京：社会科学文献出版社，2012.
[16]《互联网时代》主创团队．互联网时代．北京：北京联合出版公司，2015.
[17]贾玢，赵志运．信息社会．呼和浩特：内蒙古教育出版社，2004.
[18]蒋宏，徐剑．新媒体导论．上海：上海交通大学出版社，2006.
[19]柯楚．大国崛起：舆论传播策略．西安：世界图书出版西安有限公司，2016.
[20]匡文波．网络传播技术．北京：高等教育出版社，2003.
[21]匡文波．新媒体概论·第二版．北京：中国人民大学出版社，2012.
[22]勒庞．乌合之众：大众心理研究．冯克利，译．北京：中央编译出版社，2005.
[23]李良荣．新闻学概论．上海：复旦大学出版社，2013.
[24]刘建明．穿越舆论隧道：社会力学的若干定律．北京：中共中央党校出版社，2000.
[25]娄策群．信息生态系统理论及其应用研究．北京：中国社会科学出版社，2014.

[26]雷蔚真．网络迷群与跨国传播．北京：中国传媒大学出版社，2012.
[27]马克思，恩格斯．马克思恩格斯选集・第2版．第1卷．北京：人民出版社，1995.
[28]曼纽尔・卡斯特尔，等．网络社会的崛起．夏铸九，等，译．北京：社会科学文献出版社，2000.
[29]尼葛洛庞帝．数字化生存．海口：海南出版社，1996.
[30]桑斯坦．网络共和国——网络社会中的民主问题．黄维明，译．上海：上海人民出版社，2003.
[31]沈爱华，等．政治经济学原理与实务．北京：北京大学出版社，2013.
[32]石义彬．单向度、超真实、内爆——批判视野中的当代西方传播思想研究．武汉：武汉大学出版社，2003.
[33]塔尔德．传播与社会影响．何道宽，译．北京：中国人民大学出版社，2005.
[34]陶丹，张浩达．媒体与网络传播．北京：科学出版社，2001.
[35]涂子沛．数据之巅．北京：中信出版社，2014.
[36]吴伟光．信息、制度与产权：信息社会与制度规治．北京：法律出版社，2015.
[37]习近平．干在实处　走在前列——推进浙江新发展的思考与实践．北京：中共中央党校出版社，2006.
[38]习近平．决胜全面建成小康社会　夺取新时代中国特色社会主义伟大胜利——在中国共产党第十九次全国人民代表大会上的报告．北京：人民出版社，2017.
[39]习近平．习近平关于全面建成小康社会论述摘编．北京：中央文献出版社，2016.
[40]余秀才．网络舆论：起因、流变与引导．北京：中国社会科学出版社，2012.
[41]袁方．社会学家的眼光：中国社会结构转型．北京：中国社会出版社，1998.
[42]张志安．新媒体与舆论　十二个关键问题．北京：中国传媒大学出版社，2016.
[43]郑永年．技术赋权：中国的互联网、国家与社会．邱道隆，译．北京：东方出版社，2014.
[44]中国大百科全书总编辑委员会．中国大百科全书・第27卷．北京：中国大百科全书出版社，2009.
[45]中国大百科全书总编辑委员会．中国大百科全书・新闻出版卷．北京：中国大百科全书出版社，1990.
[46]周敏．阐释流动想象——风险社会下的信息流动与传播管理．北京：北京大学出版社，2014.

二、外文类(著作、期刊论文)

[1]Elisabeth Noelle-Neumann E. The Spirals of Silence：Public Opinion-Our Social. Chicago：University Chicago Press，second edition，1993.
[2]Zaller J R. The Nature and Origins of Mass Opinion. Cambridge，England：Cambridge University Press，1992.

[3] Shirky C. Cognitive Surplus: How Technology Makes Consumers Into Collaborators. London: Penguin Press, 2011.

[4] Sunstein C R. Network Republic: Democracy in the Network Society. Translation by Huang Weaning. People's Publishing House, 2003.

[5] Asem G, Sami Z, Ahmad A. On PLC network security. International Journal of Critical Infrastructure Protection, 2018.

[6] Blumber H. Public opinion and public opinion polling. American Sociological Review, 1948.

[7] Blinder S. Imagined Immigration: The impact of Different Meanings of Immigrants, in public opinion and policy debates in Britain. Political Studies, 2015.

[8] Carlos S. Designing for securitv. Bell Labs technical iourna, 2007.

[9] Courtenay Honeycutt, Susan C. Herring. Beyond Microblogging: Conversation and Collaboration via Twitter. Proceedings of the 42nd Hawaii International Conference on System Sciences, 2009.

[10] Evgeniya L H, Nicola F D. Governance of sustainable innovation: Moving beyond the hierarchy-market-network trichotomy? A systematic literature review using the who-how-what framework. Journal of Cleaner Production, 2019.

[11] Frasca P. Gossips and Prejudices: Ergodic Randomized Dynamics in Social Networks. IFAC Proceedings Volumes, 2013.

[12] Graeme B. Electronic Democracy. Using the Internet to Transform American Politics. Independent Pub Group, 2000.

[13] Hasside J. Safety Valve of Communication, or Pressure Cooker Blogs in Chinese. Journal Political Life, 2012.

[14] Heather Sevigny. Public opinion, Political Communication and the Internet. Politics, 2002.

[15] Herbert Bulmer. Public Opinion and Public Opinion Polling. American Sociological Review, 1997.

[16] John Sheffield: Awareness and acceptability of hydrogen vehicles: A public opinion. Int Hydrogen Energy, 2007.

[17] Kaiser C, Krockel J. & Bodendorf F. Simulating the Spread of Opinions in Online Social Networks When Targeing Opinion Leaders. Information Systems and e-Business Management, 2013.

[18] Lin Muying, Qi Kai. Analysis on the characteristics of pubfic opinion in mergency crisis under new environment media. Clausius Scientific Press(CSP), 2018.

[19] Noriyuki Kawamura. Analysis and consideration of social change and media policy in present-day China: The influence of population incident and net public, 2014.

[20] Nishimoto Ayano. The influence of Chinese Internet opinion on domestic politics and diplomacy. Ministry of Foreign Affairs Monthly Report, 2012.
[21] Shih H J, Ming H L, Zeng Y H et al. Erosion Potential Estimation by Network Measurement of Soil Properties in Coastal Areas after Clearcutting. International Journal of Distributed Sensor Networks, 2015.
[22] Tenbense I. Bridging complexity theory and hierarchies, markets, networks, communities: a population genetics' framework for understanding institutional change from within [J]. Public Management Review, 2018.
[23] Tont Feldman: An Introduction on Digital Media. Routledge, 1997.

三、论文类(期刊论文、论文集、学位论文、报纸)

[1]陈先红，张凌．草根组织的虚拟动员结构：“中国艾滋病病毒携带者联盟”新浪微博个案研究．国际新闻界，2015(4)．
[2]丁柏铨．论自媒体时代公众舆论表达的特点．新闻爱好者，2014(7)．
[3]丁晖．构建媒体融合发展新格局．人民日报，2016-4-28.
[4]何镇飚，王润．新媒体时空观与社会变化：时空思想史的视角．国际新闻界，2014.
[5]黄楚新，王丹．逆转新闻的成因及应对策略——从媒介素养的视角分析．新闻与写作，2015(10)．
[6]黄升民，谷虹．数字时代的平台建构与竞争．现代传播，2009(5)．
[7]匡文波，周倜．论网络舆论风暴公式．国际新闻界，2019(12)．
[8]匡文波．到底什么是新媒体．新闻与写作，2012(7)．
[9]匡文波．论新媒体传播中的“蝴蝶效应”及其对策．国际新闻界，2009(8)．
[10]匡文波．论新媒体舆论的生命周期理论模型．杭州师范大学学报(社会科学版)，2014(2)．
[11]刘洋．新媒体环境下群体性事件的舆论引导．新闻战线，2018(14)．
[12]娄策群，杨瑶，桂晓敏．网络信息生态链运行机制研究：信息流转机制．情报科学，2013(6)．
[13]麦考姆斯，郭镇之，邓理峰．议程设置理论概览：过去、现在与未来田．新闻大学，2007(3)．
[14]宋红岩，曾静平．新媒体视域下“沉默的螺旋”理论的检视与研究——以长三角农民工的QQ表达为例．新闻与传播研究，2015(4)．
[15]苏梓灵．舆论反转：新媒体环境下的优化转型历程．传播与版权，2016(11)．
[16]隋岩，张丽萍．从“蚂蚁效应”看互联网群体传播的双重效果．新闻记者，2015(2)．
[17]王志永．媒介融合环境下危机传播的网络舆论引导路径．衡阳师范学院学报，2017(4)．
[18]吴俊，等．无标度网络拓扑结构非均匀性研究．系统工程理论与实践，2007(5)．

[19]张靖涵．对新闻反转事件中媒体和受众现状的分析. 新闻传播，2017(21).
[20]张欣．网络集群行为参与立法变革的机制和反思——以山东问题疫苗事件为例. 环球法律评论，2017(1).
[21]周珍妮，陈碧荣．Web3.0——全新的互联网时代. 图书情报论坛，2009(4).
[22]曹林．依赖和迎合媒体寻找最有新闻价值的身份. 中国青年报，2010-12-02.
[23]杨于泽．“媒治”是民治与法治的暂代品. 中国青年报，2010-12-03.

四、网络资料

[1]邓海建．“媒治”不应总是公共管理的第一枪. http：//blog. cntv. cn.
[2]习近平：打造一批具有竞争力的新型主流媒体．http：//cpc. people. com. cn/n/2014/0818/c64094-25489714. html.
[3]熊澄宇，序毅文. 新媒体——伊拉克战争中的达摩克利斯之剑. httpainews. xinhuanet. cominewmedia/2003-06/10/content 910340. htm.
[4]习近平．创新改进网上宣传　把握网上舆论引导的时度效. http：//www. cac. gov. cn/2014-02/28/c_126205895. htm.
[5]于建嵘．仇富和仇官是因不公平底层百姓看不到前途. 南方人物周刊，2011-06-17，http：//finance. ifeng. com/opinion/mssd/20110617/4165979shtml.
[6]岳颂东．新媒体产业的 8 个特点．http：//finance. sma. com cn/hy/20080519/17024884944. Shtml.
[7]总书记新闻舆论金句——加快构建舆论引导新格局．http：//yuqing. people. com. cn/n1/2019/0916/c 209043-31356010. html.
[8]郑治．新媒体是什么？http：//www. 360doc. com/content/07/0506/23/18666_486078. shtml.
[9]赵启正：“网络水军”或“网络推手”值得警惕 http：//news. sina. com. cn/c/2011-03-02/155222040479. shtml.